Hunde
500 Antworten

Caroline Davis

Hunde
500 Antworten

Weltbild

Titel der Originalausgabe:
Dogs – 500 Questions Answered
Zuerst veröffentlicht 2005 in Großbritannien von
Hamlyn, a division of Octopus Publishing Group Ltd,
2-4 Heron Quays, London E14 4JP

Übertragung ins Deutsche:
Frank von Berger, Freiburg

Satz der deutschen Ausgabe: Atelier Lehmacher,
Friedberg (Bay.)
Umschlaggestaltung: Uhlig/www.coverdesign.net
Umschlagmotiv: Ulrike Schanz, München
Redaktion und Gesamtherstellung:
Redaktionsbüro Wolfgang Funke, Augsburg

Printed in China

ISBN 3-8289-1732-1

Inhalt

Vorwort

Hunde sind unglaublich vielseitige Geschöpfe. Sie sind nicht nur wundervolle Gefährten, sie spielen auch eine große Rolle im Leben vieler Menschen. Hunde helfen für Recht und Ordnung zu sorgen, sie unterstützen Rettungseinsätze und verleihen behinderten Menschen wieder mehr Selbstvertrauen und Lebensfreude. Für manchen ist der Hund der einzige Trost im täglichen Leben. Außerdem erfüllen viele Rassen noch immer ihre ursprüngliche Aufgabe als Wach- und Hütehunde.

Um das Beste aus der Beziehung zu Ihrem Hund zu machen, sollten Sie wissen, warum Hunde tun, was sie tun. Wenn Sie die Hundesprache verstehen und Ihrem Hund Ihre Befehle und Wünsche verständlich zu machen, wird daraus eine lohnende und erfüllte Partnerschaft für beide Seiten.

Haben Sie sich zum Beispiel jemals gefragt, wieso Hunde sich vor dem Hinlegen mehrfach im Kreis drehen, sich ‚schlecht benehmen' oder den Staubsauger jagen? Oder ob sie unter den Folgen des Passivrauchens leiden? Ich hoffe in diesem Buch die nötigen Kenntnisse zum besseren Verständnis des Verhaltens von Hunden zu vermitteln und Ihre häufigsten Fragen zu beantworten.

Ihr Hund wird Ihnen dankbar dafür sein, dass Sie sich die Zeit zum Lesen dieses Buches genommen und aus Sorge um ihn die Ratschläge befolgt haben. Wenn ich ausgerechnet die Frage, nach deren Antwort Sie gerade suchen, ausgelassen habe, bitte ich um Entschuldigung. Doch ich hoffe, dass Sie zu ihrem eigenen Wohl und dem Ihres Tieres dieses Buch nutzen, um weitere Informationen über ein bestimmtes Thema zu suchen. Auch ich lerne bis zum heutigen Tag ständig Neues über Hunde.

Dieses Buch widme ich allen Hunden die ich traf, besaß und pflegte, sowie jenen, deren Halter nach einer Antwort auf ihre Fragen suchen. Vor allem den Hundebesitzern, die nie aufhören, mehr über Hunde zu lernen und die bereit sind, einen vernünftigen Ratschlag zu befolgen, damit die Beziehung zu ihrem besten Freund, dem Hund, verbessert und bereichert wird. Vor allem aber widme ich es dem Wohle aller Hunde.

Caroline Davis

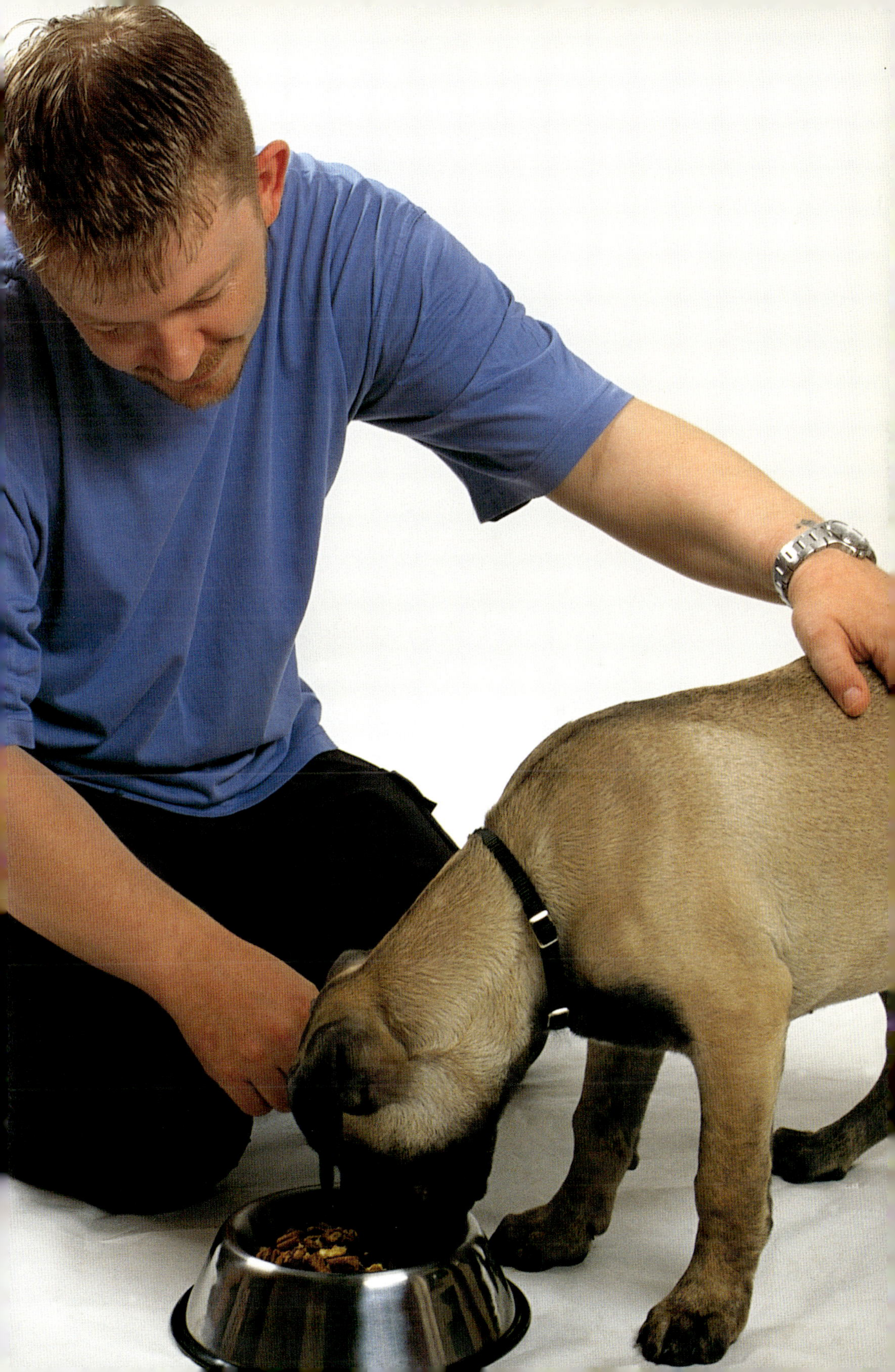

1

Welcher Hund passt zu mir?

Wie viele Hunderassen gibt es eigentlich?

Schätzungen zufolge gibt es weltweit über 450 Hunderassen. Einige davon sind außerhalb ihres Ursprungslandes unbekannt und nicht alle Rassen sind von den offiziellen Organisationen, die Zucht und Ausstellungen überwachen, anerkannt. Nicht anerkannt zu sein bedeutet für eine Rasse, dass sie nicht nach Regeln ausgestellt werden kann. Die wichtigsten Organisationen und Verbände sind der British Kennel Club (KC), der 202 Hunderassen anerkennt, der American Kennel Club (AKC), der 150 Rassen anerkennt und die Féderation Cynologique International (FCI) mit Sitz in Belgien, die ca. 330 Rassen anerkennt.

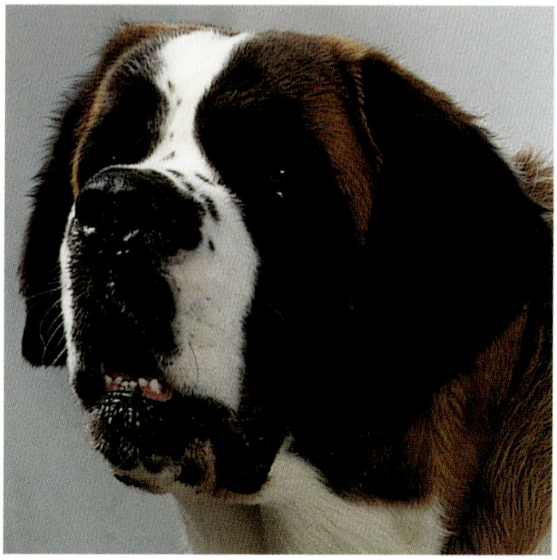

Warum gibt es so viele Rassen?

Archäologische Funde auf der ganzen Welt lassen vermuten, dass die ersten Zuchtversuche durch den Menschen etwa 10.000 Jahre zurückliegen. Ziel war es, verschiedene Rassen für ein breites Aufgabenspektrum zu erhalten, so zum Jagen, Hüten, Wachen, Lasten schleppen und – natürlich – als Gefährten.

Später wurden verschiedene Hundetypen und -größen sowohl aus ästhetischen Gründen wie auch aus praktischen Erwägungen heraus gezüchtet, etwa kleine Terrier wie der Jack Russel für die Jagd auf Füchse im Bau, kleine Schoßhunde wie der Pekinese, die als „Handwärmer“ dienten, sowie massige, wild aussehende Hunde wie der Mastiff als Wächter. Heute gibt es eine große Vielfalt, obschon das Grundmuster immer das Gleiche bleibt.

Wie haben sich die verschiedenen Rassen entwickelt?

Der Ursprung der Hunde kann etwa 40 Millionen Jahre bis zu einem wieselartigen, Fleisch fressenden Säuger namens *Miacis* zurückverfolgt werden. Vor etwa 12 000 Jahren entwickelten sich Wölfe

IM UHRZEIGERSINN VON OBEN LINKS BEGINNEND: Bernhardiner, Koikerhond, Afghanischer Windhund, Anatolischer Hirtenhund, Akita Inu, Griffon Bruxellois. Die Auswahl der Rassen ist groß , wobei jede Rasse spezielle Merkmale aufweist.

(und auch Füchse, Schakale und Kojoten) in der uns heute bekannten Form.

Nach einer 1935 von R. I. Pocock geäußerten Theorie stammen die heutigen Haushunde (*Canis familiaris*) von vier Wolfsarten (*Canis lupus*) ab: dem nördlichen Grauwolf, dem blassfüßigen asiatischen Wolf, dem kleinen Wüstenwolf Arabiens und dem wolligen Wolf aus Tibet und Nordindien. Pocock vermutete, dass diese vier Wolfarten über alle nötigen Gene verfügten, um sämtliche moderne Hunderassen hervorzubringen.

Die modernen Rassen entstanden durch gezielte Zucht, wobei auf ein bestimmtes Aussehens und/oder Eigenschaften gezüchtet wurde.

OBEN Der winzige Chihuahua, ein gebürtiger Mexikaner, ist nach dem Staat benannt, aus dem er stammt.

OBEN Den Irischen Wolfshund umgeben zahlreiche Mythen. Zu den berühmtesten zählt der nordwalisische Mythos aus dem 13. Jahrhundert, demzufolge ein Dorf nach Gelert, dem Lieblingshund von Prinz Llwelyn, benannt worden sein soll. Das mit einem Steinhügel gekennzeichnete Hundegrab wurde in Wales als Beddgelert bekannt, das Grab Gelerts.

Ich mag kleine, niedliche Hunde. Welches sind die kleinsten Rassen?

Der Chihuahua ist die kleinste Rasse der Welt. Die zweitkleinste ist der Zwergdackel. Es gab kleinere Hunde anderer Rassen, die aber Ausnahmen sind. Der kleinste Hund im Guinness Buch der Rekorde ist Whitney, ein Yorkshire-Terrier mit einer Schulterhöhe von 7,6 cm.

Welches ist die größte Rasse?

Der irische Wolfshund ist der größte Hund der Welt. Fast ebenso groß ist der Deerhound, früher als Scottish Deerhound bekannt, sowie die Deutsche Dogge. Die Minimal-/Idealgrößen sind in der Tabelle gegenüber aufgeführt.

DIE KLEINSTEN HUNDERASSEN

Chihuahua	16–20 cm
Zwergdackel	12–23 cm
Pekinese	15–23 cm
Griffon Bruxellois	17,5–20 cm
Dandie Dinmont-Terrier	20–27 cm

OBEN **Um Bernhardiner größer zu machen, wurden Neufundländer eingekreuzt. Deshalb gibt es einen lang- und einen kurzhaarigen Schlag.**

Ich möchte einen großen Hund – welche Rassen erfüllen meine Ansprüche?

Die schwerste Rasse ist der Bernhardiner. Im Westen gezüchtete Japanische Kampfhunde (Tosa Inu, auch als die „Sumo-Ringer“ der Hundewelt bekannt) folgen dicht darauf, obwohl in ihrem Ursprungsland gezüchtete Tosas deutlich leichter sind.

Welche Rassen sind am leichtesten?

Der Chihuahua ist nicht nur die weltweit kleinste Hunderasse, sondern auch die leichteste. Alle in der Tabelle aufgeführten Rassen werden als „zwergförmig“ klassifiziert und sind bei Liebhabern besonders als Schoßhunde beliebt. Dennoch sind sie gute Wachhunde, intelligent, lebhaft und sehr mutig, fast draufgängerisch, und werden als „kleine Hunde mit dem Herzen und dem Geist eines Löwen“ bezeichnet.

DIE GRÖßTEN HUNDERASSEN

	Größe	Gewicht
Irischer Wolfshund	70–90 cm	40–55 kg
Deutsche Dogge	70–95 cm	55–90 kg
Deerhound	71–76 cm	36–45 kg
Greyhound	69–76 cm	27–32 kg
Anatolischer Hirtenhund	71–81 cm	40–55 kg
Leonberger	65–80 cm	34–50 kg
Barsoi	69–79 cm	35–48 kg
Pyrenäenberghund	65–80 cm	45–60 kg

DIE SCHWERSTEN RASSEN

Bernhardiner	48–90 kg
Japanischer Kampfhund	45–90 kg (Westen)
	30–40 kg (Japan)
Mastiff	86 kg
Tibetdogge	81 kg
Pyrenäenmastiff	70 kg

DIE LEICHTESTEN RASSEN

Chihuahua	0,5–2,5 kg
Spitz	1,3–3,3 kg
Yorkshire-Terrier	3,0 kg
Japan-Chin	3,0 kg
Malteser	1,5–3,0 kg
Papillon	5,0 kg

Welche Rassen sind kurzlebig?

Durch Fortschritte in der Tiermedizin erreichen Hunde heutzutage ein wesentlich höheres Alter als früher. Dennoch leben große Hunde durch ihre genetischen Anlagen eher kürzer als ihre kleinen Artgenossen, da ihre Körper stärkerem Verschleiß ausgesetzt sind. Mischlinge leben meist länger als Rassehunde.

Von manchen Rassen wie dem Bernhardiner weiß man, dass sie einfach wegen ihrer Größe erbliche Probleme haben und/oder anfälliger für bestimmte Erkrankungen sind.

Welche Rassen leben am längsten?

Studien über die Langlebigkeit von Hunden kommen zu unterschiedlichen Ergebnissen. Eine dänische Tierarztstudie zeigte, dass Shetland Sheepdogs, Dackel und Pudel in der Regel etwa 12 Jahre alt werden, während einer britischen Studie zufolge Jack Russel-Terrier, Whippets und Zwergpudel mit über 13 Jahren besonders langlebig sind. Die britische Studie deutet darauf hin, dass kleinere Hunde statistisch eine etwas höhere Lebenserwartung haben.

Wie alt sind Hunde im Vergleich zu Menschen?

Mit 6 Monaten entspricht ein Hund einem 7 Jahre alten Menschen. Beide haben ein verspieltes, neugieriges Wesen, das die Grenzen des Verhaltens auslotet. Der Vergleich zwischen dem menschlichen Alter und dem von Hunden ist sehr schwierig, weil er von der Hunderasse abhängig ist; einige Rassen leben kürzer als andere. Das erste Jahr im Leben eines Hundes können wir etwa mit 14 Menschenjahren gleichsetzen. Danach zählt jedes Hundejahr wie 7 Menschenjahre. Die Grafik rechts zeigt die Korrelation.

HUNDEALTER IN MENSCHENJAHREN

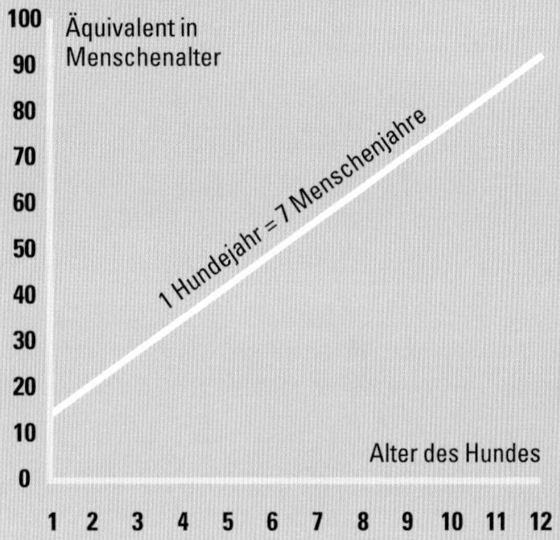

VERKÜRZTE LEBENSDAUER (JAHRE)

LANGLEBIGE RASSEN (JAHRE)

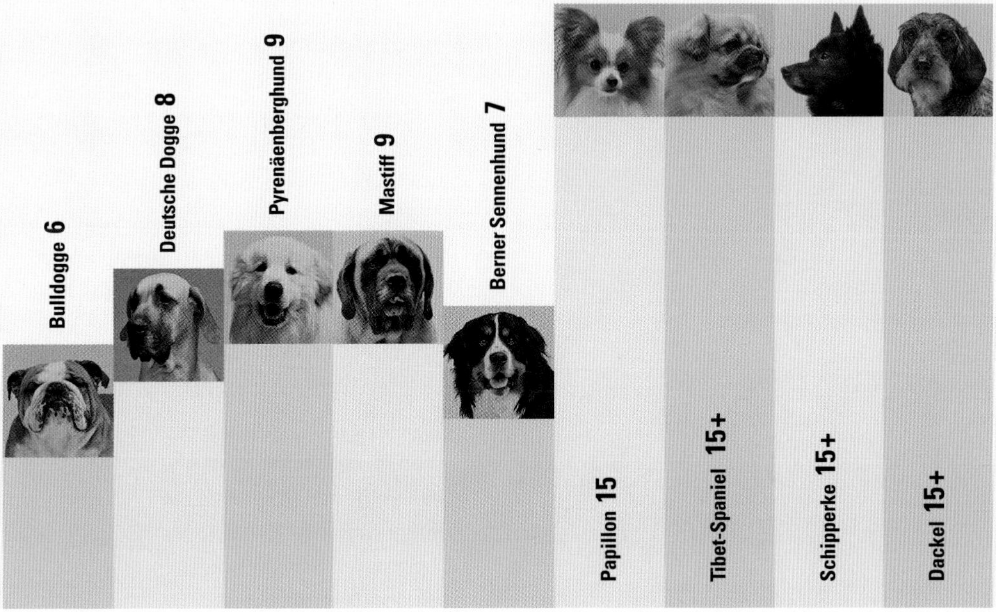

Welche Rasse kommt für ältere Menschen als kleiner, sanfter Hund infrage?

Es gibt zahlreiche kleine Rassen wie auch Mischlinge, die eine freundliches, sanftes Wesen haben. Welche Sie wählen, hängt dann ab von Faktoren wie Haarlänge, dem vorhandenen Platz und Auslaufmöglichkeiten.

Möpse, Dackel, Chihuahuas, Pekinesen und kleine Spitze sind hervorragende Schoßhunde, obschon die letzten beiden täglich gebürstet werden müssen. Englische Zwergspaniel (Cavalier und King Charles Spaniels) sind gute Haustiere, wie auch Pudel, Bichon Frisés und Shih-Tzus, aber diese Rassen brauchen neben täglichem Bürsten auch eine besondere Fellpflege.

Alle genannten Hunde sind mit dem Auslauf zufrieden, den ihr Besitzer ihnen geben kann. Wenn man täglich viel Bewegung bieten kann, erweitert sich die Auswahl. Vermeiden Sie aber kräftige oder sehr lebhafte Rassen.

Ich hätte wirklich gern einen Greyhound oder Whippet. Brauchen diese viel Auslauf?

Erstaunlicherweise sind sowohl Greyhounds wie auch Whippets gern Stubenhocker, wenn man sie lässt. Es gibt viele Greyhounds, die nicht mehr an Rennen teilnehmen und dann ein gutes Zuhause brauchen. Zum Dank sind sie wundervolle, anhängliche Gefährten, die wenig Pflege und Auslauf brauchen. Greyhound-Auffangstationen beraten meistens nur zu gern bei der Pflege und zu den Ansprüchen dieser Rasse.

Sowohl Greyhounds als auch Whippets wollen wenigstens einmal täglich ihren natürlichen Drang zum Rennen befriedigen; dies sollte auf ebenem, weichem Boden erfolgen, weil die schlanken Beine und Füße sowie die dünne Haut anfällig für Verletzungen sind.

LINKS **Wie andere Hetzhunde (siehe Seite 26) müssen Whippets vom Welpenalter an mit kleinen Haustieren vergesellschaftet werden, um ihren Jagdtrieb zu zügeln.**

OBEN Bei Kreuzungen wie diesem Deutschen Schäferhund x Rottweiler kann man die besten Anlagen beider Typen erhalten.

OBEN RECHTS Reinrassige Hunde wie dieser Weimaraner wurden gezüchtet, um einem festen Maßstab zu genügen.

RECHTS Bastarde gibt es in allen Formen und Farben.

Was ist der Unterschied zwischen Rassehund, Kreuzung und Mischling?

Rassehunde sind reinblütig und nach Regeln gezüchtet. Kreuzungen haben reinblütige Eltern verschiedener Rassen, während bei Eltern von Bastarden einer oder beide Kreuzungen oder Bastarde sind. Reinrassige Züchtungen entstanden durch Kreuzen einer oder mehrerer Rassen zum Zwecke der „Neuschöpfung".

Die Kosten für Futter und Unterhalt sind bei allen Hunden vergleichbarer Größe etwa gleich.

OBEN Cavalier King Charles Spaniels sind reizende kleine Hunde und für ihre Kinderfreundlichkeit bekannt. Sie sind als Haustiere bestens geeignet.

Welche Rasse ist ein kinderfreundlicher Familienhund?

Die meisten Rassen eignen sich, mit einigen Ausnahmen (siehe Seite 42), als Familienhunde. Ihre Wahl hängt daher von der Größe, dem Auslauf und den Ansprüchen an die Fellpflege ab. Für wenig Auslauf und Fellpflege eignen sich Basset Hound und Greyhound gut, während all jene, die ausreichend Auslauf bieten können, gerne Labrador Retriever, Deutsche Schäferhunde und Border Collies wählen.

Wenn Sie mit regelmäßigem Bürsten und Fellpflege zurecht kommen, sind Rough Collie, Englische Zwergspaniel (Cavalier und King Charles Spaniel), Golden Retriever, Finnenspitz, Shih-Tsu, Lhasa Apso und Bichon Frisé geeignet.

ANSCHAFFUNG UND KOSTEN

HERKUNFT	KOSTEN
Züchter	Die Preise variieren abhängig von der Rasse beträchtlich. Daher zahlt es sich aus, sich nach einem gesunden Welpen/Hund umzusehen, der gut aufgezogen wurde. Tiere für Wettbewerbe sind teurer.
Freunde und Familie	Mischlinge bekommt man oft umsonst, während Rassehunde und Kreuzungen unterschiedlich teuer sind.
Tierheim	Oft wird eine geringe Gebühr für Kastration und Impfung verlangt.
Streuner	Kostenlos, obschon Tierarztkosten für Entflohen, Impfungen und so weiter entstehen können.
Tierhandel/Welpenstation	Die Preise variieren je nach Händler und Gebiet. Rassehunde kosten mehr als Mischlinge und Kreuzungen.

Wo bekomme ich einen Hund und wie viel kostet er?

Es gibt verschiedene Möglichkeiten einen Hund zu erwerben. Unabhängig von der Quelle sollten Sie darauf achten, dass die Hunde unter hygienisch einwandfreien Bedingungen gehalten werden, gesund und munter wirken und an Menschen gewöhnt sind (soweit ihr Alter es erlaubt). Außerdem ist es wichtig, dass die Welpen völlig abgestillt und bereit sind, ihre Mutter zu verlassen, was normalerweise nicht vor der 8. Lebenswoche der Fall ist.

Welche Hunde sind am teuersten?

Die Kosten teilen sich in die anfängliche Ausgabe für den Hund und das Zubehör einerseits und die Kosten für den lebenslangen Unterhalt andererseits. Seltenere Rassen sind meist teurer in der Anschaffung. Berücksichtigen Sie nicht nur den Kaufpreis , sondern auch, ob die Rasse anfälliger für Unfälle oder Krankheiten als andere ist. Versicherungen machen die Prämien meist von der Rasse und dem Alter des Tieres abhängig.

LINKS Bordeauxdogge und English Bulldog gehören zu den Rassen, die teuer verkauft werden.

Rüde oder Hündin?

Das kommt ganz auf den persönlichen Geschmack an. Bei sterilisierten Hunden spielt die Frage des Geschlechts kaum eine Rolle, da die Unterschiede zwischen Männchen und Weibchen dann gering sind. Wie lieb und gehorsam ihr Hund sein wird, hängt davon ab, wie er erzogen ist und von Ihnen, dem Eigentümer, behandelt wurde.

Bei nicht sterilisierten Haustieren gibt es Unterschiede. Ein Rüde macht aber nicht unbedingt weniger „Ärger" als eine Hündin, die – besonders in Bezug auf Kinder – nicht immer ein besseres Haustier mit berechenbarem Temperament ist. Beachten Sie die Seiten 72-73 für weitere Informationen zur Sterilisierung.

Warum unterscheiden sich Hunde im Aussehen so stark?

Aussehen und Größe der Hunde spiegeln meist den ursprünglichen Zweck wider, für den sie gezüchtet wurden.

- **Schlank, athletisch mit geräumigem Brustkorb** zum Hetzen von Jagdwild.
- **Langgliedrig mit großem Brustkorb** für Ausdauer bei der Jagd und Hüten.
- **Kompakt und muskelbepackt** zum Ziehen von Lasten, als Wach- und/oder Kampfhund.
- **Kurzbeinig** zur unterirdischen Fuchs- und Kaninchenjagd und damit der Jäger mit ihnen Schritt halten kann.
- **Winzig** als Schoßhunde. Die Tabelle auf Seite 20 nennt einige Beispiele. Außerdem wurden manche Rassen einfach wegen ihres Aussehens gezüchtet.

VERWENDUNG DER RASSEN

	Rasse	Ziehen schwerer Lasten	Ausdauer, Tempo, Belastbarkeit	Kurzstrecken, Geschwindigkeit	Hüten der Herde	Bewachung	Ausdauer	Geeignet als Gefährte
	**Saluki**			●				●
	**Sibirischer Husky**	●	●				●	●
	**Foxhound**		●				●	
	**Pekinese**							●
	**Neufundländer**	●			●		●	●
	**Deutscher Schäferhund**		●		●	●	●	●

Sind Mischlinge gesünder und leben sie länger als Rassehunde?

Untersuchungen haben gezeigt, dass Mischlinge meist länger leben als Rassehunde. Wie bei reinblütigen Tieren haben große Mischlinge jedoch eine geringere Lebenserwartung als ihre kleineren Artgenossen (siehe Seite 14-15).

Normalerweise leiden Mischlinge weniger unter Problemen als Rassehunde, da ihr Genpool nicht so einschränkt ist. Viele Rassehunde sind anfällig für Erbkrankheiten (siehe Seite 40), die einen Einfluss auf ihre Lebenserwartung haben.

Interessanterweise fand eine Tierversicherung durch Vergleich der Prämienauszahlung heraus, dass English Setter, Jack Russell-Terrier, English Springer Spaniels und Pudelkreuzungen oft gesünder sind als andere Rassehunde.

Welche Hunderasse ist die schnellste?

Bei Kurzstrecken siegt der Greyhound souverän. Ein Tier dieser Rasse wurde auf einer Rennstrecke mit 72 km/h gestoppt, was es nach dem Geparden zum zweitschnellsten Tier der Welt macht. Zu den schnellen Windhunden gehören auch Whippet, Saluki und Afghane sowie andere Hunde mit ähnlich leichtem, athletischem Körperbau.

Der Border-Collie zeichnet sich durch besondere Schnelligkeit aus, während der Sibirische Husky auf Langstrecken die schnellste und ausdauerndste unter den Lasten ziehenden Rassen ist.

Ich bin etwas älter und würde einen ruhigen, langsameren Hund bevorzugen.

Plumpe Hunde mit kurzen, stämmigen Beinen wie Basset Hound und Bulldog sind die langsamsten. Auch Clumber-Spaniel, Sussex-Spaniel, Bernhardiner und Old English Mastiff sind Rassen, die sich eher ruhig bewegen. Manche Zwergrassen wie der Pekinese bewegen sich langsam, weil ihre Beine kurz sind.

Denken Sie bei der Auswahl einer geeigneten Rasse an ihre Umgebung. Kurzbeinige Rassen mit langem Rücken wie der Basset Hound sind anfällig für Rückenverletzungen. Treppensteigen bekommt ihnen nicht gut. Glatt polierte Böden eignen sich ebenfalls nicht für Hunde, da sie leicht darauf ausrutschen.

UNTEN LINKS Der elegante Greyhound war schon immer sowohl zur Hatz von Kleinwild wie auch als Rennhund geschätzt, wobei erstklassige Exemplare enorm hohe Marktpreise erzielen können.

UNTEN Als großer Hund auf kurzen Beinen ist der Basset Hound ein idealer Gefährte für einen Besitzer, der gern in gemächlichem Tempo läuft.

Warum sind manche Rassen schwieriger zu finden als andere?

Weniger populäre Rassen wie etwa der Sealyham-Terrier sind schwieriger zu finden, weil es einfach kaum eine Nachfrage gibt. Deshalb sieht man sie außer in Hundeschauen selten. Andererseits kann es wegen der großen Nachfrage schwer sein, einen Welpen einer beliebten Rasse aufzutreiben. Dann müssen Sie einen Welpen bei einem Züchter bestellen und warten, bis er verfügbar ist oder einen weiten Weg in Kauf nehmen, um einen zu erwerben.

Rassen wie der Cao de Agua Português sind relativ unbekannt, weil man sie selten außerhalb ihres Ursprungslandes sieht. Wenn man diese selteneren Rassen findet, sind sie oft sehr teuer, weil es nur wenige Exemplare gibt.

Welche Rasse ist am beliebtesten?

Nummer eins unter den Top 10 der Hunde international ist der Labrador-Retriever. Die Tafel gegenüber zeigt die beliebtesten 10 Rassen in den verschiedenen Ländern.

Wie finde ich einen zuverlässigen Hundezüchter?

Mundpropaganda ist gut geeignet, um den vierbeinigen Gefährten Ihrer Träume zu finden. Wenn Sie einen Hund sehen, der Ihnen gefällt, dann fragen Sie den Besitzer, woher er ihn hat und ob es irgendwelche Probleme mit dem Temperament, Verhalten oder der Gesundheit seines Haustieres gibt. Fallen die Antworten gut aus, knüpfen Sie einen Kontakt zum Züchter und vereinbaren Sie einen Besuch seiner Räumlichkeiten und seiner Tiere. Dies gibt Ihnen die Möglichkeit, den Züchter zu treffen und sich ein Bild von ihm und seinem Betrieb zu machen.

Tierarztpraxen sind ebenfalls eine gute Informationsquelle, weil sie meist Erfahrung mit den ortsansässigen Züchtern haben und wissen, wer anständig und zuverlässig ist.

LINKS Der vernünftige, aber lebenslustige Labrador-Retriever ist ein treuer Familienhund.

Gibt es Rassen, die weder haaren noch nach Hund riechen?

Hunde mit fettigem Fell wie manche Retriever riechen stark nach Hund, besonders nach einem Regenschauer. Werden Fell und Haut nicht sauber gehalten, riechen aber auch alle anderen Rassen streng.

Basenji, Kerry Blue Terrier, Pudel, Saluki, Whippet und Chinesischer Schopfhund sind Rassen, deren Fell kaum riecht oder haart. Auch das Italienische Windspiel ist ein kleiner, sauberer Hund.

DIE 10 BELIEBTESTEN RASSEN DER WELT

Die Einstufung beruht auf der Zahl der Registrierungen

The Kennel Club of Great Britain (Britischer Züchterverband)
1 Labrador-Retriever; **2** Deutscher Schäferhund; **3** Cocker-Spaniel; **4** English Springer Spaniel; **5** Staffordshire-Bullterrier; **6** Golden Retriever; **7** Cavalier King Charles Spaniel; **8** West Highland White Terrier; **9** Boxer; **10** Border-Terrier.

American Kennel Club (Amerikanischer Züchterverband)
1 Labrador-Retriever; **2** Golden Retriever; **3** Beagle; **4** Deutscher Schäferhund; **5** Dackel; **6** Yorkshire-Terrier; **7** Boxer; **8** Pudel; **9** Shih-Tzu; **10** Chihuahua.

The Canadian Kennel Club (Kanadischer Züchterverband)
1 Labrador-Retriever; **2** Golden Retriever; **3** Deutscher Schäferhund; **4** Pudel; **5** Shetland Sheepdog; **6** Zwergschnauzer; **7** Yorkshire-Terrier; **8** Beagle; **9** Bichon Frisé; **10** Shih-Tzu.

New Zealand Kennel Club (Neuseeländischer Züchterverband)
1 Labrador-Retriever; **2** Deutscher Schäferhund; **3** Golden Retriever; **4** Border-Collie; **5** Boxer; **6** Rottweiler; **7** Bulldog; **8** Staffordshire-Bullterrier; **9** Bullmastiff; **10** Cavalier King Charles Spaniel.

Dansk Kennel Klub (Dänischer Züchterverband)
1 Deutscher Schäferhund; **2** Labrador-Retriever; **3** Golden Retriever; **4** Deutsch-Drahthaar; **5** Rauhaardackel; **6** Rottweiler; **7** Cairn-Terrier; **8** West Highland White Terrier; **9** Flat-coated Retriever; **10** Cocker-Spaniel.

Kennel Union of Southern Africa (Südafrikanischer Züchterverband)
1 Yorkshire-Terrier; **2** Labrador-Retriever; **3** Bulldog; **4** Bullterrier; **5** Rottweiler; **6** Golden Retriever; **7** Staffordshire-Bullterrier; **8** Sibirischer Husky; **9** Zwergschnauzer; **10** Bullmastiff.

Russia Kynological Federation (Russischer Züchterverband)
1 Zentralasiatischer Schäferhund (Owczarek Podhalanski); **2** Deutscher Schäferhund; **3** Rottweiler; **4** Amerikanischer Staffordshire-Terrier; **5** Labrador-Retriever; **6** Bulldog; **7** Dobermann; **8** Boxer; **9** Berner Sennenhund; **10** Chinesischer Schopfhund.

Verband für das Deutsche Hundewesen
1 Deutscher Schäferhund; **2** Dackel; **3** Deutsch-Drahthaar; **4** Labrador-Retriever; **5** Pudel; **6** Cocker-Spaniel; **7** Deutsche Dogge; **8** Boxer; **9** Golden Retriever; **10** Rottweiler.

Norsk Kennelklub (Norwegischer Züchterverband)
1 Deutscher Schäferhund; **2** Norwegischer Elchhund; **3** English Setter; **4** Border-Collie; **5** Golden Retriever; **6** Rottweiler; **7** Gordon-Setter; **8** Cavalier King Charles Spaniel; **9** Labrador-Retriever; **10** Tibet-Spaniel.

Royal New South Wales Canine Council (Australia) (Australischer Züchterverband)
1 Deutscher Schäferhund; **2** Labrador-Retriever; **3** Cavalier King Charles Spaniel; **4** Staffordshire-Bullterrier; **5** Golden Retriever; **6** Border-Collie; **7** Jack-Russell-Terrier; **8** Cocker-Spaniel; **9** Boxer; **10** Zwergpudel.

LINKS **Der Basenji ist eine besonders reinliche Hunderasse – er putzt sich wie eine Katze.**

Er haart selten und ist geruchlos, aber recht zierlich gebaut und sensibel. Deshalb ist er weniger geeignet für einen kinderreichen Haushalt oder für all jene, die ein eher robustes Haustier brauchen.

Warum werden Rassehunde in unterschiedliche Kategorien aufgeteilt?

Die verschiedenen Einteilungen beruhen auf dem einstigen Verwendungszweck der Rasse. Die Kategorie Sport ist weltweit in jedem Züchterverband etwa gleich, ganz anders aber die nicht-sportlichen Einteilungen: Einige Klubs ordnen Rassen in die Gruppe ein, für die diese Tiere einst gezüchtet wurden, andere gruppieren sie nach ihrer heutigen Verwendung. Was zum Beispiel einst ein Kampfhund war, wird von einem Klub zu den Gebrauchshunden gezählt, von einer anderen aber in die Gruppe der Arbeitshunde, weil sie meist als Wachhunde genutzt werden.

F. C. I. – KLASSIFIKATION DER HUNDERASSEN

GRUPPEN

Hütehunde und Treibhunde	**Laufhunde, Schweißhunde und verwandte Rassen**
Pinscher und Schnauzer, Molossoide, Schweizer Sennenhunde und andere Rassen	Vorstehhunde
Terrier	Apportierhunde, Stöberhunde, Wasserhunde
Dachshunde	Gesellschafts- und Begleithunde
Spitze und Hunde vom Urtyp	Windhunde

Sind die Rasserichtlinien für alle Verbände die gleichen?

Es mag Unterschiede – zum Beispiel in Blick auf Idealgröße und -gewicht – bei den von den offiziellen Verbänden verschiedener Länder festgesetzten Rasserichtlinien geben. Sie betreffen aber nicht jene Hundehalter, die einfach ein Haustier erwerben. Ein Hund, der einige Zentimeter über oder unter dem Richtwert liegt, kann zwar keinen Preis auf Ausstellungen erhalten, das schmälert aber nicht seinen Wert als loyalen Gefährten.

Warum werden manche Rassen nicht von offiziellen Hundeverbänden anerkannt?

Dies liegt daran, dass solche Rassen den vom Verband festgelegten Richtlinien nicht entsprechen. Zur Festlegung eines Richtwertes erforscht der Verband die Geschichte der Rasse, die Anzahl der Hunde im Land, ihre Gesundheit und ihr Temperament einschließlich der Beständigkeit von Typus und Gestalt. All dies geschieht über einen längeren Zeitraum hinweg, bevor ein Verband beschließt, dass diese Rasse den Anforderungen entspricht. Einige Rassen sind so selten, dass keine sinnvolle Prüfung erfolgen kann.

Welche Rasse passt am besten zu meiner Lebensweise?

Bei der Auswahl eines Hundes sollten Sie an Ihre Lebensweise, ihren Beruf und die Ansprüche anderer Familienmitglieder denken. Stellen Sie sich die folgenden Fragen, um herauszufinden, welche Rasse zu Ihrer Situation passt:

- **Wie groß ist das Haus, in dem Sie leben?** In den meisten Fällen bestimmt dies die Größe des Hundes.
- **Gibt es Kinder im Haushalt?** Wenn ja, dann brauchen Sie einen freundlichen, lebensfrohen und friedfertigen Hund.
- **Gibt es einen Garten, wo der Hund Auslauf hat und spielen kann?** Wenn nicht, dann wählen Sie einen Hund, der wenig Auslauf braucht oder stellen Sie sich darauf ein, das Tier mindestens drei Mal täglich 30 bis 60 min auszuführen.
- **Wie viel Zeit können Sie für Auslauf und Spiel mit dem Hund aufwenden?** Wenn Sie dem Hund nicht das Minimum dessen bieten können, was ihn gesund, gehorsam und sauber hält, wird es Probleme geben.
- **Sind Sie ordnungsliebend?** Wenn ja, dann meiden Sie besonders haarende, sehr aktive und/oder sabbernde Rassen. Können Sie mit dummen, kleinen Missgeschicken umgehen, ohne aus der Haut zu fahren? Wenn nicht, dann verzichten Sie lieber auf einen Hund.

Welche Art von Wachhund würde sich auf unserem Hof mit anderen Tieren wohlfühlen?

Zahlreiche Rassen kommen infrage. Darunter sind Border-Collie, Deutscher Schäferhund, Labrador und Golden Retriever, English Springer Spaniel, Magyar Vizsla, Bobtail, Rhodesian Ridgeback und Pudel. Gutmütige und gut erzogene Exemplare jeder dieser Rassen sind ideale Gefährten auf dem Land und haben auch ein waches Auge auf Eindringlinge.

Es gibt aber auch noch eine Vielzahl anderer Rassen, die diesen Ansprüchen gerecht werden, je nachdem, welchen Felltyp Sie bevorzugen. Dazu gehören etwa Riesenschnauzer, Rottweiler, Leonberger, Bearded, Rough und Smooth Collies, Briard, Belgischer Schäferhund und Anatolischer Hirtenhund.

Sind manche Hunde zeitaufwändiger als andere?

Intelligente „arbeitende" Rassen beanspruchen meist mehr Zeit und Aufmerksamkeit. Dies liegt daran, dass diese Hunde ursprünglich dazu gezüchtet wurden, intensiven Kontakt zum Menschen zu halten und körperlich stets bereit zur Arbeit zu sein. Deshalb brauchen sie viel Auslauf. Das Bürsten langhaariger Hunde kostet mehr Zeit, während Bluthunde und Terrier oft schwierig zu erziehen sind.

Man sollte all diese Faktoren bei der Wahl eines Haustieres bedenken. Außerdem hat die Art und Weise, in der Sie die von Ihnen gewählte Rasse behandeln und erziehen, einen großen Einfluss darauf, wie gut Ihr Hund gehorcht und sich mit Ihnen sowie anderen Menschen und Tieren verträgt.

Was bedeuten die Bezeichnungen „Sichthetzer" und „Fährtenhund"?

Beide Begriffe beziehen sich auf Jagd-rassen und meinen genau das, was sie sagen. Sichthetzer verlassen sich auf ihr Sehvermögen sowie auf ihre Schnelligkeit, um die Beute auszumachen, sie zu jagen und zur Strecke oder vor die Flinte des Jägers zu bringen. Fährtenhunde nutzen ihren hoch entwickelten Geruchssinn, um Beute aufzuspüren und zu verfolgen. Sie halten sie dann für den Jäger in Schach oder fangen sie selbst.

RECHTS Fährtenhunde haben für ein maximales Riechvermögen breitere Schnauzen als Sichthetzer. Der sanfte Bloodhound wurde dazu benutzt, sowohl Menschen, die sich verirrt haben, als auch Wild aufzuspüren.

OBEN **Obwohl offensichtlich ein Sichthetzer, nimmt der Pharaoh Hound die Fährte auch mit dem Geruchssinn auf.**

Was unterscheidet Fährtenhunde und Sichthetzer?

Sichthetzer sind hagere Hunde mit langen Beinen, muskulöser Vorderhand und kräftiger Hinterhand. Sie sind hoch gewachsen, haben große, runde Augen, die zur Maximierung des Gesichtsfeldes auf der Vorderseite und am oberen Ende des Schädels sitzen. Für einen möglichst geringen Windwiderstand sind sie schmal gebaut und haben einen geräumigen Brustkorb, der das Herz und die Lungen birgt, um möglichst viel Sauerstoff für Sprints zu nutzen. Sie halten sich von Fremden eher fern als Fährtenhunde. Beispiele sind Afghanischer Windhund, Greyhound und Irischer Wolfshund.

Fährtenhunde haben ebenfalls einen geräumigen Brustkorb für eine maximale Atmung, aber ihre Gestalt ist kompakter als die der scharfsichtigeren Artgenossen und meist sind sie kurzbeiniger. Sie sind schwerer, damit sie von den körperlichen Reserven zehren können, wenn sie über längere Zeiträume Schritt halten. Typische Beispiele sind Basset Hound, Dackel, Foxhound und Beagle.

Warum brauchen manche Rassen mehr Bewegung als andere?

Bewegung fällt in die Kategorien geistige und körperliche Beweglichkeit. Das Maß, das jeder Hund von beidem braucht, hängt von dem Zweck ab, für den die Rasse einst gezüchtet wurde. Zum Hüten und Jagen gezüchtete Hunde haben meist einen Drang zur ständigen Bewegung, während weniger aktive Rassen auch weniger Stimulation brauchen.

Auch der Körperbau spielt eine Rolle. Athletische, schlanke Hunde mit einem mittelgroßen (mesocephalitischen) Schädel sind lebhafter als untersetzte, kurzbeinige Hunde mit kurzen, breiten (brachycephalitischen) Schädeln (siehe Seite 32).

Eine Ausnahme von der Regel bilden die „Sprinter“. Weil diese „Rennpferde“ schlank gebaut sind, haben ihre Körper fast keine Nahrungsreserven. Wenn sie diese bei einem kurzen, aber schnellen Ausbruch von Aktivität verbraucht haben, treten sie ruhiger.

Haben Rassen besondere Wesenszüge?

Rassen in den einzelnen Gruppen haben meist ähnliche Eigenschaften. Bedenken Sie aber, dass es immer Ausnahmen von der Regel gibt.

LINKS **Der Dobermann ist eine Rasse, die unter dem Kupieren von Ohren und Rute leidet.**

Warum werden bei manchen Rassen die Ohren und/oder der Schweif kupiert?

Für diese Verstümmelungen gibt es keinen triftigen Grund – es geschieht einfach aus ästhetischen Erwägungen. In Ländern, wo diese Praxis erlaubt ist, werden die Ohren bei folgenden Rassen kupiert: Deutsche Dogge, Zwergpinscher, Griffon Bruxellois, Schnauzer, Boxer und Boston-Terrier. Bei Rottweilern, Bobtails und Pudeln wird die Rute kupiert.

Heutzutage schrecken die Menschen zum Glück vor solchen Verstümmelungen zurück (die nur von Tierärzten ausgeführt werden sollten, wobei inzwischen viele das Kupieren verweigern), sodass immer mehr ursprünglich kupierter Rassen so bleiben, wie die Natur es vorgesehen hat. Einzelne Länder haben unterschiedliche Auffassungen und Gesetze bezüglich des Kupierens, deshalb sollten Sie sich über die aktuelle Gesetzeslage in dem betreffenden Land erkundigen.

WESENSZÜGE DER GRUPPEN

KLASSIFIZIERUNG	WESENSZÜGE
Hütehunde	Leicht zu erziehen; aktiv; brauchen viel geistige und körperliche Stimulation; treu; intelligent. Empfindlich, verlangen vorsichtigen Umgang.
Bluthunde	Anhänglich; freundlich; treu; unabhängig; schwierig zu erziehen; Fremden gegenüber manchmal scheu und misstrauisch.
Jagdhunde	Treue Gefährten; gutmütig; tolerant; gefallen gern und lernen leicht
Terrier	Lebhaft; neugierig; hartnäckig; entschlossen; herrisch; lautstark; misstrauisch; nicht immer tolerieren sie Kinder.
Wach- und Arbeitsrassen	Das Temperament wird von der Rasse, Aufzucht und der frühen Umgebung/Sozialisierung beeinflusst; haben einen starken Willen; wenn sie nicht passend behandelt werden, können sie ihren Besitzer dominieren.
Begleitrassen	In der Regel anhänglich und freundlich; gehorsame Wachhunde; werden manchmal zu frechen Kläffern, wenn sie verwöhnt und schlecht erzogen wurden.

OBEN **Zur Beurteilung des Kandidaten werden kleine Hunde auf Tischen präsentiert, weshalb Sie Ihr Tier rechtzeitig daran gewöhnen sollten.**

Wie kaufe ich einen Hund, der Preise gewinnen kann?

Um Preise zu gewinnen, müssen Sie einen Hund kaufen, der bereits Preisträger ist, was sehr teuer ist.

Alternativ kauft man einen Junghund mit Schauqualitäten von einem Züchter, der erfolgreich Gewinner ausstellt und züchtet. Unter Umständen erfüllt der erwachsene Hund die in ihn gesetzten Hoffnungen, vorausgesetzt er wird richtig behandelt, erzogen und für die Schau hergerichtet. Sie können einen professionellen Betreuer zur Vorbereitung auf die Hundeschau anheuern, der den Hund auch vorführt. Dies erhöht Ihre Preischancen, aber natürlich muss der Hund den Richtlinien entsprechen.

Nach welchen Kriterien werden Hunde bei Ausstellungen beurteilt?

Für jede von einem offiziellen Hundezüchterverband anerkannte Rasse gibt es Richtlinien, denen Hunde dieser Rasse entsprechen müssen. Unter Berücksichtigung dieser Standards wählt die Jury jene Hunde aus, die am besten in dieses Schema passen. Für das ungeschulte Auge mögen viele Hunde gleich aussehen, aber ein erfahrener Juror wird sie gemäß dem Ideal für diese Rasse beurteilen und entsprechend einstufen.

Wo kann ich verschiedene Hunderassen sehen?

Hundeschauen eignen sich am besten, um viele Rassen unter einem Dach zu sehen. Hier können Sie sowohl verschiedene Varianten und Farben sehen als

FELLTYPEN

	Typ	Rassebeispiel	Eigenschaften
	**Weich und kurz**	Rhodesian Ridgeback	Meist dickes, manchmal raues Fell, das bei manchen Rassen (zur Imprägnierung) ziemlich fettig ist.
	**Lang**	Shih-Tzu	Die Textur reicht von fein und seidig ohne viel Unterfell bis zu rau mit dichtem, weichem und pelzigem Unterfell.
	**Lockig/wollig**	Bedlington-Terrier	Dicht, aber meist kaum nach Hund riechend. Lockiges Fell, haart kaum und erneuert sich nach und nach. Bei Puli und Komondor verfilzt das Fell zu langen Schnüren.
	**Drahthaarig**	Airedale-Terrier	Drahtiges, kurzes Haar, das bei falscher Fellpflege stumpf aussieht. Kann zur Imprägnierung fettig sein.
	**Zweischichtig** (lang- und kurzhaarige Hunde)	Rough Collie	Lange Deckhaare über einem dichten Unterfell. Neigt zum Verfilzen, wenn es nicht regelmäßig gebürstet wird.

auch Züchter und Händler nach Rassen fragen, die Sie mögen. Die Veranstaltungen werden von den Verbänden in Hundemagazinen und im Internet angekündigt.

Leisten Sie sich auch ein gutes, aktuelles Buch über Hunderassen und erfragen Sie bei Klubs Einzelheiten über Züchter der gewünschten Rasse.

Welches sind die Felltypen bei Hunden und wie erkenne ich sie?

Bei Hunden gibt es fünf verschiedene Felltypen. Orientieren Sie sich an der Tabelle, um gegebenenfalls einen Hund mit entsprechendem Fell zu finden.

FACHBEGRIFFE ZUR BESCHREIBUNG DES ÄUßEREN ERSCHEINUNGSBILDS

Das unten stehende Schaubild zeigt die Körperteile eines Hundes.

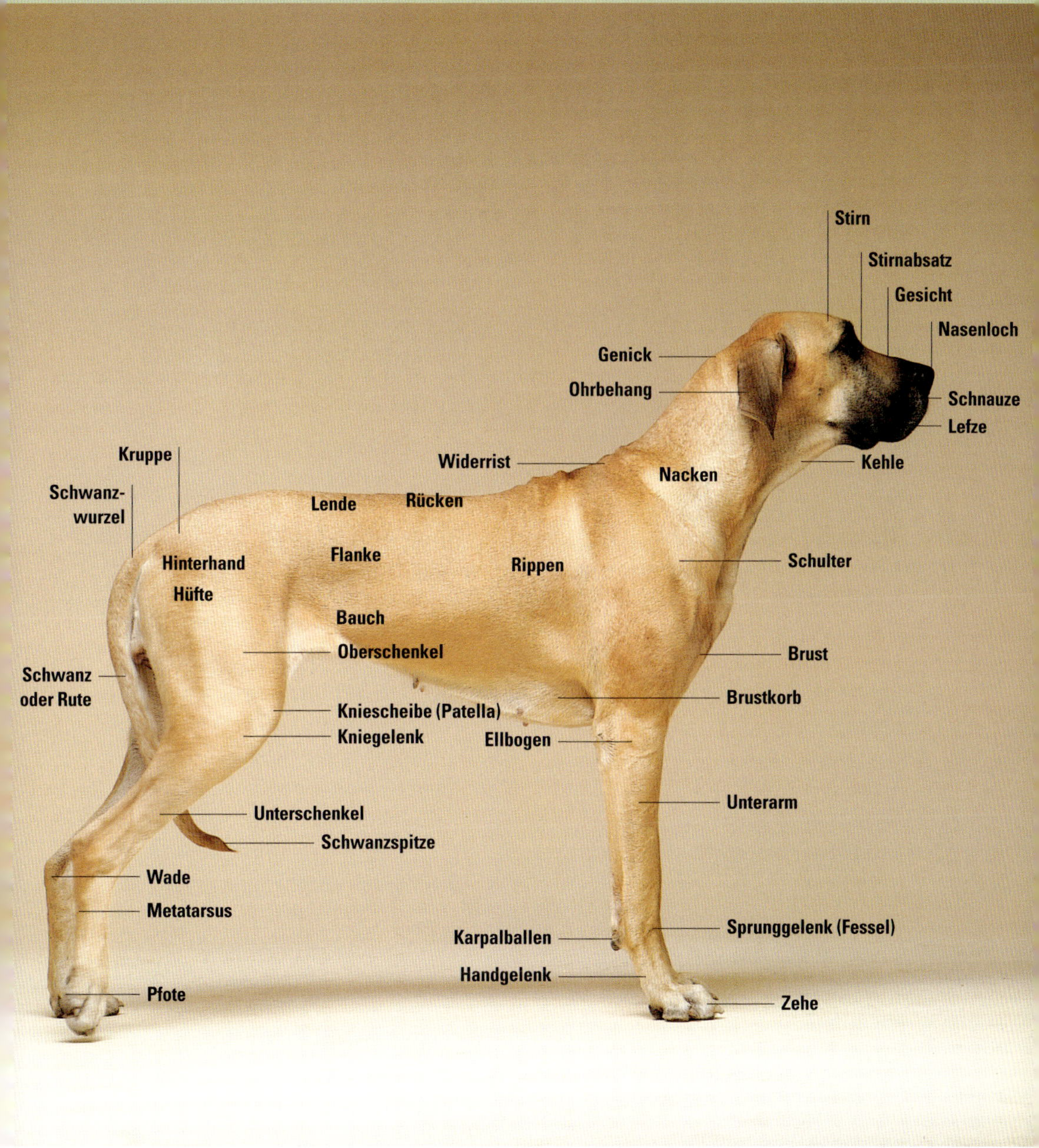

KOPFFORMEN

TYPUS	KENNZEICHEN	RASSEBEISPIEL	
Brachycephalisch	komprimierte Schädelform mit kurzer Nase	Mops	
Doliocephalisch	schmale Kopfform mit flachem Schädel und langer Nase	Barsoi	
Mesocephalisch	„normale" Kopfform mit einem zur Länge entsprechend breiten Schädel	Golden Retriever	

Was bedeuten die Begriffe „brachycephalisch", „doliocephalisch" und „mesocephalisch"?

Sie bezeichnen die drei Grundtypen des Hundeschädels. Mesocephalisch bezeichnet einen Kopf mittlerer Größe, doliocephalisch einen langen Schädel und brachycephalisch einen breiten, kurzen Schädel. Die Tabelle oben beschreibt die jeweiligen Kennzeichen und gibt drei Rassebeispiele.

Woher stammen die verschiedenen Rassen?

Oft taucht das Herkunftsland im Namen der Rasse auf. Als Beispiel gelten Portugiesischer Wasserhund, Deutscher Schäferhund und Chinesischer Schopfhund. Bei anderen Rassen ist das Herkunftsland nicht so klar zu erkennen – etwa beim Australian Shepherd, der nicht aus Australien, sondern aus den USA stammt.

Spitzrassen stammen vom Polarkreis. Einige dieser Hunde wurden in andere Länder verbracht, wo man aus ihnen die heute bekannten Rassen züchtete, etwa den Japanischen Spitz.

Eine Auswahl von Rassen, deren Herkunftsland nicht leicht erkennbar ist, finden Sie auf der Seite gegenüber.

Was sind Schnürfelle?

Schnürfelle sind nicht leicht zu pflegen. Beim Puli mischt sich das weiche, wollige Unterkleid mit dem rauen Deckhaar und bildet die Schnüre.

HERKUNFT DER RASSEN

RASSE	HERKUNFTS-LAND
Bichon Frisé	Teneriffa
Schipperke	Belgien
Komondor	Ungarn
Rough Collie	Schottland
Clumber-Spaniel	Frankreich
Cocker-Spaniel	England
Labrador-Retriever	Neufundland
Amerikanischer Cocker-Spaniel	Spanien
Pudel	Deutschland
Cavalier King Charles Spaniel	Japan
Papillon	Spanien
Afghanischer Windhund	Iran (früheres Persien)

Dies geschieht in einem Alter von 6-9 Monaten, wenn das Fell des ausgewachsenen Tieres sprießt. In diesem Stadium bilden sich beim Verfilzen der Fellschichten in Hautnähe Büschel, die zu Schnüren auswachsen. Von da an muss mindestens ein Jahr lang darauf geachtet werden, dass die Schnüre sich nicht zu einer Matte verfilzen, sonst wird das Fell zu einem einzigen Filz. Ziehen Sie die Schnüre also vorsichtig auseinander.

Wie bürste ich Rassen mit Schnürfell?

Hier gibt es einiges zu beachten. Die Innenseiten der Ohren müssen von Haaren frei gehalten, die Schnüre an der Außenseite dagegen sehr sanft geteilt werden, weil die Haut dort empfindlich ist. Auch die Rute braucht viel Pflege, damit sie nicht verfilzt. Die Haare zwischen den Pfoten müssen kurz geschoren werden, denn wenn sie verfilzen, verursachen sie Probleme.

Die Felllänge wird nach Bedarf gekürzt. Es wird nie gebürstet, aber alle sich darin verfangenden Partikel müssen vorsichtig von Hand entfernt werden, sonst bringen sie die Schnüre durcheinander. Damit Haut und Fell sauber und die Schnüre fest bleiben, muss regelmäßig gebadet werden. Das Trocknen kann Tage dauern. Der Puli und der Komondor sind die einzigen Rassen mit einem solchen Fell.

LINKS Im Alter von 5 Jahren ist das Fell des Pulis meist zur vollen Länge ausgewachsen und bietet, bei sorgfältiger Pflege, einen beeindruckenden Anblick.

Ich liebe Hunde, bin aber allergisch gegen sie. Wäre ein Nackthund die Lösung?

Leider nicht. Obwohl Hundehaar zweifellos eine der Ursachen für Atembeschwerden ist, löst die Anschaffung eines haarlosen Haustieres das Problem nicht völlig. Der Grund dafür ist nämlich ein Allergen (Can d1) im Speichel und Urin des Hundes, das zusammen mit mikroskopisch kleinen Hautschuppen Allergikern Probleme bereitet.

Mein Hund hebt seine Vorderbeine an wie ein Pony?

Diese Bewegung nennt man „Hackney Action", da sie denen der Hackney-Ponys gleicht. Zu den Rassen, die dieses Verhalten zeigen, gehören Italienisches Windspiel, Saluki, Japan-Chin und Zwergpinscher.

Wenn Sie einen Hund haben, der diese Bewegung normalerweise nicht ausführt und plötzlich damit anfängt, wenden Sie sich an den Tierarzt. Dieses Verhalten weist auf eine Dermatomyositis hin, eine erbliche Haut-/Muskelentzündung, die oft bei Shetland Sheepdogs, Collies und ihren Kreuzungen auftritt.

Gibt es Hunderassen, die nicht bellen?

Der Basenji ist die einzige Haushundrasse, die im eigentlichen Sinn nicht bellt. Das bedeutet jedoch nicht, dass er stumm ist – tatsächlich kann es genau gegenteilig sein. Statt zu bellen, gibt er eigenartige Geräusche wie Glucksen, Krähen, wolfartiges Heulen und leopardenartiges Knurren von sich.

Wir möchten keinen kläffenden Hund. Welche Rassen sollten wir vermeiden?

Kleinere Spitzrassen neigen zum Kläffen (ein scharfes, schrilles Bellen), ebenso viele Terrier- und Wachhundrassen. Denken Sie daran, dass jeder Hund bellt, um sein menschliches oder tierisches Rudel zu warnen oder eine Gefahr anzukündigen. Durch Erziehung kann man Hunden beibringen, nicht ohne triftigen Grund oder für längere Zeit zu bellen. Das sollten alle Hundebesitzer tun.

LINKS Das ballerinaartige, hochbeinige Italienische Windspiel zeichnet sich durch grazile Eleganz aus.

OBEN **Das Bellen kleinerer Hunde kann störend wirken, wenn es längere Zeit anhält. Spitze, West Highland White Terrier und Yorkshire-Terrier gehören oft zu den schlimmsten Nervensägen.**

Wie kann ich abschätzen, wie groß ein Mischlingswelpe aus dem Tierheim wird?

Wenn Sie die Größe der Eltern nicht kennen, ist dies schwer einzuschätzen. Dennoch kann die Größe der Pfoten ein grober Anhaltspunkt sein – große Hunde neigen dazu, entsprechend große Pfoten zu haben. Ein Welpe, der zu einem großen Hund heranwachsen wird, neigt zu einem kräftigen Körperbau und hat relativ zur Körpergröße große Pfoten und Gelenke.

Welche Möglichkeiten zur Hundeidentifizierung gibt es?

Üblich ist eine Marke am Hundhalsband mit der Kontaktadresse des Besitzers. Leider ist diese leicht zu verlieren oder zu entfernen. Um auf Dauer eine Identifizierung zu ermöglichen, kann dem Tier ein Mikrochip mit den Daten des Besitzers eingepflanzt werden. Auch eine Tätowierung ermöglicht eine Identifizierung. Dazu wird eine Kennnummer auf dem inneren Ohrlappen, der Lippe, dem Bauch oder innen am Oberschenkel angebracht.

Zur Wiedererkennung fotografieren Sie Ihren Hund alljährlich von allen Seiten und notieren sich ungewöhnliche Zeichnungen, Eigenschaften und Merkmale, die seine Identifizierung ermöglichen.

Welche Art dauerhafter Kennung ist die beste?

Sowohl Mikrochips als auch Tätowierungen haben Vor- und Nachteile. Es bleibt Ihnen überlassen, was für Ihren Hund die bessere Markierung ist. Auf jeden Fall ist ein markierter Hund einem nicht markierten vorzuziehen.

MIKROCHIP ODER TÄTOWIERUNG

MICROCHIP

Dafür spricht:

- Vergrößert die Chancen, einen verlorenen Hund zurück zu bekommen.
- Relativ schmerzlos.
- Unsichtbar.
- Dauerhaft.

Dagegen spricht:

- Nachweis des Eigentums. Man braucht einen speziellen, kompatiblen Scanner, der im Bedarfsfall vielleicht nicht zur Hand ist. Daher gibt es keine Garantie, dass der Hund dem Besitzer zurückgegeben wird.
- Äußerlich sieht man es dem Hund nicht an, ob er gekennzeichnet ist (außer, wenn er ein Halsband mit Hinweis trägt). Deshalb kein sicherer Schutz gegen Diebstahl.
- Es gab Fälle, in denen der Chip unter der Haut wanderte, sodass er beim Abscannen nicht erkannt werden konnte.
- Man weiß nicht, ob der Chip nicht längerfristig die Gesundheit schädigt.
- Einige Chips konnten den geforderten Standard für Haustierpässe nicht erfüllen, was ein erneutes Chippen des Hundes durch eine seriöse Institution nötig macht.
- Mikrochipunternehmen, die über die Daten verfügen, können schließen und niemand setzt den Suchservice fort.

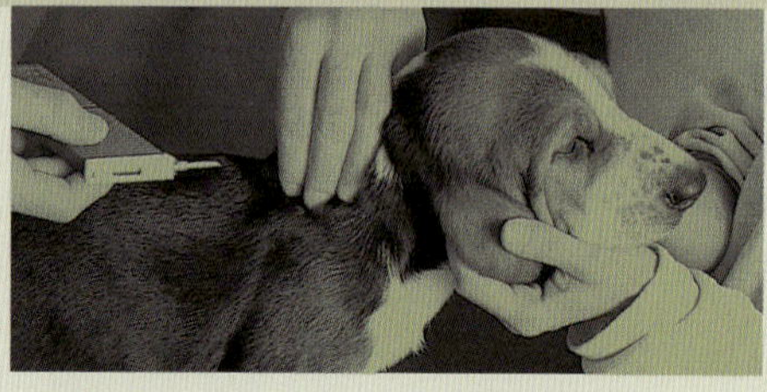

OBEN Mikrochips werden in der Regel mit einer speziellen Nadel in den Nacken eingepflanzt.

TÄTOWIERUNGEN

Dafür spricht:

Nach der Halsbandplakette ist das Tätowieren die am meisten verbreitete und erprobte Form der Identifizierung.

- Dauerhaft.
- Relativ schmerzlos.
- Kosmetisch akzeptabel.
- Sofort lesbar.
- Nachweis des Besitzers/Züchters.
- Offen sichtbar, schreckt deshalb Diebe ab.

Dagegen spricht:

- Do-it-yourself-Sets können bei verpfuschter Arbeit verheerende Folgen haben.
- Es gibt Berichte darüber, dass Tätowierungen manipuliert wurden und tätowierte Hautbereiche von Dieben entfernt wurden.
- Unfachmännisch bei zu jungen Tieren gemachte Tätowierungen können sich dehnen und im Alter entstellt werden.

GEBISSFORMEN

	TYPUS	KENNZEICHEN
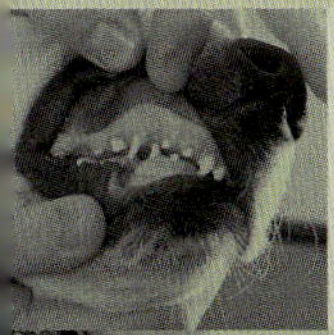	**Gutes Gebiss**	Ein (Scheren-)Biss, bei dem Ober- und Unterkiefer parallel stehen und die oberen Schneidezähne die unteren bei geschlossenem Maul überlappen
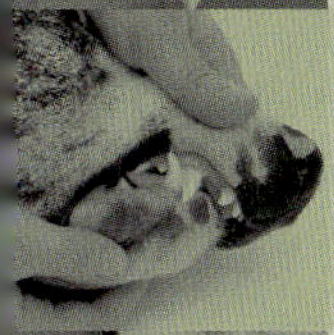	**Überbiss** (Brachygnathismus)	Der Oberkiefer ist länger als der Unterkiefer, wobei die untere Zahnreihe bei geschlossenem Maul hinter der oberen steht.
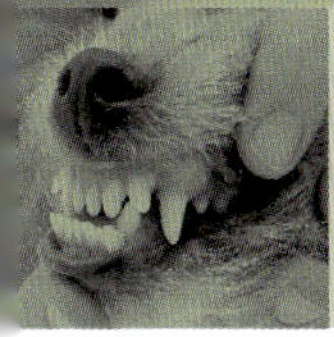	**Unterbiss** (Prognathismus)	Der Unterkiefer ist länger als der Oberkiefer, wobei die unteren Schneidezähne bei geschlossenem Maul vor den oberen stehen.

Was bedeutet „gutes Gebiss“, „Überbiss“ und „Unterbiss“?

Dies beschreibt die Ausbildung der Ober- und Unterkiefer eines Hundes und die Anordnung der zwei Zahnreihen: Ein „gutes Gebiss“ verringert Zahn- und Fressprobleme auf ein Minimum, sorgt für optimales Kauen und eine gute Futterverwertung. Eine „Fehlstellung“ bedeutet, dass der Kiefer missgebildet ist.

Welche Rassen eignen sich für Behinderte?

In diesem Fall wäre eine Zwergrasse angebracht. Viele dieser Hunde bekommen genug geistige und körperliche Anregungen, wenn sie im Haus herumtollen. Auch drinnen gibt es viele Möglichkeiten für Spiel und Training. Letzteres ist wichtig, damit Ihr Hund gehorchen lernt und sie mit Ihrer eingeschränkten Beweglichkeit keine Probleme bekommen.

Wenig Fellpflege brauchen Rassen wie Dackel, Mops, Chihuahua und Whippet. Wenn Sie mit langem Fell umgehen können, eignen sich Bologneser, Malteser, Havaneser, Spitz, Papillon, Pekinese, Japan-Chin, King Charles oder Cavalier King Charles Spaniel.

Gibt es Rassen, die gern draußen leben?

Die meisten Rassen können draußen gehalten werden, wenn sie das gewohnt sind und akklimatisiert wurden. Draußen lebende Hunde brauchen eine ausreichend große, wetterfeste Hütte,die im

Sommer kühl und im Winter warm ist und in einen geräumigen, sicheren Zwinger mit geeignetem Boden führt, in dem der Hund Auslauf hat und abkoten kann.

Wenn der Hund zu einer Rasse mit dünner Haut oder dünnem Fell gehört, braucht er bei Kälte eine Wärmequelle wie Infrarotlampen oder eine Heizdecke sowie einen Hundemantel. Andernfalls büßt der Hund seine Kondition ein und leidet. Ein Lager mit warmer Unterlage ist besonders wichtig.

UNTEN Der Border-Collie ist die geeignetste Rasse für Flyball und Agility. Auch Border-Collie-Kreuzungen erweisen sich als gute Wahl.

Welche Rassen eignen sich besonders gut für Flyball-Hundesport und Agility?

Wendige, schnelle und leichte Rassen sind dabei am erfolgreichsten. Aber auch die andere Hunderassen versuchen sich gern daran, aber Sie sollten dann solche Aktivitäten eher zum beiderseitigen Spaß denn als Wettbewerb durchführen.

Flyball ist ein Spiel mit einer Box, die einen Ball auswirft, wenn der Hund auf ein Pedal tritt. Der Hund apportiert den Ball. Agility umfasst einen Parcours, wo der Hund springen und Hindernisse überwinden muss. Denken Sie daran, dass langsamere, „plumpe“ Rassen nicht so

hoch springen und Hindernisse nicht so schnell überwinden können, was sie aber nicht daran hindert, Freude an einem Parcours zu haben, den sie gut bewältigen können.

Gibt es Rassen, die nach ihren Eigenschaften oder Personen benannt sind, die mit der Zucht begonnen haben?

Für beides gibt es viele Beispiele. Der Papillon (französisch für Schmetterling) etwa wurde nach seiner Ohrform benannt. King Charles und Cavalier King Charles Spaniels erhielten ihren Namen nach dem englischen König Charles II., der diese Rassen bekannt gemacht hat.

Dandie Dinmont-Terrier sollen nach einer Figur aus dem Buch *Guy Mannering* des englischen Schriftstellers Sir Walter Scott benannt worden sein und der Staffordshire-Bullterrier ist eine Kreuzung aus Bulldogge und Terrierrassen aus der Grafschaft Staffordshire.

UNTEN LINKS Man vermutet, dass der Boxer seinen Namen vom charakteristischen Kämpfen und Spielen mit seinen Vorderpfoten hat.

UNTEN Der Keeshond wurde nach dem holländischen Patrioten Kees de Gyselaer benannt, der eines der ersten Exemplare dieser Rasse besaß.

Leiden einige Rassen mehr unter bestimmten Krankheiten als andere?

Die meisten Rassehunde (besonders Ausstellungsexemplare) leiden an unterschiedlich ausgeprägter genetischer Schwächung. Ohrentzündungen, Hüft-, Knie- und Ellbogendysplasie (Gelenkdeformationen), Augen- und Leberschäden, Gebissdeformationen, Atopie (Allergien/Überempfindlichkeiten), Atemwegserkrankungen und Asthma (Lunge und Herz) sowie Haut- und Muskelleiden sind die häufigsten Probleme.

Eines der Beispiele sind die Bulldogs, deren unnatürliche Schädelstruktur die Atmung so sehr behindert, dass zahlreiche Tierärzte fordern, die heutige Zuchtform zu verbieten. Gelenkprobleme und Wassersucht findet man bei großen und Riesenrassen, Hüftdysplasie bei Sport-, Arbeits- und Jagdhunden sowie Herz- und Augenschäden bei Cavalier King Charles Spanieln.

Was sind die Gründe für diese Leiden und können sie beseitigt werden?

Mit den Jahren hat die zum Zweck der Erhaltung des Rassestandards praktizierte Inzucht bei fast allen Rassehunden zur genetischen Verarmung geführt. Verantwortungsvolle Züchter tun ihr Bestes, um diese Schwäche durch Gesundheitskontrollen ihres Zuchtbestandes zu beseitigen. Sie verwenden nur gesunde und von gesunden Vorfahren abstammende Tiere zur Zucht. Achten Sie auf diese Schwäche.

Nehmen Sie sich vor dem Welpenkauf die Zeit, danach zu forschen, ob, und wenn ja, für welche Leiden sie anfällig sind. Dann wissen Sie, auf was Sie achten müssen und was Sie die Züchter bezüglich der Gesundheitskontrollen der zukünftigen Hundeeltern fragen müssen.

Was bedeutet der Begriff „HD-Klassifikation"?

Bei einer Hüftgelenksdysplasie (HD) ist das Hüftgelenk nicht richtig ausgebildet. Durch frühzeitige Untersuchungen prüft man, wie gut die Hüfte des Hundes entwickelt ist und stuft das Tier in eine HD-Klassifikation ein. Dazu werden Fachleuten Röntgenbilder vorgelegt. Sie prüfen jede Hüfte darauf, wie gut Gelenkpfanne und Oberschenkelkopf ineinander passen.

Die meisten für dieses Leiden anfälligen Rassen haben eine durchschnittlich hohe HD-Klassifikation. Man sollte nur mit Tieren züchten, die eine niedrige HD-Klassifikation haben, um die weitere Ausbreitung der Veranlagung zu verhindern.

Müssen Pudel ausstellungstauglich geschoren werden?

Obwohl die „Löwenschur" – komplett mit langer „Mähne" und Pompons an Beinen und Rute – überwältigend aussieht, müssen Sie Ihren Pudel nicht so scheren lassen. Es gibt eine ganze Reihe von Frisurstilen für Pudel und genauso, wie Sie eine Frisur für sich wählen, können Sie den Hundefriseur nach verschiedenen zum Körperbau und Fell des Pudels passenden Frisuren fragen. Manche Leute verzichten lieber auf Pompons (außer an der Rute) – was man Babyschur nennt – während andere das Fell total geschoren mögen.

Warum sind manche Hunde aggressiv?

Jeder Hund kann, wenn er falsch behandelt und erzogen wird, seinem Besitzer gegenüber aggressiv werden. Das stimmt leider unabhängig davon, wie devot und freundlich die Rasse normalerweise ist. In solchen Fällen dient dieses Verhalten dem Hund zur Selbsterhaltung.

Manche Hunde verhalten sich gegenüber Artgenossen und anderen Tieren aggressiv. Das kommt vor, wenn sie im entsprechenden Alter nicht richtig sozialisiert wurden und/oder einen rassetypischen Kampf- und Jagd-/Tötungstrieb haben.

Normalerweise verhindert der richtige, vernünftige Umgang von klein auf dieses Problem, aber einige Rassen sollten nur bei erfahrenen Haltern leben. Solche Hunde eignen sich nicht für Haushalte mit Kindern (siehe Seite 42).

Ich möchte keinen Hund, der gegenüber Kindern und anderen Hunden unberechenbar ist. Welche Rassen sollte ich meiden?

Die Tabelle auf Seite 42 nennt die meisten zu meidenden Rassen. Denken Sie daran, dass viele Sichthetzer wie Greyhounds gern hinter anderen Tieren, besonders kleinen und pelzigen, herjagen und sie töten, wenn man sie ihnen nicht rechtzeitig entreißen kann. Ebenso sind manche Fährtenhunde nicht als Familienhund geeignet, weil sie einen starken Jagdtrieb haben und oft kräftig gebaut sind, was nicht immer eine gute Kombination darstellt. Es lohnt sich, wenn Sie sich gründlich über die von Ihnen favorisierte Rasse informieren, bevor Sie einen Welpen oder einen erwachsenen Hund anschaffen.

LINKS Ungeachtet ihres Rufes als „Glamour-Hund" sind Pudel wirklich vielseitige Tiere, die sich bestens als Familienhunde eignen.

AGGRESSIVE RASSEN

ALS FAMILIENHUNDE UNGEEIGNETE RASSEN	RASSEN, DIE VON NATUR AUS ANDERE HUNDE ANGREIFEN (einschließlich der in der linken Spalte)
Pit-Bullterrier (American Staffordshire-Terrier)	Bullterrier
Japanischer Kampfhund (Tosa Inu)	Alaskan Malamute
Mastino Napolitano	Kerry Blue Terrier
Argentinische Dogge	Sealyham-Terrier
Fila Brasileiro	Irish Terrier
Pyrenäen-Mastiff	Bulldog
Spanischer Mastiff	Shar Pei
Deutscher Jagdterrier	Bouvier des Flandres
Karelischer Bärenhund	Deutscher Schäferhund
Chow Chow	Briard
	Akita Inu

Alle Kreuzungen der oben genannten oder Kreuzungen zwischen diesen und anderen Rassen haben starke Wach-/Kampfinstinkte.

ANMERKUNG Normalerweise können Rüden aggressiv gegenüber anderen Hunden werden, wenn sie nicht vom Welpenalter an richtig sozialisiert wurden.

Welche Hunde sind am schwersten zu erziehen?

Sowohl Sichthetzer wie auch Fährtenhunde brauchen viel Geduld bei der Erziehung. Diese Hunde verarbeiten Informationen eher langsam und beide Rassen sind schwer zu bremsen, wenn sie etwas Interessantes riechen oder sehen!

Riesenrassen sind langsame Denker und brauchen eine Menge Geduld, während Terrier störrisch und eigensinnig sein können. Spitzrassen sind intelligent, haben aber ein unabhängiges Wesen.

Sport-, Hüte- und Wachhundrassen lassen sich am leichtesten erziehen, fügen sich aber nicht so gern harten Erziehungsmethoden.

Wählt man besser einen Welpen oder einen erwachsenen Hund?

Hierbei müssen Ihre Lebensweise und die Umstände in Betracht gezogen werden. Welpen sind Babys und entsprechend arbeits- und zeitaufwändig, während ein erwachsener Hund meist stubenrein ist, Grundzüge des Gehorsams kennt und oft an Menschen und andere Tiere gewöhnt ist.

Welpen sind leichter in die Familie zu integrieren, während die Eigenheiten eines erwachsenen Hundes leichter zu erkennen sind, genauso wie sich problematische oder unerwünschte Züge zeigen.

Denken Sie daran, dass man Kinder im Haus immer im Auge behalten muss, ganz gleich, ob Sie einen Welpen oder einen erwachsenen Hund anschaffen.

UNTEN Afghanische Windhunde sind zwar schön, aber was die Erziehung zum Gehorsam betrifft, nicht gerade für ihre schnelle Auffassungsgabe bekannt.

2

Die Pflege des Welpen

Welche Ausrüstung brauche ich für meinen Welpen?

Zur Grundausstattung gehören folgende Dinge:

- Ein Halsband aus breitem Nylon oder Leder und eine möglichst feststellbare Leine.
- Futternapf und Wassernapf – Keramik oder Edelstahl sind am hygienischsten und haltbarsten.
- Ein Lager – um Geld zu sparen, wählen sie eins, in das der Hund auch passt, wenn er erwachsen ist. Ein fester Karton, bei dem eine Seite ausgeschnitten wurde, ist als erstes Lager, besonders für zahnende Welpen, ideal.
- Pflegeleichte Unterlage – speziell für Hundelager gefertigtes Vlies ist ideal. Auch alte Federbetten und Decken sind geeignet.
- Zubehör zur Fellpflege (für weitere Informationen siehe Seite 47).
- Für Welpen geeignetes Spielzeug (siehe die Seiten 47-48).
- Welpenfutter.

Welche Art Halsband und Leine eignen sich am besten für Welpen?

Ein breites Leder- oder Nylonhalsband ist für Welpen am bequemsten. Wählen Sie eine verstellbare Sicherheitsleine aus Nylon. Achten Sie darauf, dass Halsband und Leine zur Größe des Welpen passen.

Da Ihr Welpe rasch wächst, müssen Sie darauf achten, dass das Halsband nicht zu eng wird. Prüfen Sie es alle paar Tage. Es sollten zwei bis drei Finger darunter passen. Ist es zu locker, rutscht es ab oder es verfängt sich beim Spiel oder beim Kratzen ein Bein des Welpen darin. Ist es zu eng, scheuert es auf der Haut und verursacht Unwohlsein beim Fressen.

LINKS UND UNTEN Für die Erstausstattung müssen Sie zunächst viel Geld investieren, aber die meisten Sachen halten ziemlich lange.

Welches Zubehör brauche ich für die Pflege des Welpenfells?

Dies hängt vom Felltyp Ihres Welpen ab. In der Tabelle weiter unten finden Sie passende Beispiele für jeden Felltyp.

Ein proteinhaltiges Spray kann dabei helfen, das Fell glänzend und filzfrei zu halten, ein antistatisches Spray erleichtert das Striegeln von feinem, seidigem Fell. Zum Schneiden überstehender Pfotenhaare brauchen Sie eine Schere mit abgerundeter Spitze. Zum Schneiden der Nägel siehe Seite 63.

Welche Spielsachen eignen sich am besten für Welpen?

Wählen Sie Spielzeug aus, das der Größe des Welpen entspricht. Keine Bälle, die im Hals stecken bleiben könnten sowie weiche Plastik- oder Textilspielzeuge,

OBEN Das Fell von Welpen ist weich und ihre Haut zart, bürsten Sie deshalb besonders vorsichtig.

WERKZEUG ZUR FELLPFLEGE

FELLTYP	PASSENDES ZUBEHÖR
Hunde mit kurzem, weichem Fell	Genoppter Gummihandschuh oder Gummibürste.
	Fusselbürste für den letzten Schliff.
Langhaarige Hunde	Feste, langborstige Bürste mit breitem Borstenabstand oder Striegelbürste. Kamm mit breitem Zinkenabstand, um Verfilzungen zu lösen. Haarspangen, um Fellbereiche zu trennen.
Drahthaarige Hunde	Kamm mit feinen Zinken oder Terrierbürste.
Hunde mit zweilagigem Fell	Striegelbürste und Kamm mit weitem Zinkenabstand.
Hunde mit lockigem/ wolligem Fell	Striegelbürste und Kamm mit weitem Zinkenabstand.

die von neugierigen Welpen leicht zerfetzt werden. Stöcke sind hierfür genauso ungeeignet wie Steine – beide können schwere Verletzungen verursachen.

Lassen Sie den Welpen nur unter Aufsicht spielen, damit jemand da ist, wenn er Probleme bekommt. Robuste Spielzeuge wie Kauknochen aus Rinderhaut eignen sich aber auch für unbewachtes Spielen.

Kann man Welpen einen alten Schuh zum Spielen zu geben?

Das kann unterhaltsam für den Welpen sein, ist aber nicht ideal. Der Welpe lernt nicht zwischen Ihren abgelegten Schlappen und Ihren besten Schuhen zu unterscheiden, was später schwer zu behebende Probleme verursacht.

Dasselbe gilt für Kleidung: Es mag einem als gute Idee erscheinen, einen alten Mantel als Hundespielzeug zu nehmen, aber der Welpe könnte auch ihre restliche Kleidung als solches ansehen.

Welche Kost eignet sich am besten für Welpen?

Seriöse Züchter geben meist einen Futterplan mit, wenn die Welpen in ihr neues Zuhause gehen. Dem können Sie entnehmen, was der Welpe wann und in welcher Menge bekommt. Halten Sie sich möglichst an diese empfohlene Diät,

UNTEN Stellen Sie verschiedene Spielzeuge bereit, um den Drang des Welpen nach Jagen, Anschleichen, Springen, Schnappen, Schütteln und Beißen zu befriedigen.

OBEN Überfüttern Sie Welpen nicht, sonst werden sie fett und/oder wachsen zu rasch, was beides gesundheitsschädlich ist.

um Ihrem Welpen einen verdorbenen Magen zu ersparen. Wenn Sie die Ernährung umstellen wollen, dann tun Sie dies über mehrere Tage, indem Sie immer etwas mehr vom neuen Futter geben und Gaben des alten reduzieren.

Speziell Markenfutter für Welpen ist bequem zu füttern und enthält alle Nährstoffe zur Aufzucht von Welpen in einer leicht verdaulichen und verwertbaren Form.

Wie viele Mahlzeiten und wie viel Futter sollte ein Welpe bekommen?

Die Tabelle zeigt die Anzahl der Mahlzeiten pro Tag für die verschiedenen Altersstufen. Die zu verabreichenden Futtermengen hängen von Rasse und Größe ab und sind auf den Packungen guter Futtermarken vermerkt. Weil die Mengen aber nur ungefähr gelten, können Sie je nach Gewicht und Wachstumstempo Ihres Welpen erhöht oder reduzieret werden.

Füttert man besser hausgemachtes oder handelsübliches Hundefutter?

Bei Welpen ist ein qualitativ gutes Fertigfutter vorzuziehen. Dies gilt besonders dann, wenn das Futter für besondere Rassen (etwa große und Riesenrassen) gedacht ist, weil es alle wichtigen Inhalts- und Nährstoffe enthält, die ein junger Hund für ein gesundes, normales Heranwachsen braucht. Eine solche Kost selbst herzustellen wäre sehr schwierig.

WELPEN FÜTTERN

ALTER	ANZAHL DER MAHLZEITEN
Vom Abstillen bis zur 20. Woche	Drei Mahlzeiten täglich, zusätzlich spezielle Welpenmilch in der Nacht.
20 bis 30 Wochen alt	Drei Mahlzeiten täglich.
30 Wochen bis 9 Monate alt	Zwei Mahlzeiten täglich (abhängig von Rasse und Wachstumstempo).
Über 9 Monate	Ein bis zwei Mahlzeiten täglich.

Verfechter natürlichen, frischen Hundefutters ohne künstliche Zusätze glauben, dass die Aufzucht gesunder Welpen durchaus möglich ist, solange man sich an bestimmte Richtlinien hält. Mehr dazu finden Sie in Büchern über natürliche Hundeernährung. Beachten Sie, dass Hunde in verschiedenen Altersstufen unterschiedliche Nahrungsansprüche haben.

Welche Hundefutter eignen sich am besten für Welpen?

Wegen der zahlreichen im Handel erhältlichen Marken ist die Auswahl schwierig. Es wird empfohlen, Welpenfutter einer bekannten Marke und besonders eines mit wenigen künstlichen Zusätzen (Farbstoffen) zu kaufen.

Anerkannte Tierfutterhersteller verfügen in der Regel über viel Erfahrung bei der Hundeernährung. Ihre Nahrungsspezialisten verbringen viel Zeit mit dem Zusammenstellen und Testen von Rezepten, damit das Produkt eine möglichst ausgewogene Diät für den Typ, die Größe und das Alter des Hundes darstellt, für den es gedacht ist.

Dürfen Welpen Knochen zum Kauen bekommen?

Das Nagen an großen, rohen, fleischigen Markknochen hält die Zähne und das Zahnfleisch des Welpen gesund. Große gekochte oder sterilisierte Knochen aus Tierhandlungen sind ebenfalls gut, aber wenn sie zerbrechen, müssen sie entfernt werden, damit der Welpe keine spitzen Knochensplitter verschluckt. Auch „überfällige" Knochen gehören entsorgt, um Verdauungsstörungen vorzubeugen.

Geben Sie Ihrem Welpen keine Geflügelknochen, weil diese brechen und splittern, was beim Verschlucken Verletzungen im Mund und Magen verursacht. Vermeiden Sie auch kleine, gekochte Knochen wie Rippchen und Kotelett.

Synthetische Knochen fördern die Mundhygiene, werfen Sie auch diese fort, wenn sie zu splittern beginnen.

UNTEN Große Lederknochen sorgen für Unterhaltung und gute Mundhygiene. Lassen Sie Welpen aber nie unbeaufsichtigt, damit er nicht daran erstickt.

Wie viel Wasser muss ich dem Welpen zu trinken geben?

Je größer der Hund, desto mehr Wasser muss er täglich trinken, um gesund zu bleiben. Bei den meisten Rassen genügt eine Schale mit 1-2 Liter. Wechseln Sie das Wasser ein bis zwei Mal täglich, damit es immer sauber ist.

Messen und notieren Sie die täglich von Ihrem Hund getrunkene Wassermenge, damit Sie wissen, wie viel er normalerweise trinkt und bei möglichen Gesundheitsproblemen rechtzeitig aufmerksam werden. Führen Sie dies eine Woche an heißen und kalten Tagen durch, um einen Durchschnittswert zu erhalten. Zur Napfhygiene siehe auch Seite 88.

Leitungswasser oder Wasser aus der Flasche?

Leitungswasser ist völlig in Ordnung. Sie müssen kein Geld für abgefülltes Wasser ausgeben. Es heißt, dass bei Hunden, die anfällig für Blasensteine sind, dieses Problem durch Mineralwasser oder hartes, mineralreiches Leitungswasser verschlimmert werden kann. Im letzteren Fall können Sie sich für weiches Flaschenwasser ohne Mineralienzusatz entscheiden.

UNTEN Sorgen Sie dafür, dass Ihr Welpe stets Zugang zu frischem Wasser hat. Füllen Sie dies in eine flache Schale, die er nicht so leicht umstoßen kann.

Wie viel tägliche Pflege braucht ein neuer Welpe?

Junge Hunde verlangen genauso viel Pflege und Aufsicht wie kleine Kinder. Wenn Sie sich einen gesunden, geselligen, gut erzogenen Hund wünschen, der sauber und friedlich ist, müssen Sie die Grundarbeit dafür leisten, solange er jung ist. Das bedeutet in den ersten ein bis zwei Wochen die meiste Zeit beim Welpen zuhause zu bleiben, um ihn zu füttern, auszuführen, stubenrein zu machen, einzugewöhnen sowie erste Lektionen zu erteilen.

Nehmen Sie sich am besten frei, wenn Sie berufstätig sind, um für Ihren Welpen zu sorgen, denn eins ist sicher: Welpen bedeuten harte Arbeit und man braucht im ersten Jahr viel Zeit und Geduld.

Wie zäune ich meinen Garten am besten ein?

Hunde, die entkommen können, stellen eine Gefahr für sich selbst und andere dar. Am billigsten ist das Errichten eines Zaunes, eine Mauer zu bauen ist teurer. Eine feste Beplankung oder ein stabiler Maschendrahtzaun eignen sich gut. Die unteren Enden gräbt man ein, damit sich der Welpe nicht drunter durchwühlen kann. Der Zaun muss hoch genug sein, damit er nicht hinaus und andere Hunde nicht hinein springen können. Auch die Gartentore müssen fluchtsicher sein.

Wie oft soll ich Lager, Decken und Spielzeug des Welpen reinigen?

Reinigen Sie Lager und Decken wöchentlich, damit sie sauber bleiben und gut riechen. Auch das Spielzeug sollten Sie einmal wöchentlich reinigen, um Schmutz und eingetrockneten Speichel zu entfernen. Säubern Sie nicht alle Spielsachen gleichzeitig, damit Ihr Welpe immer etwas zum Spielen hat.

Verwenden Sie eine milde Seife zum Waschen von Decken und Spielzeug und ein mildes Desinfektionsmittel für das Lager. Spülen Sie Wäsche und Spielzeug gut aus, um Seifenreste zu entfernen.

Soll ich meinen Welpen baden? Wenn ja, wie oft und mit was?

Es ist eine gute Idee, den Welpen ans Baden zu gewöhnen. Es ist nämlich schwierig, einen erwachsenen Hund, der es nicht gewohnt ist, zu baden.

RECHTS Wenn Ihr Zaun eine Lücke hat, findet Ihr Welpe sie und reißt aus.

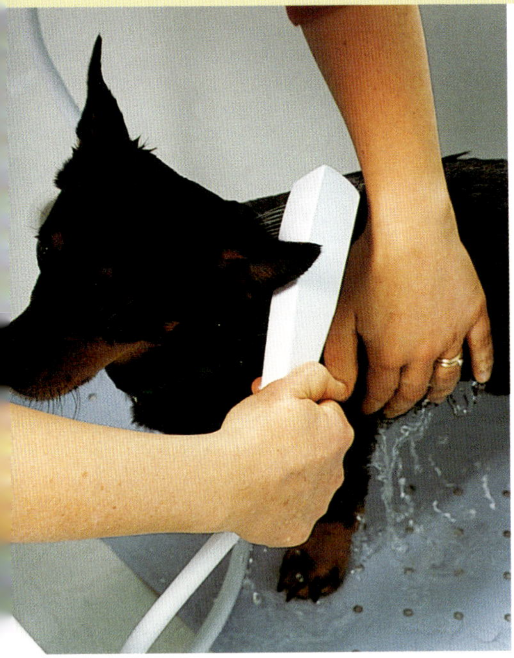

LINKS **Legen Sie eine Gummimatte in die Wanne, damit der Welpe einen festen Stand hat.**

Normalerweise braucht ein Welpe nur gebadet zu werden, wenn er schmutzig ist oder stinkt. Ansonsten reicht ein Bad alle 2-3 Monate. Benutzen Sie nur Hundeshampoo und Fellpflege-Produkte.

Das Wasser sollte lauwarm temperiert sein, testen Sie mit dem Ellbogen, ob es nicht zu heiß und deshalb unangenehm ist. Achten Sie darauf, das Shampoo bis auf die Haut einzumassieren und spülen Sie anschließend das Fell gründlich aus, um spätere Hautreizungen zu verhindern. Manche Pflegeprodukte sind dazu gedacht, auf dem Fell zu bleiben.

Wie oft müssen Welpen gestriegelt werden?

Dies hängt vom Felltyp des Welpen ab. Die Übersicht unten nennt die Ansprüche der verschiedenen Felltypen. Schenken Sie den Ohren, der Ellbogenfalte, den Bereichen zwischen den Beinen, unter der Rute und dem langen Schweif besondere Aufmerksamkeit, denn überall dort verfilzt das Fell leicht. Verfahren Sie sanft mit den Pfoten, Ohren, Beinen und der Rute, und untersuchen Sie den Mundraum, damit der Hund sich daran gewöhnt, bevor er erwachsen ist.

FELLPFLEGE

FELLTYP	PFLEGEANLEITUNG
Kurz	Wöchentlich striegeln.
Lang und zweilagig	Täglich striegeln, um ein Verfilzen zu verhindern.
Lockig und wollig	Jeden zweiten Tag striegeln. Lassen Sie das Fell alle 4-8 Wochen professionell trimmen.
Drahthaarig	Täglich striegeln. Lassen Sie das Fell drei bis vier Mal jährlich professionell von Hand (nicht mit Bürsten oder Scheren) trimmen.

WOHER WEIß ICH, OB MEIN WELPE GESUND IST?

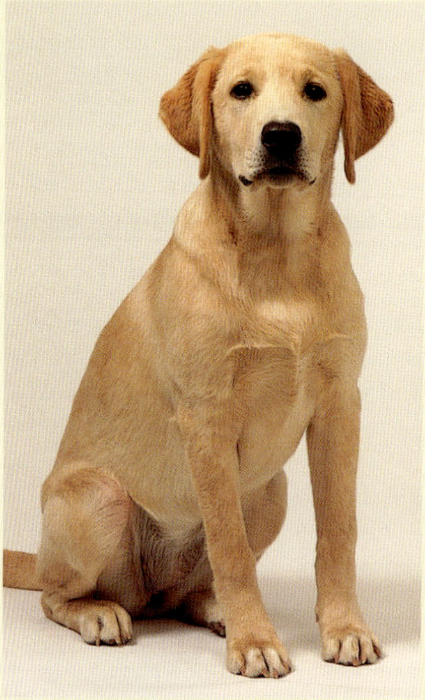

Ein gesunder Welpe

Aufgewecktes, neugieriges Wesen; klare, strahlende Augen; saubere Nase (etwas feucht ist normal); glänzendes, sauberes Fell; reine, geschmeidige Haut ohne Schorf oder Parasiten; saubere Ohren, die nicht riechen (prüfen Sie das Gehör durch Erzeugen eines Geräusches außer Sichtweite des Welpen – reagiert er darauf?); saubere Analregion; keine Beulen oder Knubbel, besonders nicht am Nabel; saubere Zähne und rosa Zahnfleisch; normales Körpergewicht; flacher Bauch (außer wenn der Welpe gerade gefressen hat); ruhige, gleichmäßige Atmung; lockere, leichte Bewegung.

Ein ungesunder Welpe

Unterwürfiges, scheues oder jämmerliches Verhalten; trübe oder feuchte Augen (in hellem Licht geweitete Pupillen weisen auf Blindheit hin); schmutzige, stinkende Ohren; schorfige, schuppige oder wunde Haut mit Hinweisen auf Parasitenbefall; offene Wunden; ständiges Kratzen (zeigt sich durch die Handlung oder rote, entzündete Hautpartien); schmutzige Analregion (mit Anzeichen von Durchfall); Nabelbruch; geschwollener Bauch (Hinweis auf Wurmbefall); schmutziges, ungepflegtes oder stumpfes, vor Dreck starrendes Fell; Steife oder lahme Bewegungen; ständiges Wimmern.

Ab welchem Alter kann ein Welpe von der Mutter in sein neues Zuhause wechseln?

Welpen werden in der Regel im Alter von 6 Wochen entwöhnt. Ab diesem Alter kann ein Welpe bezüglich Nahrung unabhängig von der Mutter leben, braucht aber noch etwa eine Woche ihren Schutz oder den der Geschwister, um seine sozialen Kompetenzen zum Einfügen ins familiäre Rudel einzuüben. Diese geschieht zwischen der 6. und 7. Lebenswoche. Ab der 8. Woche erträgt ein Welpe in der Regel die Trennung von seiner Hundefamilie. Wird er früher getrennt, werden seine sozialen Fähigkeiten nicht richtig ausgebildet.

Soll man lieber zwei Welpen aus einem Wurf nehmen, damit sie nicht einsam sind?

Das bringt meist mehr Nachteile als Vorteile mit sich. Glauben Sie nicht, die beiden Hunde würden füreinander Gefährten, wenn Sie nicht da sind; Hunde denken anders als Menschen. Ein anderer Hund bedeutet Konkurrenz um Nahrung und Aufmerksamkeit. Wenn die beiden älter werden, haben Sie unter Umständen zwei streitende Geschwister. Wenn Sie zwei aus demselben Wurf nehmen, dann wählen Sie unterschiedliche Geschlechter, um Reibungen zu vermeiden. Überlegen Sie auch, ob Sie Platz und Geld für zwei Hunde haben. Wenn der Reiz des neuen, süßen Welpen verflogen ist, merken Sie vielleicht, dass Sie sich zuviel aufgebürdet haben. Beachten Sie auch, dass zwei Hunde sich stärker aneinander binden könnten als an Sie.

Braucht ein Welpe besondere Pflege, wenn er in sein neues Zuhauses kommt?

Nach der Ankunft bringen Sie Ihren Welpen in den Garten, damit er sich erleichtern kann. Loben Sie ihn überschwänglich, wenn er dies tut. Dann lassen Sie ihn sein neues Zuhause in Ruhe erkunden.

Zeigen Sie ihm, wo sein neues Lager steht, damit er weiß, wo er bei Bedarf schlafen oder ausruhen kann. Welpen schlafen viel, sorgen Sie deshalb dafür, dass er beim Ausruhen nicht gestört wird; ein müder Welpe wird rasch launisch und „unvernünftig“.

Zeigen Sie ihm auch, wo seine Futter- und Wassernäpfe stehen und geben Sie ihm Spielsachen (siehe Seiten 47-48).

RECHTS Auch wenn ein neuer Welpe aufregend ist, lassen Sie ihn erst zur Ruhe kommen.

Wie transportiert man einen Welpen am besten in sein neues Zuhause?

Am besten in einer passenden Hunde-Transportbox, die man kaufen, mieten oder leihen kann. In einer solchen Hundebox ist der Welpe sicher untergebracht und man kann sich besser auf das Fahren konzentrieren. Hinzu kommt, dass der Welpe im Falle eines Unfalls (hoffentlich) in der Box sicher geborgen ist.

Setzen Sie den Welpen niemals in den Kofferraum des Autos, denn dort besteht Erstickungsgefahr.

Soll ich den Welpen auf der Heimfahrt aus der Box nehmen und ihn füttern oder tränken?

Bei langen Fahrten machen Sie nach zwei Stunden eine Pause. Bieten Sie ihm einen Schluck Wasser an, aber lassen Sie ihn in der Box, damit er nicht entläuft.

Füttern sollte man auf der Reise oder einige Stunden davor besser nicht, weil ein voller Magen Übelkeit verursacht. Ein kleiner Leckerbissen ist aber erlaubt.

UNTEN Stellen Sie die Box auf den Rücksitz oder in den Fond eines Kombis und fixieren Sie diese mit einem Sicherheitsgurt.

Wie kann ich den Stress bei der Heimfahrt möglichst gering halten?

Bringen Sie einige Tage vor dem Heimtransport des Welpen etwas Bettzeug zum Züchter. Bitten Sie ihn, den Geruch der Mutter und Wurfgeschwister durch Reiben an ihnen darauf zu übertragen.

Legen Sie beim Packen das Bettzeug in die Transportbox, setzen Sie den Welpen hinein, geben Sie ihm einen Leckerbissen und ein Lob, damit er die Box als etwas Gutes ansieht. Weil es vertraut riecht, wird er in der neuen Umgebung nicht zu sehr fremdeln.

Wenn Sie zuhause sind, legen Sie das Bettzeug in das Welpenlager, damit es „nach Heimat"' riecht und der Welpe sich geborgen fühlt.

Was kann die Reise für den Welpen angenehmer machen?

Fahren Sie vorsichtig und ruhig, damit der Welpe in seiner Box nicht hin und her geworfen wird. Wenn Ihr Welpe aufgeregt ist, geben Sie ihm einen synthetischen Kauknochen, eventuell mit einer leckeren Füllung, der weder splittert noch zerbricht (siehe Seite 48). Das hält ihn während der Fahrt bei Laune. Das Zudecken der Box mit einem Laken kann helfen, den Welpen ruhig zu halten.

Im Auto muss genug Luft zirkulieren und es sollte weder zu warm noch zu kalt sein, damit der Welpe es bequem hat.

Hilft es, einen neuen Welpen zu verwöhnen, damit er sich schneller einlebt und sich an seinen Besitzer bindet?

Man sollte dem Welpen nicht jeden Wunsch von den Augen ablesen. Wenn Sie es dennoch tun, lernt er Sie so lange zu nerven, bis er bekommt was er will – Futter, Aufmerksamkeit oder den bequemsten Stuhl für sich selbst.

RECHTS Ein Welpe, der seinen Besitzer manipulieren darf, kann als erwachsenes Tier die menschlichen Mitglieder des Haushaltes so sehr dominieren, dass er böse wird, wenn man ihm etwas verweigert.

Seien Sie nett zu ihm und erfüllen Sie ihm seine Wünsche. Gerechtes, vor allem konsequentes Handeln bringt aber mehr als ein „Verwöhnen".

Was tun mit einem Welpen, der die ganze Nacht lang „weint"?

Versuchen Sie Folgendes, damit der Welpe sich sicherer fühlt und Sie eine ungestörte Nachtruhe haben:

- Halten Sie ihn in einer Box im Schlafzimmer in der Nähe Ihres Bettes. Ein leckerer Kauknochen beschäftigt ihn.
- Rücken Sie die Box in der folgenden Nacht etwas und in den weiteren Nächten immer ein Stück weiter weg vom Bett, bis sie draußen vor der geschlossenen Tür steht. Sie ernten zwar ein leises Wimmern, sollten es aber ignorieren, bis es verstummt.
- Wenn Sie glauben, die Zeit ist reif – in der Regel nach der ersten Woche – stellen Sie die Box an ihren Platz.

Ab wann soll mein Welpe ein Halsband tragen?

Legen Sie ihm das Halsband erst nach ein oder zwei Tagen der Eingewöhnung um. Je eher der Welpe lernt, das zu akzeptieren, desto besser. Legen Sie es ihm zunächst für eine kurze Zeit an und loben Sie ihn ausgiebig, danach lenken Sie ihn mit einem Spielzeug ab. Dadurch lernt er das Halsband als gute Erfahrung kennen. Entfernen Sie das Halsband, wenn Sie nicht da sind, damit er sich nicht stranguliert.

Dehnen Sie nach und nach den Zeitraum aus, in dem er das Halsband trägt, bis er es gern ständig trägt. Dennoch sollten Sie es aus Sicherheitsgründen immer entfernen, wenn er allein ist.

Wie bringe ich meinem Welpen seinen Namen bei?

Das ist ganz einfach. Sie hocken sich mit weit geöffneten Armen vor Ihren Welpen und rufen seinen Namen. Wenn er auf Sie zukommt – was er sicher aus Neugier tut – geben Sie ihm ein Leckerli und loben ihn. Bald wird er lernen, seinen Namen zu erkennen – oft innerhalb weniger Tage – weil er dessen Klang mit schönen Dingen verbindet.

Wann soll ich mit der Erziehung beginnen?

Die klare Antwort ist: Sofort. Das bedeutet aber nicht übertreiben: Fangen Sie mit Befehlen zu Manieren und Gehorsam an, die Ihnen wichtig sind. Bringen Sie ihm als erstes Stubenreinheit (siehe Seite 64) und seinen Namen bei und dass er kommen soll, wenn Sie ihn rufen (siehe oben).

Gewöhnen Sie ihn dann an Halsband und Leine (siehe diese Seite und gegenüber) und verbieten Sie ihm das Springen auf Möbel und das Kauen auf Händen und Kleidung. Wenn er sich draußen erleichtert, loben Sie ihn. Wenn er ohne zu nerven still liegt, belohnen Sie ihn. Belohnen Sie immer erwünschtes und ignorieren Sie unerwünschtes Verhalten.

Beginnen Sie mit dem, was später einmal zu Gedächtnis- und Apportierspielen wird. Wenn er geimpft ist, gehen Sie mit ihm zu Welpenspieltagen.

Wann kann das Leinentraining beginnen?

Beginnen Sie, sobald der Welpe auf Sie hört und an ein Halsband gewohnt ist. Nehmen Sie ihn an eine kurze, leichte Leine und lassen Sie ihn daran ziehen, während Sie ihn loben und belohnen.

UNTEN LINKS Dem Welpen seinen Namen beibringen geht einfach und schnell.

UNTEN Wenn der Welpe sich weigert zu folgen, lassen Sie ihn an einem Spielzeug oder Snack schnüffeln, entfernen sich und rufen dabei seinen Namen – diesmal kapiert er es sicher und folgt Ihnen.

Wenn er daran gewöhnt ist, befestigen Sie die Leine richtig, nehmen sie in die eine und ein Spielzeug oder Leckerli in die andere Hand und gehen langsam rückwärts, wobei Sie ihn rufen und auffordern, Sie zu begleiten. Halten Sie die Leine locker – ziehen Sie nie daran – und belohnen Sie ihn, wenn er folgt.

Ab wann kann ich meinen Welpen mit auf Spaziergänge nehmen?

Halten Sie ihn solange von anderen Hunden fern, bis er geimpft ist (siehe unten). Es ist ratsam, ihn solange nur im eigenen Garten oder Hof zu halten, bis er gegen Hundekrankheiten geschützt ist. Auch müssen Sie Ihn erst an Halsband und Leine gewöhnen, bevor Sie ihn nach draußen bringen können und dafür sorgen, dass er auf Ihr Rufen kommt.

Erwarten Sie nicht gleich zu viel von Ihrem Welpen und setzen Sie ihn keinen Situationen aus, denen er nicht gewachsen ist, weil ihn dies zu einem nervösen Tier macht. Man gewöhnt ihn besser nach und nach an die neue Umgebung, Straßenlärm und andere Hunde außerhalb der sicheren Grenzen Ihres Heimes.

Welche Impfungen schützen die Gesundheit meines Welpen?

Zur Vorbeugung sollte Ihr Welpe gegen ansteckende und/oder tödliche Hundekrankheiten geimpft werden. Welpen können ab der 6. Lebenswoche geimpft werden, aber ab der 8. Lebenswoche ist die Impfung wirksamer. Verabreicht werden zwei Spritzen im Abstand von 2-4 Wochen. Die zweite Spritze wird jedoch nicht vor der 10. Lebenswoche gegeben.

OBEN Warten Sie mit Spaziergängen außerhalb Ihres Gartens, bis Ihr Welpe seine Impfungen erhalten hat und an Halsband und Leine gewöhnt ist.

Die Impfungen schließen einen Schutz gegen Hundestaupe (D) und beide Typen der ansteckenden Leberentzündung (HCC) ein, die beide mit dem ansteckenden Zwingerhusten einhergehen können.

Empfehlenswert ist eine Impfung gegen Tollwut, die ab der 12. Lebenswoche vorgenommen wird und alljährlich erneuert werden muss. Dies ist besonders wichtig, wenn Auslandsreisen geplant sind. Auch die Impfung gegen Parvovirose und Leptospirose ist ratsam.

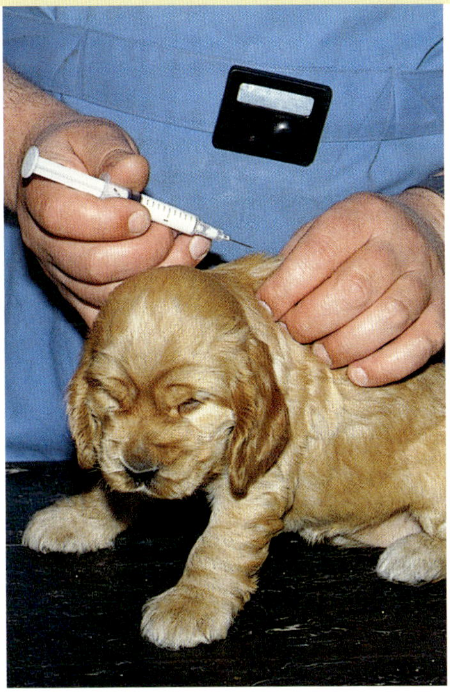

OBEN **Eine jährliche Auffrischung der Impfungen sorgt für eine gute Widerstandskraft.**

Können Menschen Hundekrankheiten bekommen?

Jede von Tieren auf den Menschen übertragbare Krankheit wird Zoonose genannt. Von Hunden übertragene Zoonosen werden durch Viren, Bakterien und Parasiten verursacht. Manche sind ernsthafte Erkrankungen, andere weniger schlimm. Dies sind einige der häufigsten auf Menschen übertragbare Krankheiten:

Parasitär *Toxocara canis* ist der häufigste Spulwurm bei Hunden. Die Wurmeier werden über die Fäkalien des Hundes freigesetzt und Menschen können infiziert werden, wenn Ihre Haut oder Nahrung mit den Fäkalien in Berührung kommt. Die Infektion wird als Toxocariase bezeichnet. Die Würmer wandern während ihrer Entwicklung durch das Körpergewebe. In seltenen Fällen befallen sie die Augen und führen zur Erblindung (häufiger bei Kindern). Die meisten Infektionen verlaufen harmlos, wenn die Person genügend Abwehrkräfte hat (werdende Mütter eingeschlossen). Als Vorbeugung sollte man auf Sauberkeit achten, die Hände nach dem Kontakt mit Hunden waschen, Hunde regelmäßig entwurmen und ihre Fäkalien entsorgen.

Bakteriell Die Weilsche Krankheit (Leptospirose) ist die Folge einer Infektion mit einem Organismus namens *Leptospira*, der viele Subtypen hat. Infizierte Hunde können die Krankheit auf den Menschen übertragen. Der Urin der Hunde enthält dann viele Bakterien. Bei der Krankheit treten grippeähnliche Symptome auf.

Virös Tollwut, eine tödliche Krankheit, wird durch Speichel beim Biss von tollwütigen Hunden übertragen. Es gibt keine Heilung und die einzig mögliche Behandlung besteht in einer Impfung des Betroffenen unmittelbar nach einem Hundebiss. Haushunde in tollwutgefährdeten Gebieten sollten routinemäßig geimpft werden.

Pilzlich Mykosen sind durch Pilze verursachte Hauterkrankungen, die alle Säugetiere befallen. Obwohl Hunde selten betroffen sind, können infizierte Tiere den Menschen anstecken. Die Pilze verursachen eine juckende Hautreizung. Die Behandlung ist einfach, aber langwierig, da Sporen über Monate aktiv und infektiös bleiben. Kinder sind besonders anfällig.

RECHTS Halten Sie die Spielphasen kurz, ruhig und nicht zu anstrengend für den Welpen, um seinen noch nicht ausgewachsenen Körper nicht zu überfordern.

Was soll ich tun, wenn ich glaube, dass mein Welpe krank ist?

Beobachten Sie das normale Verhalten Ihres Welpen von Anfang an. Dann merken Sie sofort, wenn etwas nicht stimmt. Achten Sie auf jedes unnatürliche Verhalten, Änderungen von Appetit oder Verhalten, gequältes Winseln, vermehrter oder verminderter Durst, Schwierigkeiten beim Koten oder Urinieren, Erbrechen oder Durchfall. So können Sie dem Tierarzt die Symptome beschreiben.

Welpen mit Verdauungsstörungen können rasch austrocknen, da ihr Körper Feuchtigkeit, wichtige Salze und Zucker (Elektrolyten) verliert. Wenn unklar ist, was ihnen fehlt, müssen sie zum Tierarzt gebracht werden.

Wie viel Bewegung braucht ein Welpe?

Spielerische Bewegung ist neben Fressen und Schlafen ganz wichtig für Welpen. Kurze, heftige Spielphasen werden durch Mahlzeiten und längere Schlafperioden unterbrochen. Wenn sie wach sind, sind Welpen so lebhaft, dass man dem Spiel nur schwer widerstehen kann. Zu viel Bewegung kann aber schädlich für die wachsenden Knochen und Gelenke sein – besonders bei großen Rassen – und im späteren Leben zu Problemen führen.

Erhalten Sie den natürlichen Schlaf-Spiel-Rhythmus des Welpen und lassen Sie ihn schlafen, wann er will.

Ist es in Ordnung, wenn unser Welpe mit den Kindern herumtobt?

Auch wenn es zunächst wie Spaß aussieht, kann so ein Spiel leicht außer Kontrolle geraten. Der Welpe wird größer und aus dem spielerischen Schnappen wird, wenn der Hund überdreht ist, festes, schmerzhaftes Zubeißen. Es ist alles andere als lustig, wenn ein ausgewachsener Hund sich für einen „Ringkampf" auf eine Person stürzt. Richtig gefährlich wird es, wenn, wie es häufig und be-

sonders bei männlichen Hunden geschieht, um die Absicherung der Vormachtstellung im Rudel geht.

OBEN Achten Sie darauf, dass die Kinder den Welpen nicht zu grobem Spiel ermuntern, da dies meist mit Tränen endet.

Die Krallen unseres Welpen sind ziemlich scharf – was tun?

Kürzt man die Krallenspitzen des Welpen, werden sie nicht zu scharf. Er gewöhnt sich dadurch auch an die Prozedur, bevor er zu groß wird und sich dagegen wehrt. Am besten lassen Sie das vom Tierarzt, seiner Assistentin oder dem örtlichen Hundesalon machen.

Jede Kralle enthält einen lebenden Teil, der in hellen Krallen besser erkennbar ist als in dunklen. Wenn der beim Schneiden verletzt wird, blutet es stark und tut dem Welpen sehr weh. Um das Risiko gering zu halten, überlässt man die Arbeit Spezialisten. Später nutzen sich sie Krallen von alleine ab.

Wie soll ich den Welpen an andere Haustiere gewöhnen?

Bringen Sie vor dem ersten Treffen erst den Geruch der anderen Haustiere in das Hundelager und umgekehrt. Tauschen Sie dazu einen Teil der Unterlagen, damit die Tiere ihren Geruch kennen lernen.

Pferchen Sie den Welpen ein, bevor er vorhandene Haustiere wie andere Hunde oder Katzen kennen lernt, damit sie sich gegenseitig ohne Risiko sehen und beschnuppern können. Danach können Sie abschätzen, wann Ihr Welpe sich gefahrlos dazwischen wagen kann. Werden Sie nicht ungeduldig, wenn die anderen Haustiere nicht einladend reagieren, denn sie brauchen Zeit, den Neuling zu akzeptieren. Schon bald wird sich aber eine Rangordnung einstellen.

Ab wann soll mein Welpe lernen, stubenrein zu werden?

Hunde sind nicht von Natur aus stubenrein, Sie müssen es ihnen beibringen. Lassen Sie Ihren neu erworbenen Welpen mehrmals täglich, auch abends, nach draußen, damit er Darm und Blase entleeren kann – in der Regel nach jedem Aufwachen, Fressen und Spielen. Bald lernen Sie, wann er mal muss: er wird dann unruhig, schnüffelt am Boden und sucht einen Platz.

Akzeptieren Sie es, wenn ihm hin und wieder ein Missgeschick widerfährt und halten Sie den Welpen (besonders nachts) an einem leicht zu reinigenden Ort, bis er völlig stubenrein ist.

Kann man einen Welpen an eine Hundetoilette im Haus oder im Freien gewöhnen?

Sicher geht das. Grenzen Sie draußen ein Gebiet mit einer Schnur ab oder bringen Sie scharfen Sand (Bausand färbt das Fell) oder Rindenmulch auf der Fläche aus.

UNTEN Gewöhnen Sie dem Welpen die Jagd auf Tiere im Käfig ab, indem Sie ihn ablenken, damit er das Interesse verliert und belohnen Sie ihn dann.

OBEN **Man kann einem Welpen den richtigen „Platz" leicht beibringen, wenn man weiß, wie es geht.**

Der Nutzen einer Hundetoilette im Haus hängt von Größe und Geschlecht des Hundes ab. Sinnvoll ist das nur bei kleinen Rassen. Erwachsene Rüden heben beim Urinieren in der Regel das Bein, daher werden Sie mit kleinen Hündinnen am erfolgreichsten sein.

Wie bekomme ich meinen Welpen stubenrein?

Lernen Sie zunächst, wann der Welpe muss (siehe Seite 64). Bringen Sie ihn dann zum markierten Gelände, um ihm zu zeigen, dass dies der richtige Ort ist. Wenn er muss, dann bringen Sie ihn dahin – eventuell dauert das etwas. Loben Sie ihn, wenn er sich erleichtert hat, damit er lernt, dass seine Handlung an diesem Ort erwünscht ist. Bald schon merkt er, dass es belohnt wird, sein Geschäft draußen zu verrichten.

Wie bringe ich meinem Welpen bei, auf die Kommandos „Sitz" und „Bei Fuß" zu hören?

Welpen ermüden rasch, halten Sie die Lektionen also kurz. Fünf bis zehn Minuten täglich reichen. Am besten verwandeln Sie das Training in ein Spiel. Dadurch gehorcht Ihr Welpe Ihren Befehlen gern.

Belohnen Sie ihn immer dann, wenn er sich spontan neben Sie setzt. Geben Sie dann der Handlung das Kommando „Sitz" und belohnen ihn mit einem Leckerli. Bald lernt er, dass „Sitz!" belohnt wird und beginnt, auf den Befehl zu reagieren. Verfahren Sie genauso bei er Übung „Bei Fuß".

Weitere Informationen zum Lehren von „Sitz" und „Bei Fuß" finden Sie auf den Seiten 146-148.

Wie soll ich meinen Welpen belohnen, wenn er gehorcht?

Welpen reagieren auf Futter, deshalb sind Leckerlis nützliche Hilfen bei der Erziehung, genauso wie Spielzeug, Aufmerksamkeit und Lob. Schneiden Sie alle Leckerlis in winzige Brocken, damit sie länger reichen und der Hund nicht fett davon wird.

Streicheln Sie Ihren Welpen zur Belohnung statt ihn zu tätscheln. Testen Sie dies an sich selbst, Sie werden merken, dass dies erste viel angenehmer ist.

Belohnen Sie keine falsche Handlung Ihres Hundes, sonst glaubt er, diese Handlungen wären akzeptabel. Erlauben Sie ihm zum Beispiel nicht, vor Ihnen durch eine Tür zu gehen, das wäre schon eine Belohnung für sich, denn er hat getan, was er wollte und wann er es wollte. Er muss warten, bis Sie durch die Tür gegangen sind. Dann erlauben Sie ihm zu folgen und loben und/oder belohnen ihn.

Wie tadele ich meinen Welpen, darf ich ihm einen Klaps geben?

Wenn Sie Ihrem Welpen einen Klaps geben, wird er ängstlich und weniger folgsam. Auch kann das eine spätere Aggressivität gegenüber Menschen begründen. Gestalten Sie Situationen möglichst so, dass der Welpe das Richtige tut und dafür belohnt werden kann.

Nutzen Sie, wann immer Ihr Welpe spontan ein erwünschtes Verhalten zeigt, diese Gelegenheit zur Erziehung. Wenn er sich neben Sie legt, ohne Aufmerksamkeit zu verlangen, belohnen Sie ihn. Er wird schnell lernen, welche Handlungen ein angenehmes Leben ermöglichen.

OBEN LINKS Ignorieren Sie den Welpen, wenn er nervt, um Ihre Aufmerksamkeit zu erregen. Dann lernt er, dass unerwünschte Handlungen sich nicht lohnen.

LINKS Wenn Ihr Welpe erwünschtes Verhalten zeigt, dann loben Sie ihn dafür.

Darf mein Welpen beim Spielen nach Hand und Schnürsenkeln zu schnappen?

Nein, weil aus bestärktem oder unkontrolliertem, spielerischem Beißen später bitterer Ernst wird. Irgendwann ist der Hund in einem Alter, wo es weh tut oder er einen Menschen verletzt. Einmal eingeübt kann solch eine Handlung nur schwer wieder abgewöhnt werden.

Geben Sie Ihrem Welpen besser Spielzeug zum Kauen und Spielen. Schlagen Sie ihn nie auf die Nase, das regt zum Beißen an. Wenn er beißt, heulen Sie laut auf und ignorieren ihn; beachten Sie ihn nur, wenn er das Beißen lässt.

Ein auf die Hände und Schnürsenkel gesprühtes, übel schmeckendes Anti-Beiß-Spray kann zur Abschreckung dienen. Ihr Welpe wird diese Erfahrung kein zweites Mal machen wollen!

OBEN Wenn der Welpe zum Sprung ansetzt, drehen Sie den Kopf, um Augenkontakt mit ihm zu vermeiden, verschränken Sie die Arme, ignorieren Sie ihn.

Wie kann ich meinem Welpen abgewöhnen, an Leuten hochzuspringen?

Ermuntern Sie ihn nicht dazu und bitten Sie auch andere Leute höflich, ihn zu entmutigen. Es ist unfair, wenn Ihr Hund als Welpe an Ihnen hochspringen darf und als erwachsener Hund dafür getadelt wird.

Würdigen Sie ihn nur, wenn er unten bleibt und sich setzt, was er tun wird, sobald er merkt, dass Springen keine Reaktion bei Ihnen hervorruft. So lernt er, dass diese Handlung sich nicht lohnt, während es eine bessere Erfahrung bedeutet, alle vier Pfoten auf dem Boden zu lassen.

Wie kann ich verhindern, dass Besucher meinen Welpen zum groben Spiel verführen?

Es gehört sich, dass von Ihnen eingeladene Besucher Ihren Regeln folgen. Dies gilt für den Umgang mit Ihrem Welpen genauso wie für alles andere. Sagen Sie Ihnen, wie sie sich gegenüber Ihrem Hund verhalten sollen und erklären Sie, warum grobe Spiele verboten sind.

Wenn Sie feststellen, dass das Verhalten der Besucher trotz Ihrer Bitte zu wünschen übrig lässt, dann bringen Sie den Welpen zu seinem Besten in ein anderes Zimmer oder den Garten und beschäftigen ihn mit einem Spiel oder einem Kauknochen (siehe Seite 48).

OBEN **Obst und Gemüsereste eignen sich als Happen für einen Welpen, wie auch grätenfreier Fisch und Fleisch. Füttern Sie aber nicht bei Tisch!**

Wie verhindere ich, dass mein Welpe jeden zu beißen droht, der sich seinem Futter nähert?

Futter bedeutet Hunden viel und sie entwickeln oft Besitzansprüche. Sie müssen Ihrem Welpen beibringen, dass ein Mensch neben seinem Futternapf keine Bedrohung ist, dass Sie der Rudelchef sind und dass er nur dann fressen darf, wenn Sie es erlauben. So gehen Sie vor:

1 Leinen Sie den Welpen an und stellen Sie den Futternapf hin.

2 Benutzen Sie die Leine, um ihn am Fressen zu hindern, sagen Sie „Nein".

3 Warten Sie, bis er Sie um Erlaubnis zum Fressen bittend ansieht, sagen Sie dann „Friss" und erlauben ihm, dies zu tun. Loben Sie ihn für seine Geduld.

4 Geben Sie Leckerbissen in den Napf, während er frisst, damit er Menschen und Hände in der Nähe seines Napfes als unbedrohlich empfindet.

5 Wenn er knurrt oder zu beißen droht, ziehen Sie ihn vom Napf weg und wiederholen die Schritte 2-4. Bald wird er lernen, dass Drohen nicht belohnt wird und wird damit aufhören.

Mein Welpe schlingt sein Futter hinunter. Macht das schnelle Fressen ihn krank?

Achten Sie darauf, pro Mahlzeit nur die empfohlene Futtermenge zu verabreichen (siehe Seite 49). Prüfen Sie auch, ob Ihr Welpe für sein Alter das richtige Gewicht und die richtige Größe hat. Es kann sein, dass er für seine körperlichen Bedürfnisse nicht genug Nahrung bekommt, dass er Würmer hat oder nicht genug zu fressen erhält. Welpen sind von Natur aus gierig und fressen bis zur Erschöpfung, wenn man sie lässt.

Schnelle Fresser leiden selten unter Problemen; daher ist es nicht alarmierend, solange keine Verdauungsstörungen auftreten. Wenn man große, schwere Gummibälle (siehe Seite 48) in den Futternapf legt, verlangsamt das das Fressen.

Dürfen wir unserem Welpen Essensreste geben?

Die meisten Essensreste eignen sich für Hunde, aber vermeiden Sie süße und gewürzte Speisen sowie kleine Knochen. Behandeln Sie Essensreste als Teil der täglichen Futtermenge, sonst wird der Hund fett. Gut eignen sich Gemüse und Obst (frisch oder gekocht), Getreide, Soße, grätenfreier Fisch und Fleischbrocken.

Warum kaut unser Welpe auf Sachen herum?

Die Milchzähne eines Welpen werden zwischen dem 3. und 6. Lebensmonat durch die endgültigen Zähne ersetzt. Während dieser Zeit kaut er auf allem herum, was er bekommt, um das Jucken im Zahnfleisch zu lindern und das Durchbrechen der neuen Zähne zu erleichtern.

Räumen Sie auf und halten Sie Dinge, die der Welpe nicht zerkauen soll – vor allem Elektrokabel – außer Reichweite. Halten Sie ihn aus Räumen fern, die Sie keinesfalls „umgestaltet" haben wollen!

UNTEN Denken Sie daran, dass Welpen Dinge, die Ihnen etwas bedeuten nicht von denen unterscheidet, die Ihnen egal sind.

Wie können wir verhindern, dass unser Welpe an ungeeigneten Dingen kaut?

Ermuntern Sie Ihren Welpen nie, während eines Spiels an Kleidung herumzukauen. Geben Sie ihm keine Kleidungsstücke oder Schuhe zum Spielen und lassen Sie ihn keine Holzstöckchen kauen, da Tischbeine schnell seine nächsten „Opfer" werden könnten.

Ein gelangweilter Welpe sucht Beschäftigung, geben Sie ihm deshalb Spielzeug, auf dem er kauen kann, etwa einen großen, gekochten Markknochen. Wenn er eigenen Sachen zum Kauen hat, wird er Ihre eher verschonen.

Besprühen Sie Dinge, die Ihr Welpe hartnäckig zerkaut, mit Anti-Beißspray – das reicht meist, um ihn zu kurieren.

AB WANN GILT EIN WELPE ALS ERWACHSENER HUND?

Hunde werden im Alter von 6 Monaten geschlechtsreif. Die geistige/körperliche Reife ist mit etwa 18 Monaten erreicht, abhängig von Rasse und Größe.

NEUGEBOREN Abhängig von der Mutter bezüglich Futter, Pflege, Schutz und Hilfe beim Urinieren und Koten.

2-3 WOCHEN Die Sinne (Sehen, Riechen und Hören) entwickeln sich. Die Zähne erscheinen und er lernt zu laufen und Milchersatz zu schlürfen. Er kann ohne Hilfe urinieren und abkoten. Umgang mit Menschen und die Sozialisierung können beginnen.

4–5 WOCHEN Er kann besser stehen und auf sicherer werdenden Beinen umhertorkeln. Frisst eher feste Welpennahrung. Spielt mit Geschwistern, wedelt mit dem Schwanz und jault. Verlässt den Schlafplatz, um sich zu lösen.

6 WOCHEN Voller Gebrauch von Ohren, Augen und erkennbare Gesichts-/Ohrenmimik. Abstillen beginnt, da er nicht mehr völlig von der Muttermilch abhängig ist. Erste Impfungen werden möglich.

7-19 WOCHEN Zweite Impfung mit 10 Wochen möglich. Nach dem völligen Abstillen ist er unabhängig von der Mutter und, wenn mit Menschen und anderen Tieren vertraut, bereit für sein neues Zuhause.

3-6 MONATE (JUGENDLICH) Kauen ist während des Zahnens normal. Konsequente Erziehung hilft ihm, Gehorsam und Manieren zu lernen und seinen Platz in der Familie zu finden. Konzentration und Lernfähigkeit steigen mit dem Alter.

6-18 MONATE (HERANWACHSEND) In der „Teenagerphase" wird er aufsässig und versucht zu dominieren, wenn man ihn nicht kontrolliert und richtig behandelt. Erreichen der Geschlechtsreife. Die schwierigste Zeit für die Besitzer!

18 MONATE UND DARÜBER (ERWACHSEN) Der Charakter ist voll ausgebildet, aber bis zur Festlegung im Alter von 3 Jahren sind noch Nachbesserungen möglich.

Sollen wir unseren Welpen sterilisieren lassen?

Ja, aus zwei Gründen: Erstens um unerwünschten Nachwuchs zu verhindern und zweitens, um Stromern auf der Suche nach Geschlechtspartnern zu vermeiden.

Eine Hündin wird meist zwei Mal im Jahr läufig (empfänglich) und kann pro Wurf bis zu acht Junge bekommen. Für so viel ungeplanten Nachwuchs ein Zuhause zu finden, grenzt an ein Wunder, und Auffangstationen sind meist randvoll. Nur wenige Insassen finden später ein Zuhause und die Ziffer der Tötungen weltweit ist erschreckend.

Die auf der Suche nach einem Geschlechtspartner ausgerissenen Hunde gehen leicht verloren, werden gefangen, erkranken oder verunglücken – alljährlich werden viele Autounfälle von streunenden Hunden verursacht. Weitere Informationen über Sterilisierung finden Sie unten und gegenüber.

In welchem Alter sollen wir den Welpen sterilisieren?

Dies kann erfolgen, wenn er oder sie mit etwa 6 Monaten geschlechtsreif wird oder auch jederzeit später. Manche Tierärzte warten, bis eine Hündin das erste Mal läufig wird und sterilisieren sie mit 9 Monaten, während andere

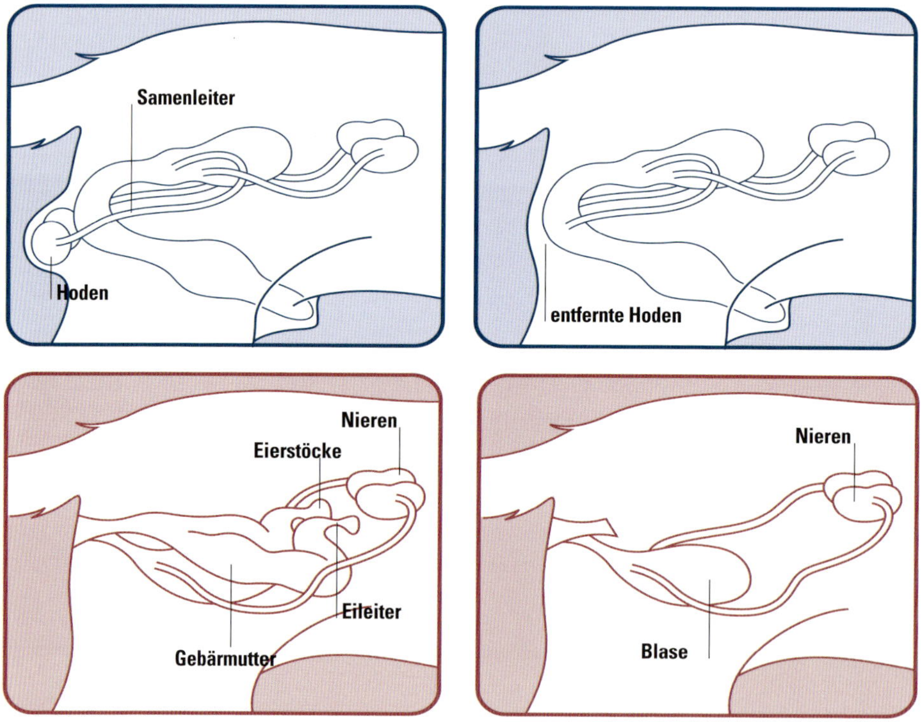

UNTEN Vor und nach der Sterilisation: Anatomie des Rüden oben, der Hündin jeweils unten .

erst 3 Monate nach der Läufigkeit sterilisieren, damit der Blutfluss durch die Fortpflanzungsorgane sich normalisiert. Die Sterilisation von Rüden nennt man Kastration.

Ist die Sterilisierung immer ungefährlich?

Wie bei jeder Operation mit Betäubung besteht ein Risiko. Moderne tierärztliche Methoden und sicherere Betäubung reduzieren sie aber auf ein Minimum.

Hunde mit Herz-, Kreislauf- und Atemleiden oder anderen Schwächen (die vor der Operation unbemerkt geblieben sein können) stellen bei Operation und Betäubung ein besonderes Risiko dar. Sie können den Tierarzt bitten, vor der Sterilisierung Ihren Welpen gründlich zu untersuchen, damit jede Gefährdung des Tieres bei der Operation ausgeschlossen werden kann.

Kann die Sterilisierung unserem Welpen langfristig irgendwie schaden?

Hunde leiden sehr selten unter langfristigen Gesundheitsschäden durch die Sterilisierung. Gelegentlich kann die Wundheilung nach der Operation durch eine Infektion verzögert oder Hündinnen können inkontinent werden (siehe Seite 183), aber diese Vorfälle sind selten.

Die Vorteile der Sterilisierung Ihres Hundes überwiegen die möglichen Nachteile bei weitem, deshalb gehen viele Hundebesitzer das Risiko gern ein.

Was geschieht bei der Sterilisierung?

Die Sterilisierung einer Hündin ist ein tieferer Eingriff als die Kastration von Rüden. Deshalb dauert die Sterilisierung einer Hündin länger und ist teurer.

Sterilisierung: Die Eierstöcke, der Eileiter und der Uterus (Gebärmutter) werden unter Vollnarkose entfernt (siehe Abbildung gegenüber). Durch einen Einschnitt vom Nabel zu den Hinterbeinen werden die Organe entfernt. Die Wunde wird vernäht und die Fäden werden 10-14 Tage später gezogen, falls kein Material verwendet wurde, das sich von selbst auflöst.

Kastration: Die Hoden und ein kleiner Teil der Samenstränge werden durch einen Einschnitt im Hodensack entfernt. Die Wunde wird vernäht.

Mein 5 Monate alter Welpe verlor beim Nagen einen Zahn. Wächst er nach?

Welpen verlieren ihre Babyzähne im Alter zwischen 3 und 6 Monaten. Ihr Welpe hat wohl einen Milchzahn verloren, was normal ist. Wenn Sie genau hinsehen, können Sie wahrscheinlich die Krone des neuen Zahnes schon durch das Zahnfleisch brechen sehen. Die ersten beiden neuen Zähne sind die zwei mittleren Schneidezähne im Oberkiefer und die letzten die großen Eckzähne (Haken- oder Fangzähne) sowohl im Ober- wie auch im Unterkiefer.

Wie viele Zähne hat ein ausgewachsener Hund?

Ein ausgewachsener Hund hat 42 Zähne.

- Acht Prämolare im Oberkiefer (beiderseits vier) und sechs im Unterkiefer (beiderseits drei).
- Sechs Molare im Oberkiefer (beiderseits drei) und sechs im Unterkiefer (beiderseits drei).
- Sechs Schneidezähne im Oberkiefer (beiderseits drei) und sechs im Unterkiefer (beiderseits drei).
- Zwei Fangzähne jeweils im Ober- wie im Unterkiefer – einen an jeder Ecke.

Manchmal fallen die Milchzähne nicht vor dem Hervorbrechen der endgültigen Zähne aus (besonders bei Zwergrassen). Das kann unangenehm sein und das Gebiss deformieren. Daraus können Fress- und Verdauungsbeschwerden entstehen. Suchen Sie den Tierarzt auf.

Soll ich meinem Welpen die Zähne putzen und kann das Mundgeruch verhindern?

Prüfen Sie zunächst die Kost Ihres Welpen. Füttern Sie so, dass Ihr Hund viel Festes und Knuspriges zum Kauen bekommt, was die Zahnfleischdurchblutung anregt und Zahnbeläge entfernt. Dann müssen Sie ihm nicht die Zähne putzen und der Atem riecht so gut, wie man es erwartet.

Hundefertigfutter ist meist weich und hängt an den Zähnen, ohne dass es restlos entfernt werden kann. Zum Schluss wird es dann zur festen Kruste. Wenn Ihr Hund solche Nahrung bekommt, sollten Sie seine Zähne wöchentlich mit spezieller Hundezahnbürste und Zahnpasta aus der Tierhandlung reinigen, damit Maul und Zähne gesund bleiben.

OBEN Hunden braucht man die Zähne nicht zu putzen, aber bei weicher Kost kann das nötig werden.

Unser Welpe ist sehr lebhaft – ist das normal?

Welpen sind wie kleine Kinder, unglaublich wild und neugierig. Spiel und Erkundung nehmen einen hohen Stellenwert ein, deshalb sind sie, wenn sie wach sind, sehr lebhaft. Wenn er es nicht wäre, würde etwas mit ihm nicht stimmen.

Die Kräfte dürfen aber nicht außer Kontrolle geraten. Wenn der Welpe übererregt und wild wird, bringen Sie ihn in sein Körbchen, damit er sich beruhigt. Tadeln Sie ihn nicht – warten Sie einfach, bis er sich abgeregt hat und lassen Sie ihn dann wieder zu Ihnen kommen.

Unser Welpe hat Angst vor anderen Hunden. Wie können wir ihm beibringen, weniger ängstlich zu sein?

Ihr Welpe ist wohl nicht ausreichend mit anderen Hunden sozialisiert worden. Oder er hat schlechte Erfahrungen mit einem anderen Hund gemacht.

Um dieses Problem zu überwinden, sollte man mit ihm an Welpenspieltagen teilnehmen. Das hilft ihm, sich in eine Gruppe gleichaltriger Hunde zu integrieren und den Rudelcode in einem sicheren Umfeld zu lernen. Wenn er älter wird, können Sie zu ebenfalls regelmäßig abgehaltenen Trainingskursen übergehen, damit Sie lernen, wie Sie ihn trainieren und er den Umgang mit anderen Hunden lernt.

Wie alt sollte mein Welpe sein, bevor ich mit ihm ein Agility-Training beginne?

Verlangen Sie von Ihrem Welpen nichts, was ihn zu sehr anstrengt. Andernfalls riskieren Sie, seine wachsenden Knochen, Gelenke, Sehnen und Bänder zu schädigen.

Sie können aber spielerisch mit ihm üben, zwischen Hindernissen hindurchzulaufen, durch Tunnel zu kriechen und über Stäbe und Reifen am Boden zu gehen – solange er Spaß an diesen Handlungen hat und Sie es als Spiel gestalten.

Fragen Sie einen auf Hunde spezialisierten Tierarzt, wann Ihr Welpe alt genug für anstrengendere Aktivitäten ist. Das ist jedoch abhängig von der Rasse.

Wie erziehe ich meinen 7 Monate alten Welpen? Er scheint alles, was ich ihm sage, zu ignorieren.

Wenn Ihr Welpe Ihre Befehle ignoriert, drücken Sie sich nicht klar genug aus. Ein 6 Monate alter Welpe, also ein „Teenager", will Sie herausfordern. Wie Sie ihn in diesem Alter behandeln, ist entscheidend für die Zukunft. Wenn Sie es falsch angehen, werden Sie ständige Probleme haben.

Sie werden feststellen, dass es sich lohnt, mit ihm Welpenspieltage zu besuchen. Bei regelmäßigen Besuchen lernen Sie, mit ihrem Tier zu kommunizieren und mit welchen Methoden Sie das gewünschte Verhalten erreichen können.

OBEN Die angeborene Neugierde sorgt dafür, dass Welpen Spaß am Entdecken und an allem Neuen haben. Überfordern Sie die Jungtiere aber nicht.

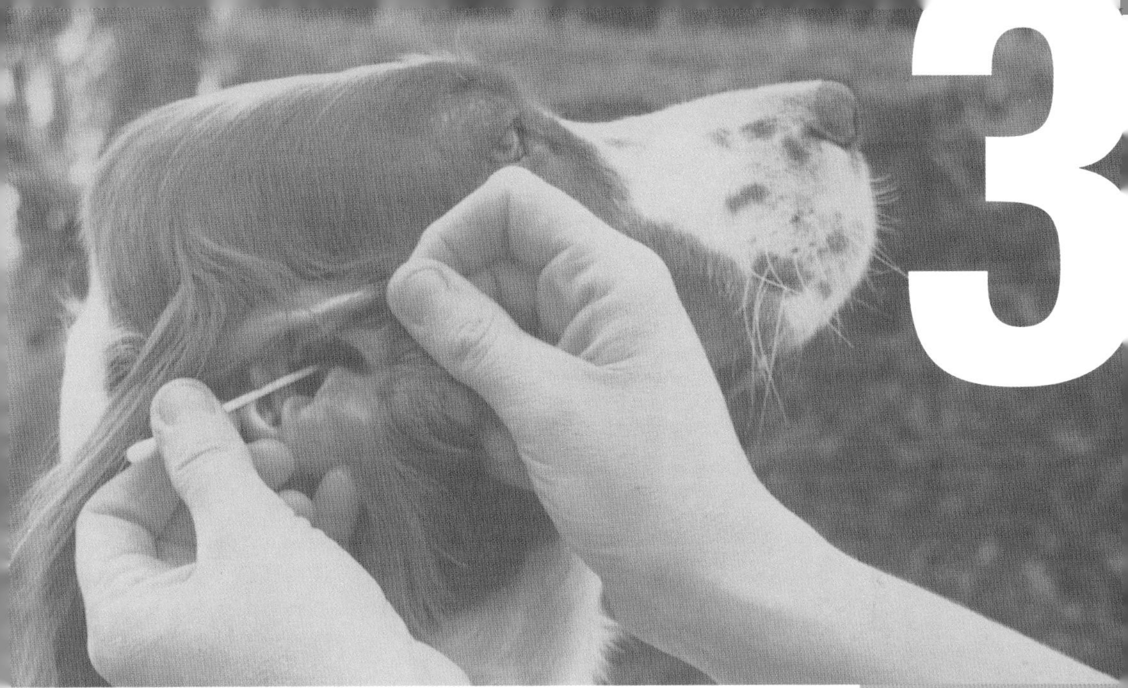

3 Hunde halten und pflegen

Braucht man zur Hundehaltung eine Genehmigung?

In Deutschland ist keine Genehmigung erforderlich. Eine Ausnahme sind Kampfhunde. Einige Hunderassen sind aufgrund ihrer Aggressivität vom Gesetzgeber als gefährlich eingestuft worden. Die Haltung und Zucht unterliegen Auflagen. Einer Hundemarke, eine Tätowierung oder ein Chip sollte jeder Hund haben, damit er im Falle des Verlusts oder wenn er in einen Unfall verwickelt ist, identifiziert werden kann.

Wie viel kostet ein Hund?

Für die Kalkulation der Kosten müssen Sie verschiedene Aspekte berücksichtigen. Zuerst sind da die Kosten für die Anschaffung und die Grundausstattung. Dazu kommen die Kosten für die Sterilisierung und Kennzeichnung. Schließlich entstehen alljährlich Routinekosten:

- Futter
- Behandlung innerlicher und äußerlicher Parasiten
- Professionelle Fellpflege
- Jährliche Impfungen und Kontrolluntersuchungen
- Tierarztbesuche bei Krankheit
- Ersatz von Bürsten, Kämmen und Futternäpfen
- Leckerlis zur Belohnung
- Ersatzspielzeug
- Kursgebühren
- Versicherungsbeiträge
- Betreuung, wenn Sie Urlaub machen
- Reparaturen im Haushalt, wenn Ihr Hund sich als Zerstörungsspezialist entpuppt
- Hundesteuer

Könnte ein Hund sich seinen Halter aussuchen, welche Eigenschaften sollte er haben?

Hunde schätzen eine ruhige, konsequente Handlungsweise. Der ideale Halter wäre jemand, der genug Zeit für die Ansprüche des Hundes an Pflege und Aufmerksamkeit opfert. Der ideale Hundehalter sollte zudem geduldig, nett, gerecht, verständnisvoll, selbstbeherrscht, verlässlich und bestimmt genug sein, Regeln aufzustellen und diese konsequent einzuhalten.

Erkennen Sie Ihre Grenzen: Wenn Sie keine haarigen Hunde mögen, sollten Sie nicht in Versuchung kommen, sich einen anzuschaffen. Falls doch, werden er und Sie sich miteinander nicht wohl fühlen.

RECHTS Lernen Sie Ihren Hund verstehen, um ein Verhältnis gegenseitigen Vertrauens mit ihm aufzubauen.

Können Sie dem Hund ein großes Haus mit Garten bieten?

Ihr Haus sollte im Idealfall groß genug sein, um Ihrer Familie und dem Hund ausreichend Platz zu bieten. Wenn Sie keinen großen Garten für den Auslauf haben, müssen Sie Ihren Hund zwei bis drei Mal täglich auszuführen. Auch muss er sich ohne Leine austoben dürfen.

Große, lebhafte Gebrauchshunde fühlen sich in engen Wohnräumen mit wenig Außenfläche nicht wohl. So ist eine kleine Wohnung nicht zur Haltung eines Schäferhundes oder eines Englischen Mastiffs geeignet. Geschieht es doch, ist das Desaster meist vorprogrammiert.

Was brauche ich, bevor ich einen Hund anschaffe?

Die Grundausstattung ist die gleiche wie für einen Welpen (siehe Seite 46).

Zusammengefasst brauchen Sie:

- Halsband, Hundemarke und eine dreifach verstellbare Leine
- Futter- und Wassernäpfe
- Ein Lager, das groß genug ist, damit der Hund sich zum Ausruhen und Schlafen ausstrecken kann sowie eine Unterlage
- Alte Handtücher oder weiche Lumpen (um verdreckte Hunde abzureiben)
- Erste-Hilfe-Kasten
- Bürsten etc. zur Fellpflege
- Spielsachen
- Hundefutter
- Reisetransportbox

Für Spaziergänge und das Säubern der Hundetoilette im Garten ist eine Kotschaufel unverzichtbar. Kaufen Sie auch kompostierbare Tüten oder improvisieren Sie mit Beuteln für Binden oder Windeln – stecken Sie einfach Ihre Hand in den Beutel, greifen den Kot, stülpen Sie den Beutel um und entsorgen Sie alles zuhause oder in speziellen Tonnen.

Welches Halsband und welche Leine eignen sich am besten?

Die Auswahl an Halsbändern ist riesig und verwirrend. Am besten eignen sich breite Halsbänder aus Leder oder Textil und Brustgeschirr aus einer Kombination

UNTEN Die meisten Halter wählen breite Halsbänder und leichte Leinen für ihre Hunde.

von drei Teilen Textil oder Leder mit einer Verbindungsöse aus Metall. All diese Arten sind angenehmer als reine Würgehalsbänder oder solche aus Metall. Vermeiden Sie Würgehalsbänder, die nur aus Metallösen bestehen und sich bei Zug wie ein Knoten zuziehen, denn das fügt dem Hund Schmerzen zu.

Als Leine eignet sich am besten eine dreifach verstellbare Leine (siehe Seite 46). Sie können sie als kurze, mittellange oder lange Leine verwenden.

Welches Lager eignet sich am besten für einen Hund?

Gewölbte Kunststoffpolster eignen sich am besten, weil sie stabil, leicht und gut zu reinigen sind. Drei erhöhte Seitenwände schützen den Hund vor Zug. Lager aus Korbgeflecht mögen hübscher aussehen, halten aber nicht lange und sehen schon bald schäbig und alt aus. Als Unterlage eignet sich spezielles Tiervlies am besten, weil es pflegeleicht, haltbar und gut waschbar ist, rasch trocknet und bei Kälte warm hält sowie bei Hitze nicht zu warm wird. Alternativ können Sie alte Laken und Steppbetten verwenden.

OBEN Der einzige Nachteil von Tiervlies als Unterlage besteht darin, dass es recht teuer ist.

Ich möchte jemandem einen Hund schenken. Ist das eine gute Idee?

Es ist nicht empfehlenswert, jemandem einen Hund zu schenken. Wissen Sie, ob der Beschenkte gewillt ist, die Verantwortung für den Hund zu übernehmen und ob er Zeit und Geld hat, um für den Hund zu sorgen?

Leider enden zu viele Hunde in Tierheimen, wenn die erste Begeisterung verflogen ist. Ein Spruch sagt: „Ein Hund ist etwas fürs Leben, nicht nur für Weihnachten“, aber noch immer sind Tierheime überlaufen. Viele renommierte Züchter verkaufen ihre Hunde nicht, wenn sie erfahren, dass sie „in Geschenkpapier eingewickelt“ werden.

Gibt es etwas Wichtiges, dass ich wissen sollte, bevor ich einen Hund aus dem Tierheim aufnehme?

Wenn ein Hund schlecht erzogen wurde, kann sein Verhalten Probleme machen. Er kann aggressiv, destruktiv, ungehorsam oder nicht stubenrein sein – oder sogar alles zusammen.

Es kann lohnen, einen „hoffnungslosen Fall“ zu rehabilitieren, aber das kostet viel Zeit und Geduld. Denken Sie gründlich darüber nach, ob Sie sich solche eine

OBEN Manche Hunde sind nicht ohne Grund im Tierheim. Aber in vielen Fällen liegt es nicht an ihnen, sondern an den Haltern, die aus vielerlei Gründen nicht mehr für sie sorgen konnten.

OBEN RECHTS Viele Hunde aus dem Tierheim sind gute Familienhunde. Denken Sie aber daran, dass es eine Weile dauern kann, bis sie sich eingewöhnt haben. Manche tolerieren keine Kinder oder andere Tiere.

Aufgabe aufbürden wollen und nehmen Sie die Hilfe eines Trainers zur Lösung der unweigerlich auftretenden Probleme an.

Warum wollen Tierheime die ganze Familie treffen, wenn man einen Hund aussucht?

So können die Mitarbeiter alle Familienmitglieder einschätzen und eine möglichst gute Wahl treffen. Außerdem wollen sie sehen, wie der Hund auf die zukünftigen Halter reagiert, damit sie ihn nicht in ein möglicherweise ungeeignetes Zuhause geben. Auch wenn es lästig ist, eine für alle passende Zeit zum Besuch des Tierheims auszumachen, geschieht dies im besten Interesse alle Beteiligten.

Muss ich meinen Hund versichern?

Es ist sinnvoll, Ihren Hund zu versichern. Wenn Ihr Hund medizinische Hilfe braucht – eine Operation oder längerfristige Behandlung sind teuer – können Tierarztkosten hoch, ein Rechtsstreit um durch Ihren Hund verursachte Personen- oder Sachschäden sogar ruinös sein.

Eigentlich sollte eine Versicherung als Notwendigkeit angesehen werden. Sehen Sie sich aber nach der besten um, die nicht unbedingt die billigste ist, verhandeln Sie und lesen Sie das Kleingedruckte. Einige Gesellschaften bestehen vor Abschluss der Police auf einer Impfung oder verweigern die Zahlung, wenn die Impfung nicht aktualisiert wurde.

Wie soll ich bei der Fellpflege vorgehen?

Die Art der Pflege ist abhängig vom Felltyp Ihres Hundes. Hinweise auf das benötigte Zubehör finden Sie auf Seite 47 und wie oft Sie striegeln sollten erfahren Sie auf Seite 30.

Je nach Größe Ihres Hundes kann es bequemer sein, ihn auf dem Tisch zu striegeln. Legen Sie eine Gummimatte unter, damit er sicher steht. Bis er sich daran gewöhnt hat und still hält, sollte Ihnen jemand helfen. Lassen Sie Ihren Hund nie unbeaufsichtigt, weil er hinunter springen und sich verletzten könnte.

Machen Sie das Striegeln zu einer angenehmen Erfahrung, damit Ihr Hund es genießen kann: Wenn er nervös wird, bedeutet das sowohl für Sie als auch Ihren Hund nur Ärger und nichts kommt dabei heraus. Wenn er unruhig wird, beenden Sie die Aktion mit einem freundlichen Wort und versuchen es später wieder.

Es gibt Bücher und Videos, die zeigen, wie man das Fell am besten pflegt – suchen Sie in Hundezeitschriften und Tierhandlungen danach.

Und was ist mit einem Bad?

Ein erwachsener Hund braucht von Zeit zu Zeit ein Bad. Tipps zum Baden finden Sie ab Seite 53. Baden Sie nie einen Hund mit verfilztem Fell, denn das macht es nur noch schlimmer. Bürsten Sie zuerst das Fell aus und lösen Sie die Knoten bis zur Wurzel. Wenn das Fell Ihres Hundes sehr verfilzt ist, kann es schonender sein, es von einem Profi scheren zu lassen.

Welche regelmäßige Pflege braucht ein Hund?

Um Ihren Hund geistig und körperlich gesund zu erhalten, sollten die unten aufgeführten Maßnahmen regelmäßig durchgeführt werden:

REGELMÄßIGE PFLEGE

Täglich

Ausführen.

Füttern; Fressnapf säubern.

Wassernapf nach dem Säubern auffüllen.

Verhalten beobachten.

Fellpflege.

Die Ausscheidungen auf Auffälligkeiten untersuchen.

Prüfen, ob das Halsband bequem sitzt.

Das laufende Training durchführen, eventuell in einem wöchentlichen/vierzehntägigen Kurs.

Monatlich

Gewicht prüfen.

Nach Flöhen absuchen.

Alle drei Wochen entwurmen.

Mit älteren Hunden alle sechs Monate zum Tierarzt gehen.

Jährlich

Impfungen auffrischen.

Vom Tierarzt untersuchen lassen.

Wie mache ich Haus und Garten hundesicher?

Einige Aspekte sind zu beachten. Machen Sie zunächst Ihren Garten fluchtsicher (siehe Seite 52). Folgen Sie dann den nachfolgenden Richtlinien.

- Halten Sie gefährliche Produkte wie Gartenchemikalien, Reinigungsmittel, Motoröl, Medikamente und so weiter außer Reichweite des Hundes.
- Schließen Sie scharfe Werkzeuge nach Gebrauch weg.
- Legen Sie keine Pestizide aus.
- Sperren Sie Ihren Hund ein, während sie den Rasen mähen oder die Hecken schneiden.
- Schließen Sie Ihren Hund aus dem Badezimmer aus, wenn sie ein Bad einlassen (zur Sicherheit von Mensch und Hund lassen Sie zuerst das kalte und dann das heiße Wasser ein).
- Verlegen Sie, wenn möglich, Elektrokabel immer isoliert.
- Lassen Sie niemals Nähzeug wie Näh- und Stecknadeln herumliegen.
- Setzen Sie Ihren Hund niemals lautem Fernseh- oder Musiklärm aus, weil das sein Gehör schädigen kann.

Ich habe gehört, dass Hunde eine Privatsphäre brauchen. Wie sorge ich dafür?

„Privatsphäre" meint einen Ort, an den der Hund sich ungestört zum Ausruhen oder Schlafen zurückziehen kann. Dorthin kann er sich auch flüchten, wenn er merkt, dass Sie sich nicht wohl fühlen.

UNTEN Ist Ihr Garten fluchtsicher? Kontrollieren Sie den Zaun, bevor Sie den Hund hinaus lassen und flicken Sie Löcher oder Lücken umgehend.

OBEN **So wie wir brauchen auch Hunde Zeit für sich, um die Batterien wieder aufzuladen.**

Ein besonderer Ort ist wichtig für das Wohlbefinden Ihres Hundes. Das kann ein Lager an einem ruhigen Ort im Haus sein. Wichtig ist, dass ihn kein Familienmitglied in seinem Refugium stört.

Wie kann ich sicher sein, dass mein Hund und meine Kinder miteinander auskommen?

Kindern kann man beibringen, den Hund zu respektieren und ihn richtig zu behandeln und anzusprechen. Hunde können gegenüber Babys und Kleinkindern sehr tolerant sein, aber Sie sollten es nicht darauf ankommen lassen.

Lehren Sie die Kinder, nicht nach dem Hund zu greifen und bestehen Sie darauf, dass er in Ruhe fressen und ausruhen darf. Achten Sie darauf, dass Ihre Kinder dem Hund nur gutes Benehmen beibringen und nur erlaubte Spiele mit ihm spielen. Zeigen Sie ihnen, wie und wo er gern sanft gestreichelt wird. Lassen Sie Ihre Kinder nie mit dem Hund allein, egal wie friedlich er normalerweise ist.

Wie viel tägliche Bewegung braucht ein Hund?

Das hängt von Typ, Größe, Rasse, Gesundheit und Alter des Hundes ab. Manche Rassen brauchen mehr körperliche Bewegung als andere, um glücklich und

Soll ich einen Hundemantel kaufen, wenn es kalt und feucht ist?

Rassen mit dünnem oder kurzem Fell und ältere Hunde schätzen den Schutz eines Mantels, der sie trocken und warm hält. Schlanke, dünnfellige Rassen wie beispielsweise Whippets haben Kälte und Nässe wenig Fell und Körperfett entgegenzusetzen, während die ältere Hunde nicht mehr so viel Wärme erzeugen und speichern können.

Es kann auch praktisch sein, einem Hund bei nassem Wetter einen Mantel überzuziehen, weil er nach einem Spaziergang schneller sauber und trocken ist. Es gibt auch „Schuhe", um die Pfoten trocken und sauber zu halten.

OBEN Meiden Sie mit Spaziergänge in der Mittagshitze und nehmen Sie auf längere Touren Wasser und einen faltbaren Napf mit, wenn Sie nicht sicher sind, ob es auf dem Weg sauberes Wasser gibt.

gesund zu bleiben, obwohl einige dies wider Erwarten nicht brauchen, wie etwa Greyhounds. Junge und alte Hunde sollten vorsichtig in ihren körperlichen Grenzen bewegt werden, um weder wachsende noch alternde Knochen, Muskeln und anderes Gewebe zu überanstrengen.

Wie viel körperliche Bewegung ein Hund braucht, hängt auch von Fitness und Gewicht ab; Hunde, wie auch junge Menschen, können übergewichtig und träge werden; Sie müssen nach und nach trainieren, damit sich ihre „schlaffen" Körper nicht überanstrengen.

Wie halte ich meine Autositze sauber, trocken und geruchsfrei?

Das Innere Ihres Autos gleicht nicht so schnell einem Zwinger, wenn Sie wasserdichte Sitzbezüge und ein altes Laken für den Gepäckraum anschaffen. Bessere Qualitäten sind natürlich teuer, erweisen sich aber bald als lohnende Investition. Sie schützen Ihre Sitze nicht nur besser, sondern diese sind auch haltbarer, formbeständiger und leichter zu waschen. Für ordnungsliebende Hundehalter lohnen sich auch Schonbezüge für die Polstermöbel im Haus. Fragen Sie andere Hundebesitzer im örtlichen Hundeklub, ob sie bestimmte Produkte oder Marken von Schonbezügen für Möbel und Auto aus eigener Erfahrung empfehlen können.

Wie entsorge ich Hundefäkalien?

Die im Garten oder beim Ausführen abgesetzten Fäkalien kann man auf mehrere Arten entsorgen. Erkundigen Sie sich bei der Gemeinde, ob es in der Nähe spezielle Abfallkörbe für Hundefäkalien gibt. Wenn nicht, packen Sie die Fäkalien in Zeitungspapier oder in eine kompostierbare Tüte und werfen Sie diese in ihren Hausmüll (fragen Sie erst bei der Gemeinde). Alternativ können Sie ein „Hundeklo" für den Garten kaufen, obwohl die Erfahrungen damit unterschiedlich sind.

Fragen Sie in Ihrer Tierarztpraxis oder dem lokalen Entsorgungsbetrieb, wie Sie mit den Fäkalien eines Hundes umgehen sollen, der eine Strahlentherapie erhält.

OBEN Es ist wichtig, Hundefäkalien gewissenhaft zu entsorgen. Das verhindert das Risiko der Verbreitung von Krankheiten (durch Würmer und Viren) und hält die Umwelt sauber – niemand tritt gern in Hundekot!

Welches Futter eignet sich am besten für einen Hund?

Hunde sind im Allgemeinen keine Kostverächter. Sie gedeihen bei einer Ernährung, die unserer nicht unähnlich ist, wenn auch mit mehr Eiweiß, darunter Futter tierischen Ursprungs, Getreide, Wurzelgemüse und Fette. Am besten eignet sich eine Kost, die Folgendes enthält:

- Eiweiß, Kohlenhydrate und Fette;
- Vitamine – A, B-Gruppe, D und E; Vitamin C wird vom Körper erzeugt.
- Mineralien – zu den wichtigsten gehören Kalzium, Phosphor und Natriumchlorid. Diese und andere wichtige Mineralien wie Kupfer und Zink, sind in Fleisch, Getreide und anderen Futterbestandteilen von Natur aus enthalten.
- Ballaststoffe und Wasser in ausgewogenem Verhältnis.

Ich möchte meinen Hund mit selbst zubereitetem Futter ernähren. Ist das eine gute Idee?

Es kann schwierig sein, alle für die Gesunderhaltung Ihres Hundes nötigen Nährstoffe mit selbst zubereitetem Futter bereitzustellen. Es gibt fertige Hundefutter mit ausgewogener Zusammensetzung, die ohne künstliche Zusatzstoffe hergestellt werden. Es ist einen Versuch wert, sie zu probieren, denn sie sparen im Gegensatz zur Zubereitung frischen Futters viel Zeit.

Wenn Sie entschieden haben, Ihren Hund nur mit natürlichen Produkten zu füttern, sollten Sie sich unbedingt weiter

OBEN **Kommerziell hergestellte Hundefutter haben einen ausgewogenen Nährwert. Es gibt sie (von links nach rechts) in feuchten, halbfeuchten und trockenen Sorten.**

RECHTS **Viele Menschen glauben, dass natürliches Futter gesünder für den Hund ist als Fertigfutter, das genetisch manipulierte Organismen, künstliche Konservierungs- und Farbstoffe und vieles mehr enthält.**

informieren – es gibt einige gute Bücher zu diesem Thema,die von Experten für Hundeernährung über das Füttern selbst zubereiteten Futters für Welpen und erwachsene Hunde geschrieben wurden.

Wie viel Futter braucht ein Hund? Wann und wie oft soll gefüttert werden?

Die Tabelle auf Seite 88 gibt ungefähre Anhaltswerte für die Futtermenge. Erhöhen oder vermindern Sie die Mengen notfalls, je nach Befinden Ihres Hundes.

Es wird empfohlen, die Tagesmenge in zwei oder drei Portionen aufzuteilen und diese zu verschiedenen Tageszeiten zu verfüttern. Das ist besonders bei großen Hunden wie Deutschen Doggen und Deutschen Schäferhunden wichtig, um den Magen nicht zu überladen und Verdauungsstörungen vorzubeugen. Außerdem bedeutet mehr als eine Mahlzeit pro Tag Beschäftigung.

Es ist besser, nicht immer zur gleichen Tageszeit zu füttern, sonst wird Ihr Hund auf das Futter warten und unruhig, wenn es nicht zur erwarteten Zeit erscheint – zum Beispiel, wenn Sie später von der Arbeit kommen. Er könnte sich dann schlecht benehmen, etwa Möbel anknabbern, um seine Frustration abzureagieren. Eine Abwechslung der Futterzeiten erhöht auch den Reiz des Futters und erleichtert dadurch die Erziehung.

FEUCHTE FUTTERMENGEN NACH GEWICHT

IDEALGEWICHT DES ERWACHSENEN HUNDES	UNGEFÄHR BENÖTIGTE FUTTERMENGE
2 kg	110–140 g
5 kg	200–280 g
10 kg	400–570 g
20 kg	680–900 g
35 kg	900g–1,1 kg
45 kg	1,25–1,6 kg
70 kg	1,7–2,5 kg

Wie oft soll ich die Wasser- und Futternäpfe meines Hundes reinigen und mit was?

Spülen Sie die Näpfe täglich. Diese sind rasch mit Speichel und altem Futter verschmutzt, in dem Keime nisten und bald fängt es zu stinken an. Eine Lösung aus Tafelsalz und heißem Wasser (2 Esslöffel auf 1 Liter) erfüllt seinen Zweck. Achten Sie darauf, gut mit kaltem Wasser nachzuspülen, um Salzreste abzuwaschen.

Sie können auch Spülmittel für Hundenäpfe kaufen, die ungiftig und geruchlos sind. Auch hier gut nachspülen.

Braucht mein Hund ergänzende Vitamine und Mineralien?

Wenn Sie ein qualitativ gutes Hundefutter geben, sollte Ihr Hund keine zusätzlichen Vitamine und Mineralien brauchen. Nährstoffmängel zeigen sich meist in Aussehen, Gesundheit und Verhalten Ihres Hundes – Symptome sind stumpfes Fell, Energiemangel, Allergien und Verdauungsstörungen. Wenn Sie dergleichen beobachten, wechseln Sie zu einer qualitativ besseren Futtermarke und schauen Sie, ob eine Veränderung auftritt, es braucht allerdings einige Wochen, bis eine Verbesserung sichtbar wird.

Auch mit selbst zubereitetem Futter ernährte Hunde profitieren von Nahrungszusätzen – fragen Sie Ihren Tierarzt um Rat, wenn Sie das Gefühl haben, Ihrem Hund fehlt etwas in seinem Futter.

Mein Hund frisst nur noch gekochtes Huhn. Wie kann ich ihm sein früheres Futter wieder schmackhaft machen?

Füttern Sie kein Huhn mehr, sondern nur noch sein übliches Futter oder wechseln Sie die Marke. Geben Sie ihm keine Leckerlis, Snacks oder Reste zwischen den Mahlzeiten.

OBEN Entfernen Sie nicht gefressenes Futter nach 20 Minuten und werfen Sie feuchtes weg, damit Ihr Hund lernt, angebotene Mahlzeiten aufzufressen.

Hunde hungern nicht ohne Grund freiwillig mehrere Tage. Um Krankheiten auszuschließen, sollten Sie aber einen Tierarzt konsultieren. Vielleicht ist der Hund das Futter aber einfach leid. Mäkelige Hunde sind nach ein bis zwei Tagen, in denen ihnen nichts als ihr übliches Futter angeboten wird, meist kuriert.

Wie erkenne ich, ob ich meinem Hund zu viel oder zu wenig Futter gebe?

Die Menge an Futter, die ein Hund täglich braucht, hängt selbstverständlich von mehreren Faktoren ab. Dazu gehört neben der Größe, dem Aktivitätslevel, dem Alter, der individuellen Natur auch die Temperatur der Umgebung. Ungefähre Anhaltspunkt gibt die Tabelle auf Seite 88.

OBEN Die meisten Hunde sind von Natur aus gierig und fressen so viel, wie man ihnen vorsetzt. Deshalb überfüttert man sie leicht, weil man denkt, sie hätten noch Hunger. Es ist jedoch wichtig, den Körper durch richtiges Füttern in einem gutem Zustand zu halten, sonst wird Ihr Hund übergewichtig.

Junge Hunde und solche, die arbeiten oder täglich sehr aktiv sind, verbrauchen mehr Kalorien am Tag als der Durchschnittshund, während alte, inaktive Hunde weniger brauchen. Füttern Sie zuviel, wird Ihr Hund fett, füttern Sie zuwenig, magert er ab. Fragen Sie Ihren Tierarzt nach dem Idealgewicht und versuchen Sie, dass er dieses Gewicht hält.

Ist die chronisch schuppige Haut meines Hundes ernährungsbedingt?

Ja, das ist möglich. Lassen Sie Ihren Hund erst untersuchen, um eine Hautinfektion durch Parasiten oder Krankheiten auszuschließen. Ändern Sie dann die Ernährung des Hundes, um zu sehen, ob sich etwas ändert. Auch Hunde können allergisch auf Nahrungsbestandteile reagieren.

Suchen Sie nach einer anti-allergenen Fertigfutter-Marke – diese ist frei von künstlichen Farb- und Konservierungsstoffen, Aromen und Antioxidantien. Bessert sich nach 6 Wochen die Haut des Hundes nicht, versuchen Sie eine andere Marke. Dies ist eine Sache von Versuch und Irrtum, erwarten Sie also keine rasche Lösung.

Die Hautbeschwerden vieler Hunde bessern sich durch eine Diät, die auf Reis und Lamm, weißem Fleisch oder Fisch aufbaut, weil sie allergisch auf Weizen und Rind reagieren.

Darf ich meinem Hund die übrig gebliebenen Knochen von gegrilltem Fleisch geben?

Geben Sie Ihrem Hund nie kleine, gegrillte Knochen und vor allem keine Geflügelknochen. Diese splittern beim Kauen leicht und können den Verdauungstrakt verletzen. Große Knochen sind sicher, wenn man sie kleinen Hunden mit schwachen Kiefern gibt, aber nie an Hunde mit kräftigen Kiefern.

Mein Hund frisst gern Essensreste – ist das in Ordnung?

In der Regel sind Reste in geringen Mengen in Ordnung. Füttern Sie nicht zuviel davon, denn sie könnten zu fett sein. Vermeiden Sie würzige Speisen und solche, die Alkohol oder Schokolade enthalten. Behandeln Sie die Reste als Teil der täglich erlaubten Futtermenge und nicht als Ergänzung, sonst wird Ihr Hund fett.

Manche Hunde sind schreckliche Vielfraße und vertilgen alles, was man ihnen vorsetzt, ungeachtet der Wahrscheinlichkeit einer späteren Magenverstimmung. Werfen Sie Reste von würzigen Speisen daher besser in den Müll.

Mein Hund verschmutzt beim Fressen den Boden?

Achten Sie darauf, dass der Napf groß genug ist. Je größer der Napf, desto weniger Schweinerei gibt es – normalerweise.

Manche Hunde bestehen aber darauf, das Futter aus dem Napf zu fischen und es auf den Boden fallen zu lassen. Hilft der oben gegebene Rat nicht und ist das Platzieren des Napfes auf einer großen Futtermatte auch keine Lösung, dann füttern Sie Ihren Hund draußen, wo er wenigstens nicht den Fußboden verdreckt.

Wie kann ich verhindern, dass die Ohren meines Spaniels immer im Futter baumeln?

Manche Halter von langohrigen Hunden haben eine einfache Lösung für dieses Problem. Sie benutzen ein Stirnband oder eine Wäscheklammern, um die Ohren beim Fressen über dem Kopf des Hundes zu befestigen, sodass sie nicht im Napf baumeln. Das ist sehr praktisch, aber Stirnband oder Wäscheklammern dürfen nicht zu fest sitzen.

Auch Haarklammern werden empfohlen, aber die sitzen zu stramm, außer wenn lange Haare an den Ohren zusammen geklammert werden.

GANZ OBEN Verbieten Sie Ihren Kindern, den Hund am Tisch zu füttern. Die Folge wären schlechte Manieren.

OBEN Spezielle „Spaniel-Näpfe" stehen weit über dem Boden und helfen, mit Futter verschmierte Ohren zu vermeiden. Sie eignen sich auch für Hunde mit Rückenproblemen.

Soll ich das gewohnte Futter wechseln, um Vielfalt in die Ernährung zu bringen?

Hundefutter gibt es in allen Geschmacksrichtungen, sogar in „Gourmet"-Sorten. Das soll jedoch mehr die Halter als die Hunde verführen. Anders als wir werden Hunde es nicht leid, jeden Tag dasselbe zu fressen. Deshalb brauchen Sie das Futter nicht zu wechseln, außer es bekommt dem Hund nicht. Häufiges Wechseln der Sorte macht den Hund zu einem Mäkler. Solange der Hund also auffrisst, fit und gesund wirkt, ist es besser, dasselbe Futter weiter zu geben.

Wo bewahre ich eine geöffnete Futterdose am besten auf?

Der Kühlschrank ist der beste Ort für Dosenfleisch, nachdem es geöffnet wurde. Sie können es in der Dose lassen – aus Hygienegründen mit einer Frischhaltefolie oder einem Plastikdeckel abgedeckt – oder füllen es in ein anderes Gefäß um. Es sollte innerhalb von zwei Tagen verbraucht werden.

Welche Diät eignet sich, wenn ein Hund zu Magenverstimmungen neigt?

Ein Tierarztbesuch kann klären, ob die Magenverstimmung auf einer Krankheit oder auf Wurmbefall beruht. Wenn die Diagnose einfach lautet, Ihr Hund habe einen „nervösen Magen", kann durch Ausprobieren verschiedener Futtersorten nach der Lösung des Problems gesucht werden. Beginnen Sie mit rotem Fleisch sowie weizen- und milchhaltigem Futter, das künstliche Zusätze enthält. Vermeiden Sie Tischabfälle. Sind diese zu fett, können Erbrechen und Durchfall folgen.

Ein allergenfreies Markenfutter kann in solchen Fällen helfen. Wenn nicht, sollten Sie es mit hausgemachtem Futter versuchen (siehe Seite 86). Auch die Einhaltung einer passenden Diät kann hilfreich sein.

Mein Hund liebt rohes Gemüse und Obst. Schadet ihm das?

Rohes Gemüse und Obst enthalten viel natürliche gesunde Antioxidantien, Mineralien und Vitamine. Viele Hunde lieben Karotten, grünes Blattgemüse und

UNTEN Frisches Obst und Gemüse bringen Vielfalt in die Ernährung Ihres Hundes.

Äpfel, daher schadet es Ihrem Hund nicht, wenn er täglich etwas von dem Gewünschten bekommt. Denken Sie aber daran, dass alles im Übermaß Genossene schädlich sein kann.

Füttern Sie kein gammeliges Gemüse und Obst sowie keine grünen Kartoffelschalen. Zwiebeln und Knoblauch können manchen Hunden schaden, wenn sie in großen Mengen – bezogen auf die Größe des Hundes – verzehrt werden. Verabreichen Sie Futter, das mit Gemüsen gemischt ist, daher mit Vorsicht.

Welche Spielsachen eignen sich am besten für Hunde?

Hier gelten die gleichen Sicherheitsregeln wie für Welpenspielzeug (siehe die Seiten 47-48). Spielsachen sind nicht nur lustig, sondern auch eine nützliche Hilfe beim Erziehen und Binden. Wählen Sie Spielsachen aus, die unterschiedliche Werte in der Tabelle (unten) einnehmen.

Halten Sie die Spielsachen mit niedrigem Wert jederzeit zugänglich und die mit mittlerem Wert als Belohnung und Bestärkung von erwünschtem Verhalten beim gemeinsamen Spiel und Training. Hoch bewertete Spielsachen bleiben als ultimative Verlockung oder Belohnung für „besondere Verdienste" reserviert.

Gibt es unzerstörbares Spielzeug?

Manche Hunde gehen sehr grob mit ihrem Spielzeug um und zerstören es fast sofort, was recht teuer werden kann. Tritt dieses Problem auf, dann meiden Sie weiches und aus dünnem Plastik gemachtes Spielzeug, das Ihr Hund leicht zerfleddern und zerbeißen kann. Wählen Sie robustere Sachen aus schwerem Vollgummi (siehe Seite 48) oder aromatisierte Synthetik- oder Plastikspielzeuge (siehe Seite 48). Seien Sie auf der Hut, wenn Ihr Hund damit spielt. Hunde können leicht an abge-

WERTIGKEIT VON SPIELZEUG

Niedriger Wert	Mittlerer Wert	Hoher Wert
Gummiringe	Zerrspielzeug	Quietschendes Spielzeug
Selbst gemachte Spielsachen wie Papprröhren von Toilettenpapier- und Küchenrollen	Spielbeute (Gewebespielzeug, das zum Packen und Schütteln gedacht ist)	Frisbees
	Aromatisierte Kauspielzeuge	Aktivspielzeug (in dem Leckerlis versteckt sind)
	Bälle und andere Spielsachen zum Jagen, etwa Bälle an einer Schnur	

OBEN UND RECHTS Dicke Seilknoten und Knochenattrappen sind extrem widerstandsfähig.

bissenen Stücken Hartplastik ersticken. Einige Hunde finden es sehr befriedigend, Spielzeug zu zerfleddern. In diesem Fall geben Sie ihm einen alten Fußball oder etwas selbst Gebasteltes zum Zerstören, um das Verlangen zu stillen.

Warum soll man Hunde nicht mit Stöcken spielen lassen?

Stöcke können beim Kauen zerbrechen und splittern, was oft zu Verletzungen führt. Verschluckt können sie den Verdauungstrakt verletzen. Ein Stock kann den Hund auch aufspießen, wenn er darüber stolpert, was zu schweren Verletzungen oder sogar zum Tod führen kann.

Darf mein Hund mit Steinen spielen?

Obwohl viele Hunde gern mit Steinen spielen und ihnen hinterher jagen, ist das nicht sicher für sie. Sie könnten die Steine schlucken und daran ersticken. Außerdem hat das Kauen von Steinen abgenutzte und zerbrochene Zähne zur Folge. Ermuntern Sie Ihren Hund besser dazu, mit geeigneteren Spielzeugen zu spielen.

Welche Spiele soll ich am besten mit Hunden spielen?

Vermeiden Sie grobe Spiele zugunsten von ruhigen Reaktionsspielen. Benutzen Sie Spielzeug, um seine Aufmerksamkeit zu wecken und die erwünschten Reaktionen hervorzulocken. Belohnen Sie ihn!

Hunde jagen gern Bällen und anderen zugeworfenen Dingen hinterher. Regen Sie Ihren Hund nicht nur an sie zu verfolgen, sondern sie auch aufzuheben und zurückzubringen (siehe Seite 50, „Tragen“ und „Apportieren“. Lehren Sie ihn, Spielsachen widerstandslos zurückzugeben.

Das Verstecken von Spielzeugen oder Leckerlis in Haus und Garten ist ein unterhaltsames Versteckspiel für beide Seiten. Auch wenn man sie in Kartons voller zerknüllter Zeitungen versteckt, wird das zu einem lustigen Spiel.

Ich ringe gern zum Spaß mit meinem Hund, aber neulich wurde es zu grob. Wie kann ich das beenden?

„Tauziehen“ und „Ringen“ sind keine passenden Spiele für Hunde. Obwohl solche Spiele anfangs viel Spaß machen können, werden sie ungemütlich, sobald der Hund überreizt ist und versucht, das Spiel zu dominieren und zu gewinnen.

Sie dürfen nicht zu spielerischem Ringen anregen und müssen es ignorieren, wenn er versucht, Sie dazu zu bringen. Warten Sie, bis er ruhig ist und spielen Sie dann geeignete Spiele mit ihm (siehe Seite 94). Wenn er merkt, dass „gute Spiele“ lohnender sind als „schlechte Spiele“, lässt er letztere sein.

GANZ UNTEN Obwohl sie als traditionelles Hundespielzeug gelten, stellen Stöcke für Hunde eine tödliche Gefahr dar.

UNTEN Lassen Sie grobes Verhalten nicht durchgehen, weil das zu einem echten Problem werden kann.

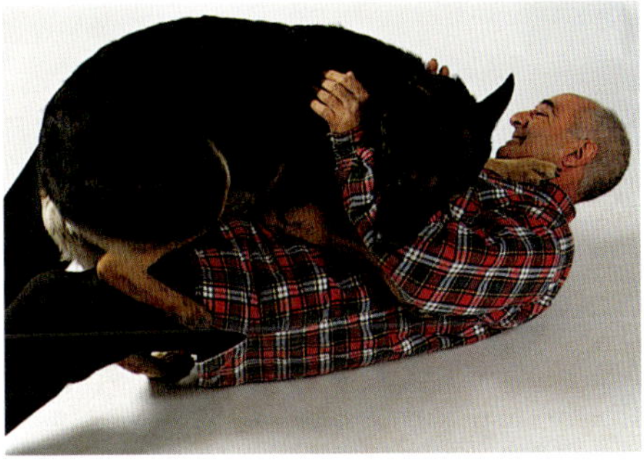

Wie kann ich meinen Hund anhänglicher und verspielter machen?

Wie bei Menschen sind manche Hunde scheuer als andere. Ist dies so, respektieren Sie den Wunsch nach „Alleinsein" und erfreuen sich anders an ihm, etwa durch Spaziergänge oder Fellpflege.

Versuchen Sie verschiedene Taktiken, etwa Spiele mit neuen Spielsachen und duftenden Leckerlis zu erfinden, denen er nicht widerstehen kann. Versuchen Sie es auch mal mit Agility-Kursen.

Vielleicht sind Ihre Annäherungsversuche zu aufdringlich und laut für ihn, besonders, wenn er sehr sensibel ist. Prüfen Sie den Umgang mit Ihrem Hund und versuchen Sie eine andere Form, aber erwarten Sie keine prompte Reaktion.

Wie hebt man einen Hund richtig hoch?

Um einen Hund so hochzuheben und zu tragen, dass es für beide Seiten angenehm ist, folgen Sie diesen Anweisungen:

1 Hocken Sie sich hin und ziehen Sie Ihren Hund sanft, aber bestimmt zu sich. Mit einem Arm um seine Brust verhindern Sie ein Ausbrechen und mit dem anderen Arm stützen Sie ihn von unten.
2 Halten Sie den Hund nah am Körper, damit er sich sicher fühlt und nicht wegspringen kann. Stehen Sie langsam auf.
3 Tragen Sie den Hund nah an Ihrer Brust. Zum Absetzen kehren Sie die Handlung einfach um. Beugen Sie dabei die Knie, um den Rücken zu entlasten.

Wie tadelt man einen Hund?

Für erwachsene Hunde gelten die gleichen Regeln wie für Welpen (siehe Seite 66). Lehren Sie nur erwünschtes Verhalten und verhindern Sie konsequent die Entwicklung schlechter Manieren. Es verwirrt Ihren Hund, wenn Sie Ihm heute erlauben, aufs Sofa zu springen, morgen aber nicht. Entweder ja oder nein, aber seien Sie konsequent.

Vermeiden Sie Situationen, in denen er (in Ihren Augen) etwas falsch verstehen könnte. Stellen Sie zum Beispiel das Katzenfutter nirgendwo hin, wo er es fressen kann und lassen Sie ihn nicht vor Ihnen die Treppe rauf und runter sausen.

Körperliche Züchtigung bezeugt Ihre fehlende Selbstbeherrschung und dass Sie zu bequem sind, richtige Bestrafungstechniken zu lernen.

Woran merke ich, dass mein Hund Flöhe hat?

Flöhe leben auf der Haut und im Fell des Wirtstiers. Ihr Kriechen und Beißen, um das Blut ihrer Wirte zu saugen, verursacht Juckreiz. Wenn sich Ihr Hund also ständig kratzt und beißt, rechnen Sie mit Flöhen. Wenn Sie Ihren Hund genau untersuchen, entdecken Sie die meist bei warmem, feuchtem Wetter aktiven Flöhe (kleine, schwarze „Käfer").

Auch durch Auskämmen des Fells auf einem feuchten Löschpapier können Sie die Läuse entdecken – der Läusekot färbt sich auf dem Papier rostrot. Auf Seite 172 erfahren Sie, wie Sie Ihren Hund bei Flohbefall behandeln.

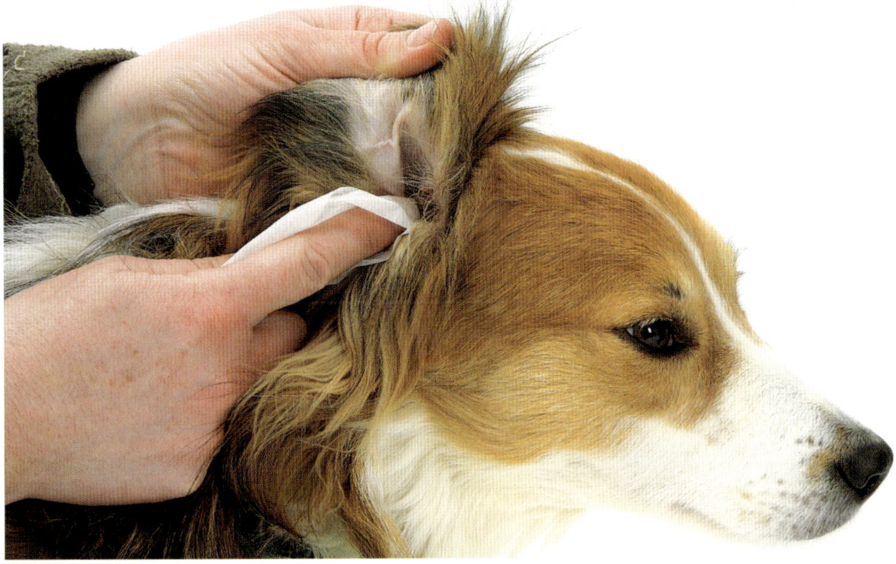

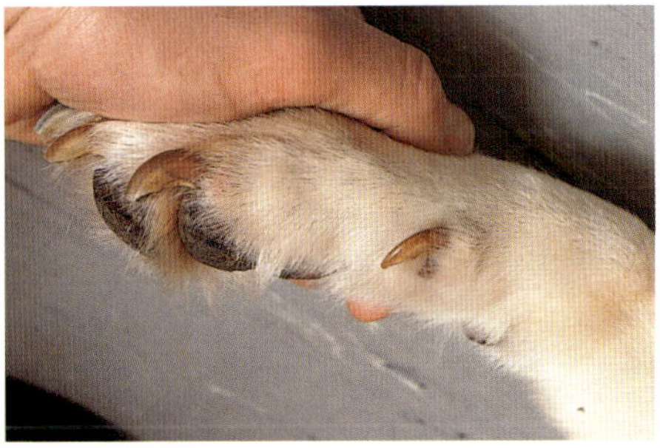

OBEN Benutzen Sie mit etwas Hunde-Ohrreiniger angefeuchtete Wattestäbchen oder Watte zum sanften Reinigen der Ohrinnenseiten Ihres Hundes. Stoßen Sie das Wattestäbchen oder die Watte nicht tiefer in das Ohr, wenn Sie auf Widerstand treffen.

RECHTS Afterklauen sind bei Haushunden meist kein Grund zur Sorge. Nur wenn Hunde häufig durch dicht bewachsenes Gelände bewegt werden, besteht eine geringe Chance, dass Afterklauen sich in der Vegetation verfangen und einreißen.

Die Ohren meines Hundes sehen innen schmutzig aus und er kratzt sich oft. Soll ich sie reinigen?

Bringen Sie Ihren Hund erst zum Tierarzt, weil er vielleicht an Ohrmilben oder einer Ohrentzündung leidet. Wenn die Ohren gesund, aber recht schmutzig sind, fragen Sie nach einem Produkt, um sie zu reinigen. Er zeigt Ihnen auch, wie das geht.

Ein gesundes Ohr ist innen zartrosa und glänzend, ohne Eiter oder Wachs.

Sollen bei meinem sehr aktiven Schäferhund die Afterklauen entfernt werden?

Solange sie keine Probleme bereiten, lässt man Afterklauen besser unangetastet. Afterklauen sind rudimentäre innere Zehen, die eher am Unterschenkel als an der Pfote sitzen und keinen Nutzen haben. Sie bei erwachsenen Hunden zu entfernen ist eine größere Operation mit ziemlichen Beschwerden für den Hund während des Heilungsprozesses. Weil die wunde Stelle leicht zugänglich ist, wird es auch problematisch, den Hund vom Lecken abzuhalten.

Beim Hund eines Freundes muss der Tierarzt regelmäßig die Analbeutel leeren. Warum muss das sein?

Die Analbeutel enthalten Zellen, die ein hellbraunes, übel riechendes, öliges Sekret in die Beutel abgeben. Ein Teil dieses Sekrets wird beim Abkoten ausgeschieden und hinterlässt die Duftmarke des Hundes an seinen Hinterlassenschaften.

Wenn sich aus irgendeinem Grund das Sekret verdickt, entleeren sich die Beutel nicht mehr, können verstopfen und jucken oder schmerzen. Wenn das geschieht, müssen die Beutel von Hand entleert werden. Untersuchen Sie die Analbeutel, wenn Ihr Hund seinem Hinterteil vermehrt Aufmerksamkeit schenkt oder den After am Boden scheuert.

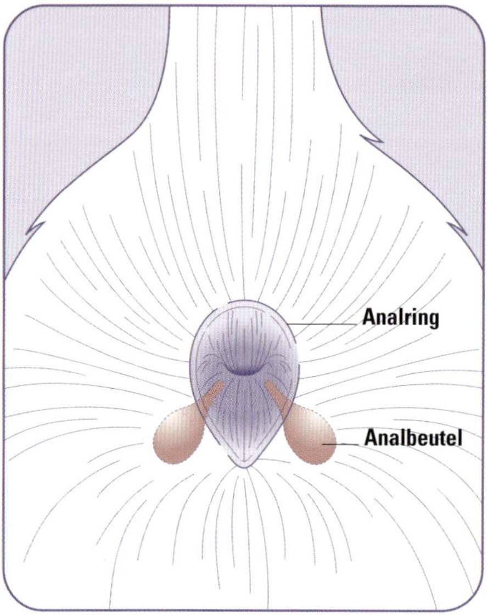

OBEN Die beiden Analbeutel befinden sich beiderseits des Anus und sondern bei jedem Koten ein Sekret ab.

Kann ich meinem Hund Aspirin geben, um seine Arthritis-Schmerzen zu lindern?

Nein – es ist nicht ungefährlich, Tieren für Menschen gedachte Medikamente zu verabreichen. Fragen Sie Ihren Tierarzt, welche für Hunde hergestellten Schmerzmittel Ihrem Hund das Leiden erträglich machen können.

Wie halte ich das Hinterteil meines langhaarigen Hundes sauber?

Sie müssen den Bereich unter der Rute Ihres Hundes sauber halten, damit kein Kot an seinem Fell kleben bleibt. Das ist besonders bei warmem Wetter wichtig, sowohl aus hygienischen Gründen als auch um das Risiko von Infektionen oder Madenbefall zu vermindern.

Verwenden Sie in diesen Bereichen ein spezielles Fellpflegespray für Hunde, das verhindert auch ein Verkleben von Kot im Fell oder erleichtert zumindest das Auswaschen.

Woran erkenne ich, dass mein Hund Würmer hat?

„Schlittenfahren" ist meist ein Hinweis auf Wurmbefall. Dabei rutscht der Hund auf seinem Hintern herum, um den Juckreiz am After zu lindern. Manchmal können Sie Bandwurmteile im Pelz rund um den Darmausgang des Hundes sehen. Diese sehen aus wie Reiskörner, während Spulwürmer (sie ähneln weißen Fäden) im Kot zu erkennen sind. Stark befallene Hunde können Würmer erbrechen. Wie man Würmer bekämpft, erfahren Sie auf Seite 172.

Was soll ich tun, wenn mein Hund verschwunden ist?

Melden Sie den Verlust Ihres Hundes bei der Polizei, falls er gefunden und abgegeben wurde. Fragen Sie bei den Lokalbehörden nach, ob Hunde als verwundet oder getötet gemeldet wurden. Fragen Sie bei Tierärzten und Tierheimen vor Ort und auch die Nachbarn, ob sie ihn gesehen haben oder auf ihn achten können. Suchen Sie Ihr Grundstück, Nebengebäude und leer stehende Gebäude in der Nachbarschaft danach ab, ob er irgendwo gefangen ist. Prüfen Sie auch, ob Nachbarn kürzlich umgezogen sind – manchmal schnüffeln Hunde in Umzugswagen und ziehen unfreiwillig mit um.

Hängen Sie Zettel mit einem Foto und einer Beschreibung Ihres Hundes in Geschäften auf und loben Sie Finderlohn aus. Es lohnt sich, Ihren Hund auf einer Tier-Suchliste im Internet zu melden.

UNTEN Am einfachsten verhindern Sie ein Verdrecken des Fells durch Scheren der langen Haare rund um den Anus Ihres Hundes und an den „Hosen“.

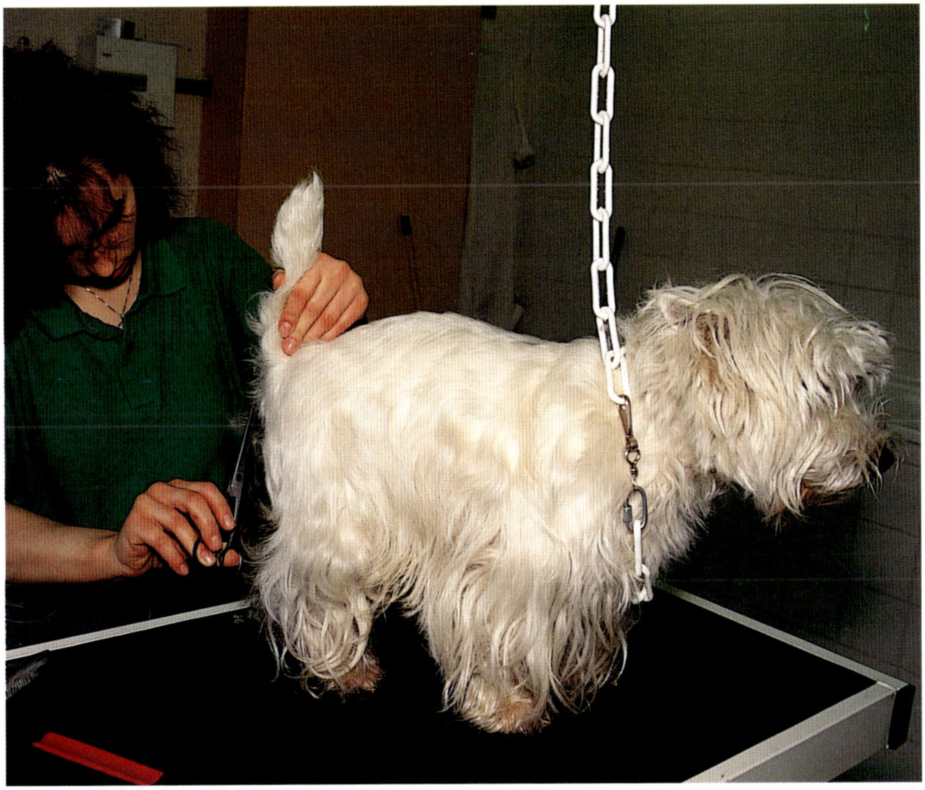

Trotz regelmäßiger Kurse komme ich mit meinem Hund nicht zurecht. Was soll ich tun?

Es gibt Fälle, wo trotz aller Anstrengungen eine Partnerschaft nicht funktioniert. Dann ist es für beide Partner besser und weniger frustrierend, den Hund fortzugeben, anstatt es weiter zu versuchen.

Wenn Sie für ihren Hund jemandem suchen, der ihm das Umfeld, die Aufmerksamkeit und Erziehung geben kann, die er braucht, dann ist das nicht Ihr Versagen und weist Sie nicht als schlechten Halter aus. Vielmehr ist dies ein selbstloser Akt, der dem Hund die Chance auf ein glücklicheres Leben mit jemandem gibt, der seine Ansprüche erfüllen kann.

Weil Sie Ihren Hund fortgeben mussten heißt das nicht, dass Sie mit einem anderen Hund erfolglos sein müssen – wählen Sie den nächsten sorgfältiger aus.

Wie finde ich nun das bestmögliche Zuhause für ihn?

Den ersten, den Sie um Rat fragen, sollte der Züchter Ihres Hundes sein. Wenn der nicht helfen kann, finden Sie in Tierauffangstationen Informationen. Manche werden ihn sogar aufnehmen, vorausgesetzt, Sie zahlen für die Zeit der Unterbringung. Sie können auch Ihren Tierarzt oder Hundetrainer fragen, ob sie ein ideales Zuhause für Ihren Hund kennen.

Ist Ihr Hund ein Rassehund, dann suchen Sie nach einem Rassehunde-Verein in Ihrer Region – Ihr Tierarzt kennt vielleicht einen. Dort können Sie dann nach Einzelheiten fragen.

OBEN Wenn Sie Ihren Hund abgeben möchten, können Sie ihn zum Kauf anbieten und die zukünftigen Besitzer prüfen, ob sie ihm ein gutes Heim bieten .

Darf man einen Hund die ganze Nacht lang im Garten angebunden als Wachhund halten?

Wenn Ihr Hund dazu erzogen wurde, so angeleint zu werden und das erträgt, dann sollte das in Ordnung sein. Geben Sie ihm eine wetterfeste Hütte zum Schlafen und als Zuflucht. Platzieren Sie die Hütte knapp an der äußeren Reichweite der Leine, damit er sie nicht um die Hütte wickeln und damit seine Bewegungsfreiheit einschränken oder sich erdrosseln kann. Stellen Sie frisches, sauberes Wasser in einem standfesten Napf bereit.

Prüfen Sie, ob das Halsband Ihres Hundes bequem und nicht zu eng sitzt (Sie sollten zwei Finger darunter stecken können). Befestigen Sie nie eine fixierte Leine an einem Würgehalsband, sonst könnte Ihr Hund sich strangulieren.

Kündigen Sie an der Grundstücksgrenze deutlich an, dass hier ein Hund wacht.

Kann man einen Hund einfach draußen herumstromern lassen, solange man auf der Arbeit ist?

Das ist wegen der vielen möglichen Risiken keine gute Idee. Der Hund könnte auf der Straße verletzt werden oder Verkehrs- und andere Unfälle verursachen, Menschen und andere Tiere belästigen oder verletzen oder gestohlen werden. Er könnte auch Krankheiten aufschnappen oder gefährliche Substanzen schlucken.

Wenn durch Ihren Hund Menschen, andere Tiere oder Eigentum zu Schaden kommen, haften Sie als Eigentümer.

Ich beobachte, dass ein Hund nicht gut behandelt wird. Was kann ich tun?

Man mischt sich am besten nicht direkt ein, weil das zu unangenehmen Konfrontationen führen kann. Das Beste ist, mit einer Tierschutzorganisation in Kontakt zu treten – das kann anonym geschehen – und die Beobachtungen zu berichten. Die Organisation wird nachforschen und angemessen auf die Situation reagieren.

UNTEN Herumstreunende Hunde dürfen von örtlichen Behörden eingesperrt werden.

4 Verhalten

Woran erkenne ich, in welcher Stimmung mein Hund ist?

Wenn Sie Ihren Hund gut kennen, werden Sie seine Stimmungen deuten können. Sie äußern sich in seiner Körpersprache, Positur, Mimik und akustischen Ausdrücken sowie dem Verhalten (siehe Seite 105). Wie Menschen haben auch Hunde Stimmungen wie Freude, Niedergeschlagenheit, Frustration, Zufriedenheit, Furcht, Angst, Wut und Aggression. Es ist Aufgabe des Halters, die Stimmungen seines Hundes zu erkennen, um zu wissen, wie er sich fühlt, was er will und was er braucht, damit er ihm ein gutes Leben bieten kann.

OBEN Viele Besitzer sprechen mit ihren Hunden und manchmal scheinen beide Seiten einander zu verstehen.

Wie kann ich verstehen, was mein Hund „sagt"?

Hunde verfügen über ein reichhaltiges „Vokabular" akustischer und körperlicher Ausdrucksmittel. Meist können Sie aus dem Verhalten eines Hundes schließen, welche Botschaft er übermitteln will. Beispiele finden Sie in der Tabelle gegenüber.

Woran merke ich, dass mein Hund glücklich ist?

Ein glücklicher Hund ist zutraulich, ruhig und entspannt. Er sieht gut aus, hat Appetit, sucht nicht nach Aufmerksamkeit, zeigt keine Verhaltensauffälligkeiten und macht einen gesunden Eindruck.

Hunde haben unterschiedliche Persönlichkeiten. Ein glücklicher Hund kann verspielt, energisch und neugierig sein, während ein anderer entspannt, ruhig und weniger energisch ist. Wenn Sie lernen, ihren einzuschätzen, können Sie seine Stimmung erkennen.

Woran merke ich, dass ein Hund mich mag?

Dass ein Hund Sie mag, drückt er unterschiedlich aus. Er ist in Ihrer Gegenwart entspannt, genießt Ihre Aufmerksamkeit und reagiert, wenn Sie Kontakt aufnehmen oder spielen wollen. Wenn er Sie nicht mag, wird er Sie meiden.

Manche Hunde zeigen ihr Unbehagen oder ihre Abneigung durch Knurren und das Einnehmen einer Drohhaltung, die sagt, komm mir nicht zu nahe.

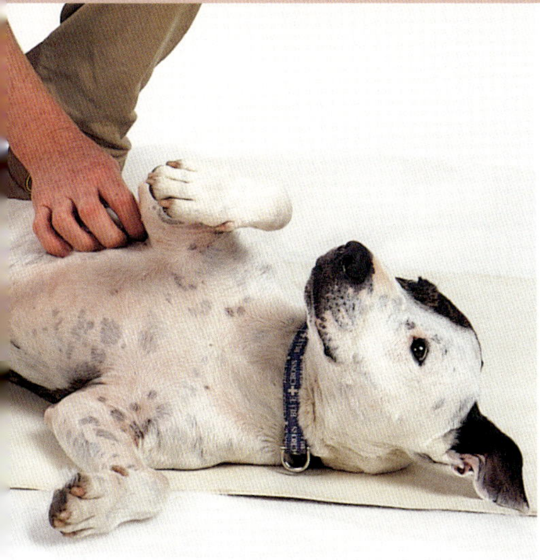

OBEN Wenn ein Hund jemanden mag, gehorcht er besser und ist bereit, alles für ihn zu tun.

Woran merke ich, dass mein Hund unglücklich ist?

Ein Hund zeigt Traurigkeit durch sein Verhalten, seine Positur und auch durch Lautäußerungen. Ein unglücklicher Hund zieht sich in sich selbst zurück und entwickelt oft das, was wir schlechte Manieren nennen – etwa Stereotypien (zwanghaftes Verhalten), um sich selbst zu trösten.

Wie bei Menschen, können auch Hunde durch eine hektische Lebensweise gestresst werden. Geschäftige Halter haben oft zu wenig Zeit, um auf die Bedürfnisse ihres Hundes einzugehen und vergessen,

HUNDESPRACHE

STIMMUNG	SICHTBARE ZEICHEN
Aggression, Angst und/oder Unsicherheit	Steife Haltung mit ruckartigen Bewegungen, knurren, zwischen die Beine geklemmte Rute.
Entspannung	Entspannte Haltung, weiche Bewegungen.
Zahm und zutraulich	Aufgestellte Ohren und freundlicher, interessierter Ausdruck.
Ängstlich	Buckeln, hängende Ohren, geduckter Ausdruck, Knurren oder Winseln.
Neugierig, wachsam und/oder bereit, in Aktion zu treten	Intensiv wachsam.
Unglücklich oder krank	Steife Haltung, hängende Ohren, langsame Bewegung.
Wachsam und bereit, bei Bedarf anzugreifen	Nackenhaare gesträubt, steife Beine, Augen auf das Subjekt gerichtet, Knurren.
Unterwürfig	Kriechen, Lecken der Lefzen, Winseln.
Verspielt/glücklich/auf der Suche nach Aufmerksamkeit	Entspannter Körper, Wedeln mit der Rute, „lächelndes" Gesicht, schlappe Ohren, aufgeregtes Kläffen/Bellen.

dass Handlungen oder Tonlagen, die einen Tadel für den Hund enthalten, ihr Tier tief verletzen.

Der Schlüssel zum Erkennen des Gemütszustandes Ihres Hundes liegt in der Kenntnis seiner Persönlichkeit. Die richtige Reaktion darauf ist das Geheimnis eines harmonischen Miteinanders.

Warum wedeln Hunde mit dem Schwanz?

Ein wedelnder Schwanz bedeutet nicht unbedingt, dass ein Hund freundlich ist. Man muss die Artdes Wedelns zusammen mit der übrigen Körpersprache des Hundes betrachten, um dies zu beurteilen.

WORAN ERKENNE ICH DEN UNTERSCHIED ZWISCHEN EINEM AGGRESSIVEN UND EINEM ÄNGSTLICHEN HUND

Aussehen und Verhalten der beiden werden sich sehr voneinander unterscheiden. Die Abbildungen unten zeigen die Unterschiede ganz deutlich.

OBEN Ein ängstlicher Hund duckt sich und versucht vor dem, was ihn ängstigt, zu fliehen. Er legt die Ohren an und klemmt die Rute zwischen die Beine, um diese verletzlichen Körperteile aus der Gefahrenzone zu bringen. Mit geweiteten Augen beobachtet er die Bedrohung, um notfalls rasch zu fliehen. Er wird sich nach der besten und schnellsten Art der Flucht umsehen. Sein Körper zittert, die Herzschlagfrequenz steigt und und Adrenalin wird ausgeschüttet.

OBEN Ein aggressiver Hund wird die Haltung „bereit zum Angriff" einnehmen, mit aufgestellten Nackenhaaren (um ihn größer und drohender erscheinen zu lassen), die Augen auf den „Gegner" gerichtet, über die Zähne zurückgezogene Lefzen, die bereit zum Beißen sind und er wird intensiv Knurren. Manche Hunde bleiben bedrohlich ruhig, bevor sie angreifen.

Wenn ich gestresst bin, wird mein Hund gereizt und ungehorsam. Was kann ich machen?

Hunde nehmen die Stimmungen ihrer Halter rasch auf. Wenn etwas nicht stimmt, regt sie das auf. Durch seine Gereiztheit und den Ungehorsam schützt sich Ihr Hund gegen die Bedrohung, die Sie mit Ihrer schlechten Laune für ihn darstellen. Derart gelaunt schreien Sie ihn vielleicht eher an oder schlagen ihn sogar. Hunde haben ein sehr empfindliches Gehör und Schreien bereitet ihnen körperliches Unbehagen Es erstaunt daher nicht, dass er sich zum Beispiel Ihrem Befehl widersetzt. Würden Sie zu jemandem hingehen, der Sie anschreit oder schlägt?

Wenn Sie schlechte Laune haben, warten Sie also besser, bis Sie ruhiger oder ausgeglichener sind, bevor Sie Ihren Hund zu sich rufen. Sie werden merken, dass er Ihnen dann besser gehorcht. Ist der Halter ruhig, zufrieden und gut gelaunt, bedeutet das meist, dass der Hund es auch ist.

WARUM JAGEN HUNDE NACH IHREN SCHWÄNZEN?

Das Jagen nach dem Schwanz zählt zu den Stereotypien. Dies ist eine ständige Wiederholung von Verhaltensweisen oder Lautäußerungen. Es kann Selbstbelohnung sein.

Warum beschnüffeln Hunde sich an ihrem Hinterteil?

Menschen benutzen Augen und Hände, um die Welt um sie herum zu erkunden. Hunde benutzen ihre Nasen und Zunge.

ARTEN DES SCHWANZWEDELNS

BEWEGUNG	EMPFINDUNG
Wedeln mit erhobenem, steifem Schwanz.	Drückt Spannung und mögliche Aggression aus.
Wedeln mit gesenktem Schwanz, vielleicht zwischen den Beinen.	Drückt Angst und/oder Unterwürfigkeit aus.
Energisches Wedeln mit dem Schwanz auf Halbmast.	In der Regel ein gutes Zeichen.
Wedeln mit entspanntem Körper, „lächelndem" Gesicht und schlappen Ohren.	Möchte Spielen oder sucht nach Aufmerksamkeit.

OBEN Ein spezielles Organ im Gaumen (genannt Vomeronasal-Organ) „schmeckt" bestimmte Gerüche und erlaubt es dem Hund, diese schneller zu analysieren und darauf zu reagieren.

Den Boden und andere Objekte zu beschnüffeln ist ein Bestandteil hündischer Interaktion und Kommunikation.

Durch Beschnüffeln des Bodens können Hunde Reviergrenzen und mögliche Partner erkennen. Die Untersuchung des Afters anderer Hunde offenbart ihr Geschlecht und zeigt, ob er ein möglicher Freund, Partner oder Feind ist.

Warum beschnüffeln Hunde die Scham von Besuchern?

Hunde beschnüffeln den Schritt von Menschen aus demselben Grund, wie sie die Hintern anderer Hunde beschnuppern (siehe Seite 107). Manche Hunde, besonders Rüden, machen das hartnäckiger als andere. Das gilt besonders für solche, die – leider – groß genug sind, um mit dem Kopf in die Höhe des Schritts zu gelangen.

Am besten geht man mit diesem natürlichen, aber inakzeptablen Verhalten um, indem man dem Hund den Befehl „Platz" gibt, sobald Besucher kommen. Er muss warten, bis er aufgefordert wird, sie zu begrüßen und dann an ihrer Seite sitzen. Halten Sie ihn zurück, wenn er auch nur im Ansatz auf die unteren Regionen zusteuert, indem Sie das Kommando „Nein" mit ihm üben. In Kapitel 5 erfahren Sie, wie das geht.

Warum bellt mein Hund Personen an, die an die Tür kommen?

Ihr Hund sieht Ihr Haus und Ihren Garten als das Revier seines „Rudels“ an. Deshalb gibt er durch Bellen Alarm, wenn Nicht-Mitglieder des Rudels in sein/Ihr Grundstück eindringen.

Obwohl Ihr Hund Sie vor ungebetenen Besucher warnen soll, wird das Anbellen jeder Person, etwa Lieferanten und Postboten, zu einer Plage. Das Bekanntmachen mit Postboten und Lieferanten lehrt ihn, dass sie „Freunde“ und keine „Feinde“ sind (sie Leckerlis geben zu lassen ist eine gute Idee) und kann das Problem lösen. Auf Seite 110 erfahren Sie, wie Sie Ihrem Hund überflüssiges Bellen abgewöhnen können.

Wie kann ich meinem Hund abgewöhnen, alles, was durch den Postschlitz geworfen wird, zu zerreißen?

Die bei weitem einfachste und schnellste Art, die Schwäche Ihres Hundes für Ihre Post zu kontrollieren, ist eine physische Barriere. Bringen Sie einen Kasten unter dem Briefschlitz innen an der Tür an, der die durchgeworfene Post auffängt oder stellen Sie einen wetterfesten, abschließbaren Briefkasten draußen vor der Tür auf. Problem gelöst!

RECHTS Bellen ist die Art des Hundes, vor Eindringlingen zu warnen.

LINKS Es ist wichtig, einem Hund von klein auf beizubringen, Sachen ohne Aufstand herzugeben, sonst wird er zu einer Last.

Warum bewacht mein Hund seine Spielsachen?

Dies ist ein für Hunde natürliches Verhalten. Spielzeug oder Futter zu verteidigen und jeden anzuknurren oder nach ihm zu schnappen, der sich nähert, ist die Art des Hundes zu sagen „das ist meins und du kriegst es nicht“. Im Umgang mit Menschen ist dieses Verhalten natürlich nicht angebracht.

Wenn Sie Ihrem Hund beibringen, dass die Freigabe von Futter oder Spielzeug belohnt wird – etwa durch ein Leckerli, hochwertigeres Spielzeug (siehe Seite 93) oder Lob – dann begreift er, dass sich sein Verhalten nicht lohnt und es viel mehr Spaß macht, Ihnen Dinge zu überlassen oder Ihnen zu erlauben, sie ihm fort zu nehmen.

Statt eine Konfrontation zu riskieren, lassen Sie ihm lieber die Spielsachen – warten Sie, bis er sie liegen lässt und nehmen Sie sie dann an sich, wenn nötig.

Wie kann ich meinem Hund abgewöhnen, jeden anzubellen, der sich dem Haus nähert?

Der Grund für das Verhalten Ihres Hundes wird auf Seite 109 erklärt. Einige Rassen sind jedoch lautstarker als andere. Berücksichtigen Sie das bei der Auswahl eines Hundes, wenn Sie in einer dicht besiedelten Gegend wohnen.

Ist Ihr Hund tagsüber allein, bellt er vielleicht Passanten an, um etwas zu tun zu haben und um sich sicherer zu fühlen. Wenn Nachbarn das stört, sollten Sie Ihren Hund von Räumen fern halten, von denen aus er Passanten sehen kann, sowie zu besonders stark frequentierten Zeiten aus dem Garten. Auch hilft ein höherer Zaun, durch den er nichts sehen kann, denn vor allem das Sehen löst Bellen aus.

Bringen Sie Ihrem Hund bei, dass grundloses Bellen sich nicht lohnt. Wenn er bellt, bringen Sie ihn woanders hin und ignorieren Sie ihn. Wenn er wieder ruhig ist, schenken Sie ihm Aufmerksamkeit oder eine Belohnung und holen Sie ihn zurück. Er wird rasch begreifen, dass Bellen sich weniger lohnt als Schweigen und er wird ruhig sein. Es hilft, ihm Spielzeug zur Beschäftigung zu geben, um ihn ruhig zu stellen, ebenso wie genügend Aufmerksamkeit und Bewegung.

Warum heult mein Hund, wenn ich fortgehe?

Ihr Hund ruft, um sein Rudel (seine Menschenfamilie) zusammen zu halten und sie zurück nach Hause zu beordern. Als soziale Tiere mögen die meisten Hunde es nicht, allein zu sein, weil sie sich dann unsicher fühlen. Manchmal hilft es, Notfalltropfen zu verabreichen – eine Bachblüten-Mischung mit beruhigender und entspannender Wirkung, die man in Apotheken bekommt.

Auch Spielsachen können ihn während Ihrer Abwesenheit beschäftigen, ebenso wie ein Radio als Hintergrundgeräusch, das ihn besänftigt und tröstet. Wenn das nicht hilft und das Heulen zu einer Plage wird, müssen Sie einen Hundesitter anstellen – auf Seite 184 werden verschiedene Lösungen vorgestellt.

Warum bellt mein Hund auf Spaziergängen Fremde an?

Ihr Hund beschützt Sie und sich, indem er vor potenziellen Angreifern warnt. Dieses natürliche Verhalten ist im Umgang mit Menschen natürlich unerwünscht. Ihr Hund wurde nicht ausreichend mit anderen Menschen sozialisiert und behandelt sie als „Feinde“, sobald er aus der häuslichen Sicherheit heraus ist.

Am besten überwinden Sie diesen übersteigerten Beschützerinstinkt, indem Sie mit ihm einen Kurs machen, in dem er Menschen und ihre Hunde in einer kontrollierten Umgebung trifft und lernt, sich in deren Gegenwart zu entspannen.

Warum bellt und knurrt mein Hund andere Hunde an?

Meist bedeutet dieses Verhalten Angst und ist eine Abwehrtaktik. Grund kann aber auch mangelnde Sozialisation mit anderen Hunden sein oder, dass er von einem anderen angegriffen wurde und deshalb Angst vor allen Hunden hat,

Egal was die Gründe für dieses Verhalten sind – ohne Hilfe wird es schwer zu ändern sein. Deshalb lohnt es sich, einen guten Hundetrainer für einen Verhaltenskurs zu suchen. Manche Trainer haben speziell trainierte Hunde, die in solchen Situationen helfen können. Suchen Sie also jemanden, der diese Dienste anbietet.

RECHTS In Situationen wie dieser werden Halter nervös oder bestätigen Ihren Hund, was einfach die Sicht des Hundes bestärkt, dass es etwas Bedenkliches oder Bedrohliches gibt und die Sache nur noch schlimmer macht.

OBEN LINKS **Die meisten Hunde fressen den Kot anderer Tiere, wenn sie Gelegenheit dazu bekommen.**

OBEN **Eine andere unerwünschte Handlung ist das Wälzen in Mist und Kadavern. Man vermutet, dass Hunde das tun, um ihren Duft während der Jagd zu verwischen oder um ihr Territorium zu markieren.**

Warum frisst mein Hund Tierkot?

Das als Koprophagie bekannte Verhalten ist für Hunde recht normal, obwohl es uns ekelhaft erscheint. Andere Tiere verwerten Futter anders als Hunde, weshalb ihre Fäkalien Nährstoffe enthalten, die der Hund genießbar findet oder die seinem Körper fehlen.

Hunden schadet das Kotfressen in der Regel nicht, aber die Angewohnheit kann Krankheiten verursachen, da Kot Viren, Parasiten oder Anthelmintizide (Substanzen zur Entwurmung) enthalten kann.

Wie kann ich meinem Hund das Kotfressen abgewöhnen?

Weil sein Hundeinstinkt ihm sagt, dass Kotfressen natürlich und akzeptabel ist, sollten Sie nicht verärgert sein, wenn er es tut. Entwöhnen Sie ihn stattdessen davon, indem Sie ihm eine akzeptablere Alternative anbieten.

Bringen Sie Ihrem Hund zunächst bei, auf den Befehl „Pfui“ oder „Bei Fuß“ zu hören und belohnen Sie ihn, wenn er reagiert und zu Ihnen kommt. Das zeigt ihm auch, dass es viel lohnender ist, zu Ihnen zu kommen, als gefundenen Kot zu fressen. In hartnäckigen Fällen verhindert ein Maulkorb, dass er seiner Gewohnheit nachgeht.

Achten Sie darauf, dass die Kost Ihres Hundes alle nötigen Nährstoffe enthält, sodass er erst gar keinen Grund hat, Kot zu fressen, um Nahrungsmängel auszugleichen.

Mein Jack Russell-Terrier tötete neulich einen Vogel. Warum tat er das und wie kann ich das zukünftig verhindern?

Auch wenn Sie das verärgert hat, sollten Sie mit Ihrem Hund nicht schimpfen. Er folgte nur seinem natürlichen Jagdtrieb. Terrier wurden ursprünglich dazu gezüchtet, Tiere zu jagen und zu töten (Terrier besonders Mäuse und Ratten).

Es besteht die Hoffnung, dass dies ein einmaliger Zwischenfall bleibt, weil Hunde selten Vögel fangen können, außer wenn es sich um flugunfähige Arten handelt. Wenn Sie im Winter Vögel füttern, legen Sie das Futter auf einem hohen Tischchen an einer übersichtlichen Stelle aus, damit die fliegenden Gäste herannahende Katzen und Hunde rechtzeitig ausmachen können.

Kurz, bevor mein Partner von der Arbeit kommt, winselt und wartet mein Hund an der Tür. Woher weiß er das?

Dieses Phänomen ist bei Hunden nicht selten. Der „sechste Sinn" der Hunde – eine vermutete intuitive Fähigkeit – ist wirklich erstaunlich.

Studien mit Hunden, die zu wissen scheinen, wann ihre Besitzer nach Hause kommen, haben einen starken Hinweis auf Telepathie zwischen Hund und Mensch ergeben. Der Gedanke, dass der Hund sich einfach an die tägliche Routine des Heimkehrens einer Person gewöhnt hat, wurde widerlegt, da Hunde die Ankunft auch ahnten, wenn die entsprechenden Personen zu unerwarteten Zeiten kamen. Als aus der Luft gegriffen erwiesen sich Theorien, nach denen der Hund die Schwingungen einer Person im Haus aufnehme, die ein Familienmitglied erwartete. Auch Hören und Riechen wurden durch Versuche ausgeschlossen.

Die Existenz eines sechsten Sinnes wartet, falls überhaupt möglich, auf seinen wissenschaftlichen Nachweis. Bis dahin bleibt das Phänomen ein Geheimnis.

Wie kann ich meinem Hund abgewöhnen, Katzen zu jagen? Er ignoriert dann alle Befehle.

Bei manchen Hunden ist der Jagdtrieb stark ausgeprägt. In diesem Fall kann es schwierig oder sogar unmöglich sein, ihm das abzugewöhnen. Sprechen Sie mit einem Experten darüber. Vielleicht kennt er ein entsprechendes Trainingsprogramm. In manchen Fällen hilft der fachkundige Einsatz von Trainingsscheiben oder Duftspray, weil der Hund dadurch lernt, dass die Jagd auf andere Tiere sich nicht lohnt.

RECHTS Die meisten Hunde vertragen sich mit Katzen im Haus, jagen aber fremde, die im Garten stromern oder solche, die sie auf Ausflügen treffen. Ein Maulkorb sorgt auf Spaziergängen dafür, dass er keine Katze fangen oder beißen kann.

Mein 14 Monate alter Schäferhundrüde uriniert immer noch im Hocken wie eine Hündin?

Das Heben des Hinterbeins beim Urinieren ist eine Handlung von erwachsenen, selbstbewussten Rüden. Bringen Sie Ihren Hund zum Tierarzt, um einen Schaden an Rücken oder Beinen auszuschließen, der ihn zum Urinieren in der Hocke zwingt. Ist alles in Ordnung, gibt es keinen Grund zur Sorge – manche Hunde, besonders große Rassen, brauchen länger, um erwachsen zu werden.

Meine beiden Hunde kämpfen viel, jeder will „Boss" sein. Wie kann ich sie bremsen?

Es ist wichtig, dass Hunde untereinander eine natürliche Rudelhierarchie klären. Das Vorziehen des dominanten Hundes kann ein ausgeglichenes Verhältnis schaffen – wenden Sie sich zuerst an den dominanten Hund und füttern ihn.

UNTEN Bekämpfen sich die Hunde ernsthaft, kann es besser für alle sein, wenn man einen von beiden abgibt, bevor jemand ernsthaft verletzt wird.

Entfernen Sie Dinge wie Spielsachen oder Knochen, um die sie gern streiten und achten Sie darauf, dass beide ihr eigenes Lager und ihren Rückzugsort haben.

Bei Hunden gleichen Geschlechts kann eine Sterilisierung nützlich sein.

Wie kann ich verhindern, dass mein Hund an Leuten hochspringt?

Als erstes sollten Sie Ihren Hund nie ermuntern, an Ihnen hochzuspringen, weil das verstärkend wirkt. Sollte er dies versuchen, verschränken Sie die Arme, wenden den Kopf ab und vermeiden den Augenkontakt mit ihm. Ignorieren Sie ihn, bis er unten bleibt – was er tut, wenn er nicht von Ihnen belohnt wird. Belohnen Sie ihn, wenn er alle vier Pfoten auf dem Boden hat und nicht mehr versucht hochzuspringen. Dies lehrt ihn, dass Hochspringen eine schlechte Erfahrung ist und es nicht zu tun, eine gute.

Unser drei Jahre alter Hund ist sehr herrisch geworden und droht zu beißen. Was können wir tun?

Das Problem besteht darin, dass Sie Ihrem Hund viel zu lange seinen Willen ließen. Nun hält er sich für den Rudelführer – das wichtigste Familienmitglied. Weil Sie und Ihre Familie jetzt Angst vor Ihrem Hund haben, wird es für Sie schwer, das Problem zu lösen, und das selbst mithilfe von Experten, denn Ihr Vertrauen zu ihm ist gering.

In diesem Fall scheint es besser, den Hund fortzugeben, bevor ein Unfall passiert. Wenn Sie einen neuen anschaffen, wird es für Sie und alle Familienmitglieder gut sein, ihn von Anfang an in Trainingskurse zu bringen, damit Sie lernen, richtig mit ihm umzugehen.

Vor endgültigen Entscheidungen sollte ein Tierarzt Ihren Hund untersuchen.

UNTEN Beachten Sie Ihren Hund nur dann, wenn Sie ihn gerufen haben – niemals, wenn er danach verlangt, weil das ein nach Aufmerksamkeit heischendes Verhalten wie das Hochspringen fördern würde.

Warum richten sich die Nackenhaare meines Hundes auf, wenn er etwas bewacht oder andere Hunde sieht?

Die Nackenhaare (aufrichtbare Haare am Nacken und entlang des Rückens) sträuben sich, wenn der Hund alarmiert oder wütend ist. Das geschieht, um den Hund größer und damit bedrohlicher für mögliche Angreifer erscheinen zu lassen.

Meine Katze vertrug sich mit meinem verstorbenen Hund gut. Wie kann ich sie mit einem neuen Hund vertraut machen?

Es ist besser, einen Welpen statt einen erwachsenen Hund ins Haus zu holen. Ein Welpe akzeptiert vorhandene Haustiere leichter und betrachtet sie als höher in der Rudelhierarchie angesiedelt als sich selbst. Auch Ihre Katze wird den Welpen weniger als Bedrohung empfinden als einen erwachsenen Hund und sich dem Neuling entspannter nähern.

Mein neu angeschaffter, junger Rettungshund hat Angst vor allem und jedem. Wie kann ich sein Selbstvertrauen wieder stärken?

Es scheint, als ob Ihr Hund schlecht sozialisiert und/oder behandelt wurde. Wenn er Futter mag, kann dies bei der Integration und Erziehung hilfreich sein, obwohl das sicher ein langer, schwieriger Prozess wird. Durch angebotene Leckerbissen lernt er, dass Menschen ihn belohnen. Er fasst Vertrauen und kommt zu Ihnen, da die Gier stärker ist als die Furcht. Sie können ihm nun Befehle wie „Bei Fuß" beibringen.

UNTEN LINKS Muskeln in der Unterhaut kontrollieren die Bewegung der Haare auf der Hautoberfläche. Durch Weiten und Zusammenziehen kann ein Hund seine Nackenhaare aufrichten.

UNTEN Eine gute Art der Eingewöhnung ohne das Risiko eines ungewollten Körperkontaktes beider Tiere besteht in der Unterbringung in einer Box.

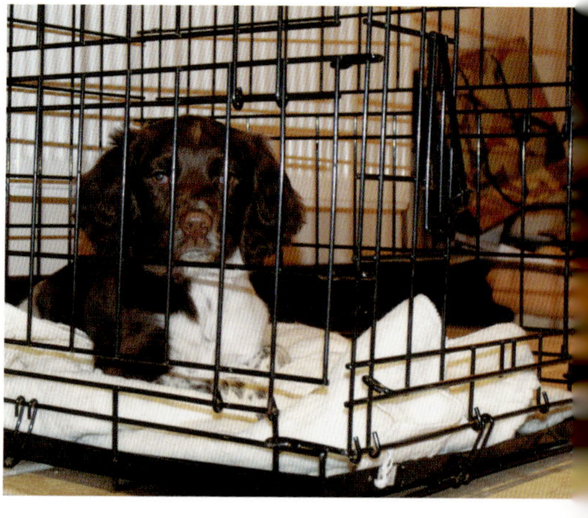

OBEN Kinder, die mit Tieren aufwachsen und den respektvollen Umgang mit ihnen lernen, sind besser in der Schule und entwickeln sich zu ausgeglichenen und verantwortungsvollen Erwachsenen.

Der Besuch eines Trainingskurses wirkt unterstützend, aber er sollte sorgfältig bedacht werden, um den Hund nicht zu überfordern. Unsichere Hunde gewinnen an Selbstvertrauen, wenn sie zuhause ihr „Refugium" haben, in das sie sich zurückziehen können (siehe die Seiten 83-84). Auch Notfalltropfen (siehe die Seiten 169-170) können helfen. Fragen Sie einen Tierhomöopathen.

Wie kann ich verhindern, dass unser Hund die Kinder beim Spielen zwickt?

Lassen Sie Ihre Kinder mit dem Hund nie unbeaufsichtigt. Sie könnten ihn über die Maßen necken oder etwas spielen, das außer Kontrolle gerät, was den Hund übererregt und ihn dann vielleicht zubeißen lässt.

Bringen Sie Ihren Kindern Respekt vor dem Hund bei und wie man mit ihm umgeht, spricht und spielt. Diesbezüglich empfiehlt es sich, die Kinder mitzunehmen, wenn Sie mit dem Hund Trainings- oder Verhaltenskurse absolvieren.

Wie kann ich verhindern, dass mein Hund während eines Spaziergangs von anderen Hunden angegriffen wird?

Sie machen sich Sorgen um etwas, das wahrscheinlich nie passieren wird. Haben Sie kein Haus mit großem Grundstück, um Ihrem Hund dort Auslauf zu bieten, wird er früher oder später andere Hunde treffen. Vorausgesetzt, Ihr Hund ist gut erzogen, gehorcht aufs Wort, ist ohne Leine kontrollierbar und anderen Hunden gegenüber nicht feindlich, werden ihn andere Hunde kaum angreifen.

Ängstliche Halter projizieren ihre Ängste auf Ihren Hund und lassen ihn aggressiver auf andere Hunde und Menschen reagieren. Ihnen beiden würde es gut tun, regelmäßig Trainingskurse zu besuchen, um den Umgang mit anderen Hunden zu üben.

Mein Hund greift andere Hunde gern an. Soll ich ihm einen Maulkorb verpassen, wenn ich ihn zu fassen bekomme?

Wahrscheinlich hat Ihr Hund Angst vor anderen Hunden und nutzt die Aggression, um sie zu vertreiben. Dennoch könnten andere Hunde diese Aggression erwidern. Kurz gesagt verhindert ein Maulkorb, dass er andere Hunde beißt, aber bedenken Sie, dass er sich dann nicht verteidigen kann, sollten die Rollen sich vertauschen und ein anderer Hund ihn angreift.

Langfristigen Erfolg bringen Trainingskurse, bei denen er lernt, anderen Hunden friedlich zu begegnen und sich zu sozialisieren.

Warum uriniert meine Hündin, wann immer ich sie hochhebe oder andere Leute oder Hunde sich nähern?

Urinieren ist in der Regel ein Symptom, das Unterwerfung ausdrückt. Diese Reaktion entsteht, wenn der Schließmuskel sich zu unkontrollierter Erleichterung entspannt. Kurse helfen ihr, Vertrauen aufzubauen oder sie zu beruhigen, was das Problem vermindert oder löst.

Lassen Sie einen Tierarzt prüfen, ob der Grund nicht eine Krankheit oder Infektion ist; eine Möglichkeit ist eine Schwäche des Blasenmuskels, was zu einer als Blasenschwäche diagnostizierten Krankheit führt. In diesem Fall besteht große Hoffnung, dass es eine medikamentöse Lösung des Problems gibt.

Warum hält mein Hund auf Spaziergängen abrupt an, um an Laternenpfählen und Autoreifen zu urinieren?

Das Urinieren und/oder Absetzen von Kot ist ein hoch wirksamer Nachrichtendienst. Der Duft dieser „Botschaft“ teilt anderen Hunden mit, wer hier war, welches Geschlecht er hatte und wie groß er ist – für Rüden der Grund, so viel Urin oder Kot zurückzulassen, wie möglich. Das ist normales Hundeverhalten; andere Rudeltiere wie Wölfe nutzen das gleiche System, um ihr Revier zu markieren.

Was kann ich tun, wenn mein Hund nicht stubenrein ist?

Wenn Ihr Hund nicht stubenrein ist, wird er sich im Haus erleichtern. Bestrafen Sie ihn nicht, weil er nicht verstehen wird warum und der Ärger mit Ihnen das Problem nur noch verschlimmert. Tipps zur Stubenreinheit finden Sie auf Seite 64.

Lassen Sie Ihren Hund für längere Zeit allein ohne zu wissen, wie lang er „einhalten" muss? Wenn ja, dann sorgen Sie dafür, dass jemand ihn zwischendrin hinaus lässt. Finden Sie heraus, wann er sich normalerweise löst, etwa nach dem Fressen, und versuchen Sie, ihn dann rechtzeitig ins Freie zu lassen.

OBEN Das Urinieren hinterlässt eine Duftmarke für andere Hunde und ist als „Markieren" bekannt.

UNTEN Wenn sie gestresst sind oder sich nicht wohl fühlen, erleichtern sich Hunde ausnahmsweise im Haus.

Wie kann ich verhindern, dass mein Hund anderer Leute Beine, Kissen oder weiche Spielsachen „beglückt"?

Halter mag dieses Verhalten beschämen, aber für Hunde ist das normal. Beide Geschlechter zeigen dieses „unangebrachte sexuelle Verhalten", oft während der Zeit der Geschlechtsreife. Das kann spielerischer Sex, dominantes Verhalten oder ein Zeichen von Unsicherheit sein.

Bei jungen Hunden verliert sich dieses Verhalten normalerweise; die Sterilisation kann eine Lösung sein. Wenn der Hund erwachsen ist, ignorieren Sie es am besten. Wenn keins von beiden hilft, fragen Sie Ihren Tierarzt und/oder einen Hundetrainer.

Wenn Ihr Hund Besucher beschämt, lenken Sie ihn mit einem Spielzeug ab oder bringen Sie ihn aus dem Zimmer.

Darf ich meinen Hund in meinem Bett schlafen lassen?

Viele Hundehalter lassen Ihre(n) Hund(e) in ihrem Bett schlafen und finden das sehr angenehm. Dennoch sollten Sie aus hygienischen und Sicherheitsgründen darauf verzichten.

- Flöhe oder Hundehaare in Ihrem Bett können Hautreizungen verursachen.
- Der Hund könnte sich gleichwertig fühlen, weil er in Ihrem Bett schlafen darf. Das könnte Sie Ihre Leitposition als Rudelchef kosten. Folge davon könnten Probleme mit seinem Gehorsam sein.
- Manche Hunde mögen es nicht, während des Schlafens gestört oder von einem gemütlichen Platz verdrängt zu werden und werden dann aggressiv.

OBEN Ein neuer Hund gewöhnt sich besser ein, wenn er ein oder zwei Nächte bei Ihnen schlafen darf.

Wie kann ich verhindern, dass mein Hund auf Bett und Sofa springt?

Verwehren Sie ihm in Ihrer Abwesenheit den Zutritt zu Schlaf- und Wohnzimmer. Sie können einfach die Türen zumachen oder ein Gitter verwenden. Wenn er es in Ihrer Anwesenheit versucht, sagen Sie „Nein" und sorgen dafür, dass er gehorcht.

Sitzt er auf Sitzmöbeln, scheuchen Sie ihn herunter. Will er nicht, ziehen Sie ihn am Halsband herunter. Wenn er es erneut versucht, sagen Sie energisch „Nein"

und bringen ihn notfalls aus dem Zimmer. Er wird lernen, dass es lohnender ist, von den Möbeln weg zu bleiben als darauf zu springen. Leiten Sie alle Familienmitglieder an, genauso zu verfahren.

Manchmal kratzt mein Hund wild auf dem Teppich. Warum?

Es scheint, dass er sich einfach ein Schlaflager macht. Das ist der Fall, wenn er sich an der Stelle niederlegt, an der er zuvor gekratzt hat.

Sind die Krallen Ihres Hundes wund oder jucken sie, kratzt er vielleicht zur Linderung seiner Beschwerden. Wenn das Kratzen zur Gewohnheit wird, lassen Sie ihn vom Tierarzt untersuchen.

Wenn unter dem Fußboden ein Hohlraum ist, könnten Ratten oder Mäuse darin wohnen. Ihr Hund weiß, dass sie da sind und kratzt, um sie zu fangen.

OBEN Das Ersetzen eines durchsichtigen Zaunes durch einen massiven kann den Streit zwischen Nachbarhunden beenden.

Mein Hund und der unserer Nachbarn kläffen sich wild über den Zaun an. Wie können wir das ändern?

Haben Sie schon daran gedacht, beide in einen Trainingskurs zu bringen? Die beiden Hunde können sich dann treffen und unter kontrollierten Bedingungen unter Aufsicht von Experten aneinander gewöhnen. Bauen Sie dies aus, indem Sie die Hunde gemeinsam ausführen und mit ihnen spielen, damit sie sich leichter miteinander anfreunden.

Wenn das alles nichts bringt, lassen Sie die Hunde nicht mehr zur selben Zeit raus. Machen Sie mit Ihren Nachbarn passende Zeiten aus.

Warum lecken sich Hunde am After und wie kann ich das bei meinem Hund unterbinden?

Nur wenige Halter erfreut der Anblick eines Hundes, der sich mit der Zunge reinigt. Dennoch ist dieses Verhalten ein wichtiger und wirksamer Bestandteil seiner Intimpflege. Wenn Sie das abstoßend finden, gehen Sie aus dem Zimmer, bis er fertig ist oder lenken Sie ihn mit etwas anderem ab, aber sagen Sie nie „Aus!", weil er das nicht verstehen würde.

Warum kramt mein Hund schmutzige Wäsche aus dem Wäschekorb und wie kann ich ihn davon abhalten?

Ihre schmutzige Wäsche ist voller Gerüche Ihrer Familienmitglieder. Offensichtlich schnüffelt Ihr Hund zum Trost oder aus Langeweile daran. Entweder bringen Sie die Schmutzwäsche dort unter, wo er nicht hinkommt, oder Sie schaffen einen Wäschekorb mit fest schließendem Deckel an.

Warum wühlt mein Hund in den Küchenabfällen, wenn er die Gelegenheit bekommt?

Hunde folgen den Trieben ihrer Vorfahren, wozu auch das Wühlen nach Futter gehört. Das ist ein natürliches Verhalten, aber meist kann man ihnen beibringen, die Mülltonne zu meiden. Wenn Ihr Hund ein Wühler ist, sorgen Sie dafür, dass er nicht an die Tonne herankommt.

UNTEN LINKS **Beim Wühlen in Mülltonnen riskieren Hunde Verletzungen durch Glas oder Konservendosen sowie einen verdorbenen Magen.**

UNTEN **Wenn Hunde ganz auf sich gestellt sind, können sie zu schlauen Dieben mit einem Blick für eine gute Gelegenheit werden.**

Wie kann ich meinen Hund am Stehlen von Dingen auf der Straße oder in Gärten hindern?

Sie dürfen Ihrem Hund nicht erlauben, sich nach Belieben auf Straßen herumzutreiben. Verbieten Sie dies energisch.

Warum zerbeißt mein Hund sein Spielzeug ?

Das Spielen mit Sachen befriedigt beim Hund die angeborene Lust am Jagen, Fangen, Töten und Fressen. Das Zerkauen der Spielsachen vereint die letzten beiden Handlungen. Außerdem hilft ihm das, Zahnfleisch und Zähne in Ordnung zu halten.

UNTEN Wenn Ihr Hund seine Spielsachen zerfleddert, ersetzen Sie diese durch robustere aus Hartgummi oder Hartplastik. Sie sind zwar teurer, sparen aber langfristig Geld (siehe Seiten 46-47).

Warum fressen Hunde Gras?

Das Fressen von Gras unterstützt die Verdauung. Das Fressen von anderen als den üblichen Nahrungsmitteln kann auch ein Anzeichen für eine Erkrankung sein. Wenn Hunde sich krank fühlen, fressen sie Gras, damit sie sich übergeben und den Magen leeren können. Bei ausgiebigem Grasfressen sollte ein Tierarzt hinzugezogen werden, weil es auf ein ernstes Verdauungsproblem hinweisen könnte.

Mein Hund bekommt immer frisches, sauberes Wasser. Warum trinkt er aus Pfützen?

Für Hunde ist Wasser gleich Wasser, sie sind da nicht wählerisch. Obwohl nur wenige Hunde durch Trinken aus Pfützen und anderen Quellen im Freien krank werden, sollten Sie das nicht dulden, denn das Wasser kann durch Chemikalien oder Parasiten verseucht sein.

Warum rutscht mein Hund mit dem Hintern über den Boden?

Das Scheuern des Hinterns auf dem Boden (Schlittenfahren) zeigt, dass Ihr Hund unter Problemen leidet. Das können sein:

- Würmer (siehe Seite 98).
- Verstopfte Analdrüsen (siehe Seite 98).
- Entzündungen des Rektums.

Lassen Sie Ihren Hund vom Tierarzt untersuchen, damit eine angemessene Behandlung erfolgen kann.

Warum buddelt mein Hund im Garten Löcher und wie kann ich ihn bremsen?

Das Buddeln zeigt, dass Ihr Hund nach Futter sucht oder nach einer Beute, die er jagen und fangen könnte. Terrier und Jagdhunde sind besonders anfällig für das Graben an Orten, die viel versprechend riechen. Wenn Sie Ihren Garten also nicht „umgestaltet" haben möchten, reservieren Sie für die Angewohnheit Ihres Hundes ein bestimmtes Plätzchen.

Bevor sich mein Hund hinlegt, dreht er sich mehrfach im Kreis. Warum?

Dieses Verhalten geht auf seine wilden Vorfahren zurück. Man vermutet, dass sie damit das Gras und anderen Bewuchs am

OBEN Wenn Sie einen Knochen oder ein Spielzeug an einem für ihn reservierten Ort vergraben, belohnt das seine Mühe und er wird dort erneut sein Glück versuchen und den übrigen Garten verschonen.

Boden zu einem bequemen Schlafplatz ebnen und andere Tiere vertreiben, die es sich dort bereits bequem gemacht haben. Das Drehen kann auch einhergehen mit Kratzen (siehe Seite 121).

Brauchen Hunde die Gesellschaft anderer Hunde, um zufrieden und glücklich zu sein?

Manche brauchen es, andere nicht – es hängt von der Persönlichkeit des Hundes ab. Hunde sind allgemein soziale Tiere und schätzen die Gesellschaft freundlicher Hunde, manche sind gern die einzigen hündischen Familienmitglieder.

OBEN LINKS Zwei Hunde, die sich gut vertragen, genießen ihre Freundschaft – und auch für Sie verdoppelt sich die Freude.

OBEN Es ist für alle sicherer, wenn Sie Ihren Hund während des Staubsaugens aus dem Zimmer bringen.

Immer, wenn mein Partner und ich uns zusammensetzen, fängt unser Hund jaulend an, nach Aufmerksamkeit zu heischen. Warum?

Wenn es sich um einen neuen Partner handelt, möchte Ihr Hund Sie vielleicht nur beschützen, weil er ihn noch nicht einschätzen kann. Wenn es sich um einen langjährigen Partner handelt, klingt das nach Suchen um Beachtung, besonders wenn der Hund einem von Ihnen beiden näher steht als dem anderen.

Ignorieren Sie den Hund in beiden Fällen – notfalls sperren sie ihn in ein anderes Zimmer –, wenn er sich so verhält. Jede Beachtung, die Sie ihm schenken, selbst wenn Sie ihn körperlich oder durch Befehle fortschicken, wirkt wie eine Bestätigung für ihn und verschlimmert das Ganze nur.

Wie kann ich den Hund abhalten, den Staubsauger zu jagen?

Die Körpersprache Ihres Hundes verrät Ihnen, was hier vorgeht. Entweder sieht er ihn als Monster an, das seine Ohren martert und er will ihn vertreiben, oder er hält das für ein fröhliches Spiel.

Wenn er ängstlich ist, bringen Sie ihm bei, dass dies nichts Bedrohliches ist. Geben Sie ihm während des Staubsaugens Belohnungen oder sein Lieblingsspielzeug, ignorieren Sie ihn ansonsten. Wenn er spielen will, gewöhnen Sie es ihm ab.

Warum frisst unser Hund den Kot unserer Katze aus dem Katzenklo und wie kann ich das verhindern?

Der Grund dafür wurde schon auf Seite 112 angesprochen. Am besten machen Sie den Kot unzugänglich: Stellen Sie das Katzenklo dort auf, wo zwar die Katze, aber nicht der Hund hinkommt.

Auch ein überdachtes Katzenklo kann helfen – aber nur, wenn der Kopf Ihres Hundes zu groß für den Eingang ist.

Unser Hund regt sich auf, wenn er andere Tiere im Fernsehen sieht. Versteht er, was da vor sich geht?

Hundeaugen sind anders aufgebaut als die des Menschen. Sie sehen Farben und Entfernungen nicht so gut wie wir, nehmen dafür aber Licht und Bewegung wesentlich besser wahr. Wahrscheinlich wird Ihr Hund eher von den bewegten Bildern des Fernsehers und dem Ton angezogen, als dass er wirklich das Programm guckt und versteht. Es ist jedoch möglich, dass er die Geräusche anderer Tiere erkennt, wenn er sie im Fernsehen hört.

UNTEN Besonders Tierfilme regen die Neugierde von Hunden an.

Ist Knurren und das Hochziehen der Lefzen immer ein Zeichen von Aggression?

Beide Handlungen zusammen drücken in der Regel eine Warnung an jeden aus, vor dem Hund zurückzuweichen. Das gilt besonders, wenn es von einer gespannten Wachhaltung begleitet wird. Andererseits zeigen Hunde dieses Verhalten auch als Ausdruck von Freude. Wenn Sie Ihren Hund gut kennen, können Sie einschätzen, wozu er diese Signale einsetzt.

Warum jagt mein Hund Autos und Fahrrädern hinterher und wie kann ich das verhindern?

Manche Hunde haben einen starken Jagdtrieb und jagen alles, was sich bewegt. Es kann schwierig sein, das ohne die Hilfe von Experten zu beheben. Ein erfolgreiches Training hängt davon ab, wie gut der Hund gehorcht und ob man die Gründe für das Jagen erkennen kann. Hauptsächlich muss man das Gehorchen auf Befehle wie „Aus“ und „Sitz“ üben.

UNTEN „Grinsen“ kann manchmal als Knurren missverstanden werden, ist aber ein Zeichen der Unterwerfung.

OBEN **Wenn Ihr Hund nass wird, treten Sie besser zurück oder sie riskieren eine Dusche.**

Suchen Sie jemanden, der helfen kann und lassen Sie Ihren Hund an der Leine, wenn Sie unterwegs sind, damit er beim Jagen keinen Unfall verursacht.

Warum schütteln Hunde sich, wenn sie nass werden?

Dies ist eine instinktive Reaktion des Hundes, um das Wasser von Haut und Fell zu entfernen und rasch zu trocknen. Das hilft ihm, sich wohl zu fühlen und weniger krankheitsanfällig zu sein.

Warum schüttelt mein Hund seine Spielsachen und knurrt dabei?

Er übt Jagdtechniken. Durch Schütteln und Knurren des Spielzeugs besiegt er es wie eine Beute, bevor er den tödlichen Biss anwendet. Dies ist kein Grund zur Beunruhigung – dem Hund macht dieser Umgang mit seinem Spielzeug viel Spaß.

Mein Hund scheint hyperaktiv zu sein. Wie kann ich ihn beruhigen?

Überaktivität kann bei jungen Hunden durchaus normal sein, aber auch folgende Gründe haben:

- Ein ängstlicher Halter überträgt seine Furcht auf den Hund.
- Künstliche Zusätze wie Farb- Geschmacks- und Konservierungsstoffe und andere Futterzusätze.
- Rassebedingt.
- Unzureichende geistige und/oder körperliche Auslastung.

Die Lösung für Ihr Problem liegt im Erkennen und Ausschließen der möglichen Ursachen der Hyperaktivität Ihres Hundes. Ein Experte kann Ihnen womöglich helfen. Ein Trainer könnte einfache Ratschläge geben wie zum Beispiel:

OBEN Lumpen und weiche Spielzeuge sind eine ideale "Beute" für Welpen.

- Bleiben Sie ruhig und unaufgeregt.
- Ändern Sie die Ernährung – meiden Sie Futter und Snacks mit Zusatzstoffen.
- Finden Sie mehr über die Rasse heraus und wie Sie damit umgehen können.
- Sorgen Sie für mehr Bewegung, sowohl geistig wie auch körperlich – suchen Sie einen Agility-Verein auf.

Kann ein Hundetherapeut die Probleme, die ich mit meinem Hund habe, lösen und wie macht er das?

Ein Therapeut befasst sich intensiv mit der Geschichte Ihres Hundes, Ihrer Lebensweise und seinem Verhalten. Je mehr Informationen Sie ihm geben, desto besser. Indem der Therapeut die ganze Geschichte Ihres Hundes und wie Sie mit ihm umgehen studiert, kann er zum Kern Ihrer Probleme vorstoßen und den besten Weg vorschlagen, wie Sie in Ihrem Fall vorgehen müssen.

Manchmal gibt es keine schnelle Lösung für das Problem, rechnen Sie deshalb mit häufigeren Besuchen, bis sich ein Erfolg zeigt.

OBEN Ein Hundetherapeut kann bei unerwünschtem Verhalten von Hunden eine Hilfe sein.

5

Sozialisierung und Ausbildung

Was bedeutet „Sozialisierung"?

Der Ausdruck hat zwei Bedeutungen. Die erste ist, dass der Hund lernt, mit anderen Artgenossen umzugehen und die zweite ist, dass er sich in seinem alltäglichen Rudel angemessen verhält – das ist die Familie, in der er als Haustier lebt.

In freier Wildbahn erziehen Hundeeltern ihre Welpen so, dass sie sich dem sozialen Code und der Rudelhierarchie fügen. Um zu überleben lernen sie rasch, was als akzeptables Verhalten gilt und was nicht.

UNTEN Hunde sind von Natur aus sehr gesellige Tiere, müssen dies aber lernen.

In der häuslichen Umgebung müssen Welpen, nachdem sie ihre Mutter und Geschwister verlassen haben, von ihren menschlichen „Eltern" beigebracht bekommen, wie man sich richtig verhält und wie man in der Menschenwelt zurecht kommt.

Wie lange dauert es, einen Hund zu sozialisieren?

Wenn es gründlich gemacht wird, ist ein junger Hund im Alter von 9 Monaten gut sozialisiert. Dennoch wird er immer mit neuen Situationen konfrontiert werden, weshalb die Sozialisierung eigentlich ein lebenslanger Prozess ist.

Welche Regeln muss mein Hund lernen zu akzeptieren?

Die Antwort ist: alles und jedes. Er muss lernen, sich mit anderen Hunden zu sozialisieren, freundlich und zahm im Umgang mit Menschen und Mitgeschöpfen zu sein und er muss lernen, wann es während des Spiels genug ist.

Gewöhnen Sie Ihren Hund an den Umgang mit Menschen beiderlei Geschlechts, jeden Alters und unterschiedlichen Aussehens. Belohnen Sie ihn, damit er deren Gesellschaft als etwas Gutes begreift. Der Umgang mit ihm während er spielt oder frisst, lehrt ihn, bei beidem nicht Besitz ergreifend zu werden.

Was darf ich dem Hund zumuten, wenn ich ihn mit Neuem vertraut mache?

Machen Sie Ihren Hund mit einer Sache nach der anderen vertraut. Zeigen Sie nie zwei Sachen auf einmal, das würde ihn überfordern. Am Anfang sind ein oder zwei zehnminütige täglich Trainings genug. Überfordern Sie Ihren Hund nicht: Richten Sie sich nach seinem Tempo.

Manche Sozialisationsbereiche brauchen mehr Zeit der Gewöhnung als andere, stellen Sie sich also darauf ein und denken Sie daran, dass Zeit und Geduld Wunder wirken. Den Prozess zu beschleunigen kann zur Folge haben, dass Ihr Hund nervös, scheu oder aggressiv wird oder dass problematische Verhalten sich verschlimmert, statt sich zu bessern.

Halten Sie die Einführung neuer Eindrücke kurz und belohnen Sie stets, damit Ihr Hund sie als etwas Gutes ansieht.

RECHTS Lauter, schneller Verkehr kann eine beängstigende Erfahrung sowohl für junge wie auch ältere Hunde sein. Beginnen Sie mit einer ruhigen Straße – belohnen Sie Ihren Hund, wenn ein Fahrzeug kommt, und wieder, wenn es vorüber ist. So lernt Ihr Hund, dass Verkehr gut und nicht schlecht ist.

Was passiert, wenn mein Hund nicht sozialisiert wurde?

Verschiedene Hunderassen/-typen genießen die Gesellschaft von Menschen und anderen Tieren in unterschiedlichem Ausmaß. Dennoch leben alle Hunde gern in Rudeln, entweder menschlichen oder hündischen (oder von beiden etwas). Ohne Sozialkontakte können Hunde, wie Menschen, depressiv werden oder sich „schlecht benehmen".

Stellen Sie sich eine Welt vor, in der Sie die Sprache nicht sprechen, Angst haben, wenn jemand auf Sie zukommt oder Sie sich vor Menschengruppen fürchten. Wenn Sie ihn nicht sozialisieren, könnten Sie, ohne es zu merken, Ihren Hund zu einem nervlichen Wrack machen.

Das Leben und der Umgang mit einem Hund können schnell zum Alptraum werden, wenn er nicht sozialisiert wurde. Tun Sie dies für die Sicherheit und Zufriedenheit aller Beteiligten.

An wen kann ich mich wenden, wenn ich Hilfe beim Sozialisieren meines Hundes brauche?

Diesbezüglich kann ein guter Hundetrainer eine große Hilfe sein. In einem Sozialisierungskurs bekommen Sie und Ihr Hund sowohl die Gelegenheit, andere Menschen und Hunde zu treffen, als auch den Umgang mit unterschiedlichen Situationen und Problemen zu lernen. Sie finden auch sofort fachmännischen Rat, wenn sich Situationen ergeben, von denen Sie nicht wissen, wie Sie damit umgehen sollen.

OBEN Manche Hundeschulen bieten Kurse mit Unterkunft für das Sozialisierungstraining von Tieren an.

Wenn das Sozialverhalten Ihres Hundes Probleme macht, lohnt sich auch der Besuch bei einem Hundetherapeuten (siehe Seite 129).

Wie kann ich meinen Hund an andere Tiere gewöhnen?

Manche Hundeschulen bieten Kurse zur Eingewöhnung an, bei denen Hunde anderen Tieren begegnen können. Solche Kurse versprechen mehr Erfolg, als es allein zu versuchen. Sie bieten ein kontrolliertes Umfeld und bei Bedarf die Hilfe von Experten. Das stärkt Ihr Selbstvertrauen und das Gefühl von Kontrolle.

OBEN Das Treffen mit anderen Hundebesitzern zu gemeinsamen Spaziergängen kann die Sozialisierung der Hunde voranbringen, vorausgesetzt, die Tiere vertragen sich nach dem ersten Bekanntmachen.

Trotz Sozialisierungskursen ändert sich mein Hund nicht. Warum – und wie können wir vorankommen?

Es gibt mehrere Gründe für mangelhafte Fortschritte. Manchmal versäumt der Halter es, den Hund oft genug zu Trainingsstunden zu bringen, das sollte mindestens einmal wöchentlich geschehen, oder er übt nicht genügend zwischen den Kursen zuhause. Vielleicht passt der Kurs auch nicht zu Ihnen oder zu Ihrem Hund. Dann könnte es sich lohnen, den Trainer oder den Kurs zu wechseln.

Wie kann ich meinem Hund abgewöhnen, anderen Hunden und Vieh nachzujagen?

Viele Hunde jagen gern Tieren hinterher. Einen überzeugten Jäger zu kurieren kann sehr schwierig sein, und immer werden Sie das Problem nicht ohne fachmännische Hilfe lösen können. Besuchen Sie deshalb eine gute Hundeschule.

Der Einsatz einer Trainingsscheibe kann helfen, „Jäger" zu erziehen, aber Sie müssen den richtigen Umgang damit lernen, sonst ist es nutzlos. Eine solche Scheibe besteht aus einer Anzahl dünner, an einer Schlaufe befestigter Metallscheiben, die sie auf den Boden werfen, sobald der Hund das unerwünschte Verhalten zeigt. Das charakteristische Geräusch verleidet dem Hund vielleicht die Jagd auf andere Tiere, weil er es nicht mag.

Halten Sie den Hund auf Spaziergängen daher so lange an der Leine, bis das Problem sicher gelöst ist.

Mein Hund knurrt meine Enkel an, wenn sie mich besuchen. Wie erreiche ich, dass er sie akzeptiert?

Bei jeder Form von Aggression sollten Sie praktische Hilfe bei einem Hundetrainer suchen. Versuchen Sie nicht, das Problem allein zu lösen, das geht selten gut. Lassen Sie es nicht darauf ankommen, dass der Hund zubeißt.

Vielleicht wurde Ihr Hund zuvor von Kindern gequält und verteidigt sich, oder sie sind ihm zu laut. Halten Sie den Hund zur Sicherheit von den Kindern fern, bis Sie praktische Hilfe finden und bringen Sie ihm bei, wie er sich richtig verhalten soll.

OBEN LINKS Der Einsatz einer langen Leine lässt dem Hund relativ viel Bewegungsfreiraum, aber der Halter behält die Kontrolle über ihn.

OBEN Benutzen Sie zur Sicherheit ein Scherengitter, um den Hund von Menschen fern zu halten, die ihn verunsichern. So wird er nicht gänzlich isoliert und kann sich in seinem Tempo an sie gewöhnen.

Mein Hund jagt unsere Katze nicht direkt, aber verfolgt sie unerbittlich. Wie kann ich ihn davon abbringen?

Es ist ein gutes Zeichen, wenn Ihre Katze von dem Verhalten Ihres Hundes nicht zu beunruhigt ist. Katzen, die nicht flüchten, regen den Jagdtrieb der Hunde nicht an. Katzen können passable Gegner sein. Wenn er ihr zu nahe kommt, wird sie ihn durch einen Hieb oder ein Fauchen verwarnen und er wird sich zurückziehen.

Am besten sorgen Sie dafür, dass Ihre Katze Rückzugsorte im Haus hat, etwa Regale, auf die sie springen kann um dem Hund aus dem Weg zu gehen.

Was umfasst die Ausbildung eines Hundes?

Der Hund soll in der Ausbildung lernen, ein guter Mitbewohner zu werden. Er soll sich anständig und gehorsam, gesellig und sicher im Umgang mit Menschen, Verkehr und anderen Tieren verhalten.

Regelmäßiges – das heißt tägliches – Training sorgt dafür, dass sich keine schlechten Manieren einschleichen und wenn doch, dass diese rasch korrigiert werden.

Ich möchte mit meinem Hund an Agility-Kursen teilnehmen. Womit beginne ich?

Besuchen Sie eine Hundeschule, die Agility-Kurse anbietet. Um ein optimales Ergebnis zu erzielen, müssen Hunde zunächst Gehorsam lernen, damit sie auf Ihre Befehle und Zeichen reagieren.

UNTEN Die meisten Hunde freuen sich über Agility-Übungen und den Umgang mit anderen teilnehmenden Menschen und Hunden.

Brauche ich für das Training eine bestimmte Ausrüstung?

Sie sollten eine dreifach verstellbare Leine und ein Textilhalsband (siehe die Seiten 79-80) in einer für Ihren Hund passenden Länge und Größe haben. Zusätzlich ist ein Beutel für die Leckerlis nützlich, weil dann Ihre Taschen nicht schmutzig und klebrig werden.

Spielzeuge sind eine nützliche Motivationshilfe. Wählen Sie solche aus, die Ihr Hund besonders mag.

Womit beginne ich beim Trainieren meines Hundes?

Zunächst sollte man wissen, dass erfolgreiches Training auf Belohnung beruht. Hunde wollen ihrem Halter gefallen und tun dies umso lieber, wenn sie dafür belohnt werden. Durch Belohnung gestütztes Training ist daher der Schlüssel zu einem glücklichen und gehorsamen Hund.

Man sollte wissen, dass fachmännische Hilfe beim Trainieren unerlässlich ist, um erfolgreich zu sein. Suchen Sie einen Trainer bzw. eine Hundeschule, von der Sie glauben, dass sie Ihnen und Ihrem Hund die beste Betreuung bietet.

Wie versteht mein Hund, was ich beim Training von ihm verlange?

Ihr Hund wird lernen, ein Wort mit einer Handlung zu verknüpfen. Sie müssen darauf achten, was die Tonlage Ihrer Stimme wie auch Ihre Körperhaltung ihm vermitteln. Wenn Sie zum Beispiel den Hund ermuntern zu Ihnen zu kommen, muss Ihre Stimme genauso einladend sein wie Ihre Körpersprache.

Wenn Sie Ihren Hund jedes Mal dann belohnen, wenn er Ihrem Wunsch entspricht und auf ein bestimmtes Kommando hört, lernt er, richtig zu reagieren. Mit der Zeit erfolgt die Reaktion automatisch, sobald Sie das Kommando geben.

Hüten Sie sich, unerwünschtes Verhalten unbewusst zu belohnen, sonst hält Ihr Hund dieses für akzeptabel.

OBEN Hundetrainingskurse, am besten einmal wöchentlich, mindestens aber einmal im Monat, führen Sie und Ihren Hund auf den richtigen Weg.

RECHTS **Wenn Sie die Namen geeigneter Trainer kennen, sollten Sie herausfinden, ob sie Ihnen bei der Ausbildung Ihres Hundes helfen können. Stellen Sie im Vorfeld eine Liste von Fragen zusammen.**

Muss ich meinen Hund in eine Hundeschule bringen?

Ohne die gezielte Hilfe und Führung von Experten ist das schwierig. Ohne umfassende Erfahrung im Hundetraining kann es für Sie fast unmöglich sein, einen Hund auf akzeptablem Niveau allein zu trainieren. Ein Trainer ist sofort zur Stelle, hilft bei auftretenden Problemen und bietet alternative Methoden an, wenn die von Ihnen benutzten nicht den gewünschten Erfolg bringen.

Außerdem erhalten Sie vom Trainer moralische Unterstützung; ein Alleingang kann Ihr Selbstvertrauen erschüttern, wenn Sie auf ein Problem stoßen, das sich nur verschlimmert.

Wie finde ich einen anständigen Trainer?

Am besten über Mundpropaganda. Fragen Sie befreundete Hundehalter, zu welchem Trainer sie gehen und welche Methoden er benutzt. Fragen Sie auch, ob sie einen Kontakt herstellen können, denn ein Gespräch mit ihm ist sehr wichtig, damit Sie sich wohl fühlen, was letztlich auch Ihrem Hund zugute kommt.

Auch Ihr Tierarzt und örtliche Tierheime können Kontakte knüpfen und das Branchenfernsprechbuch ist ebenso eine Quelle wie das Internet.

Worauf soll ich bei der Trainerauswahl achten?

Gute Trainer

- möchten detaillierte Informationen über Ihren Hund und wollen wissen, ob er bereits trainiert wurde,
- fragen nach dem Problem (wenn es eines gibt) und was Sie sich von den Trainingskursen versprechen,

- laden Sie ein, einen oder zwei Kurse mit oder ohne Ihren Hund zu besuchen und zuzusehen, was dort geschieht. Das ermöglicht ihnen, sich ein genaues Bild zu machen, bevor Sie einen Kurs buchen. Wenn der Trainer das nicht anbietet, fragen Sie danach – wenn Sie Ablehnung spüren, sollten Sie woanders Kunde werden.

UNTEN Wenn Halter und Hunde fröhlich sind und Spaß haben, ist das ein Zeichen für einen guten Trainingskurs.

Kleine Kurse sind zu bevorzugen, damit der Trainer die Kontrolle behält und jeder genug Aufmerksamkeit erhält.

Was darf ich von einem Trainingskurs erwarten?

Bevor Sie Ihren Hund in einen Kurs bringen, sollten Sie prüfen, ob dort freundlich, aber bestimmt trainiert wird. Finden Sie irgendein Anzeichen von etwas, dem Sie Ihren Hund nicht aussetzen mögen, gehen Sie woanders hin.

Im Idealfall sollten nicht mehr als sechs Hunde in einem Kurs sein, damit der Trainer jedem gebührend Aufmerksamkeit schenken kann.

Warum sagt mein Trainer mir, ich solle ein stufenlos verstellbares, breites Halsband statt einer Würgekette nehmen?

In den Händen von Experten können Würgeketten eine wertvolle Trainingshilfe sein. Leider werden sie von Amateuren allzu oft falsch benutzt und verursachen beim Hund körperliche und seelische Schäden. Legen Sie sich eines ums Handgelenk und ziehen Sie daran, dann spüren Sie den einsetzenden Würgeeffekt.

Die von Ihrem Trainer empfohlenen Halsbänder sind „sanft", weil sie am Hals Ihres Hundes möglichst wenig Schaden anrichten, wenn dieser zieht oder Sie ungewollt an der Leine rucken.

Gibt es Spielsachen, die sich besonders eignen?

Ihr Hund wird jedem seiner Spielzeuge einen bestimmten Wert beimessen, dem einen mehr als dem anderen (siehe Seite 93). Die höher bewerteten eignen sich am besten fürs Training – Ihr Hund will sie, deshalb kann er dazu gebracht werden, sich diese zu „verdienen", indem er das von Ihnen gewünschte Verhalten zeigt.

Spielzeuge, die quietschen, sich jagen oder zerren lassen, bewerten Hunde höher. Verwenden Sie diese nur beim Training.

Welche Belohnungen eignen sich am besten beim Training?

Es hängt davon ab, ob sich Ihr Hund an Futter, Spielzeug oder Aufmerksamkeit orientiert. Wenn es Futter ist, motivieren duftende Leckerlis wie gekochte Leber- und Wurststücke oder weiche, fertig

RECHTS Werden höher bewertete Spielsachen benutzt, ermuntert das zum erwünschten Verhalten.

LINKS **Gekochte Leber, Würstchen, aber auch Käse, eignen sich als Belohnung beim Training.**

gekaufte Kauhappen am besten. Manche Hunde ziehen frisches Obst oder Gemüsesnacks vor. Möglichst klein geschnittene Belohnungen reichen länger.

Wenn Ihr Hund alles tut, um beachtet zu werden, sind Lob und sanftes Streicheln (Tätscheln mögen Hunde nicht) die richtige Belohnung. Zu Spielsachen finden Sie auf Seite 93 weitere Informationen. Ihr Hund muss sich die begehrten Belohnungen aber erst verdienen.

Wie viele Trainingseinheiten braucht ein Hund?

Die Antwort lautet: weniger, aber öfter, und immer mit einem Erfolgserlebnis endend. Das tägliche Einüben richtigen Verhaltens hält den Hund manierlich und unter Kontrolle. Die Einheiten sollten so lange dauern, bis der Hund das geforderte Verhalten zeigt, manchmal braucht das nur Minuten. Niemals länger als 10-15 Minuten konzentriertes Training in einer Stunde. Machen Sie möglichst nur eine Übung, unterbrochen von entspannenden Spielpausen, bis sich der Erfolg zeigt; gehen Sie nun zur nächsten Aufgabe über.

Welpen haben eine kurze Aufmerksamkeitsspanne: dreimal 10 Minuten täglich sind besser als einmal 30 Minuten.

Wie lange dauert es, einem Hund Gehorsam beizubringen?

Das hängt vom Charakter des Hundes und seines Halters ab und ob sie geschickt als Lehrer und Schüler sind. Manche Hunde lernen schneller als andere und manche Halter sind einfach schlechte Lehrer, denen es an der Kontrolle, Zurückhaltung und Willensstärke fehlt, die man braucht, um Hunden Manieren und Gehorsam beizubringen.

Große Rassen reifen langsamer als kleine Hunde, deshalb brauchen Sie mehr Geduld. Passen Sie bei kleinen Hunden auf, diese können schlau sein! Nutzrassen sind intelligent und lernen gut, haben aber einen starken Jagd-, Wach- oder Hütetrieb. Deshalb holt nur diszipliniertes Training das Beste aus ihnen heraus.

Wann ist ein Hund voll ausgebildet?

Beim richtigen, kontinuierlich verstärkten Training kann man in wenigen Wochen einen seelisch ausgeglichenen Hund haben, der sich gut benimmt und gehorcht. Das Training muss täglich fortgesetzt

RECHTS **Die Überwindung eingefahrener Verhaltensprobleme benötigt meist einige Zeit.**

werden, damit der Erfolg bleibt. Sie dürfen sich nie auf Ihren Lorbeeren ausruhen, sonst schleichen sich schlechte Gewohnheiten unbemerkt wieder ein, bis sie zum Problem werden.

Kontinuierliche Verstärkung bedeutet, dass Ihrem Hund beigebrachte Lektionen öfter wiederholt werden müssen, damit er das Kommando nicht vergisst.

Alle Hunde sind verschieden, bei manchen dauert die Ausbildung länger als bei anderen, das hängt auch vom Halter ab.

Wann kann ich aufhören, Trainingskurse zu besuchen?

Wenn Sie glauben, das erwünschte Maß an Kontrolle erreicht zu haben. Ohne regelmäßige Auffrischung wird es jedoch schwer sein, das erreichte Kontrollniveau beizubehalten. Es lohnt sich daher, gelegentlich, etwa einmal monatlich Kurse zu besuchen, um Hund und Halter auf dem erreichten Niveau zu halten.

Ist es eine gute Idee, den Hund in eine Hundeschule zu geben?

Aus meiner Sicht nicht. Sie können nicht überprüfen, wie gut dort für Ihren Hund gesorgt wird und welche Trainingsmethoden angewendet werden – es könnte sein, dass Sie manchen davon nicht zustimmen. Denken Sie auch daran, dass, wer immer Ihren Hund trainiert, er Ihnen nicht in gleichem Maß gehorchen könnte, wenn er aus der Hundeschule zurück ist.

Für Sie und Ihren Hund ist es besser, wenn Sie beide zusammen am selben Ort trainieren.

Gibt es Trainingskurse mit einer Unterkunft für mich und meinen Hund?

Ja, es gibt sie – man findet sie über Hundezeitschriften und das Internet. Eine sorgfältige Auswahl lohnt sich, weil es, wie überall, gute und weniger gute gibt. Manche haben sich spezialisiert, etwa auf das Sozialisieren von Hunden mit anderen Tieren oder auf Agility, während andere ein umfassendes Programm an Aktivitäten zur Auswahl anbieten.

Wie belohnt und tadelt man einen Hund im Training?

Belohnen Sie gutes Verhalten sofort, damit Ihr Hund dieses Verhalten mit der Belohnung verknüpft. Das kann durch Futter, Spielpausen mit einem geliebten Spielzeug, zärtliche Beachtung oder mündliches Lob geschehen. Eine Belohnung kann auch einfach darin bestehen, den Hund wieder ins Zimmer zu lassen, wenn er nicht mehr bellt.

Wenn Tadel nötig wird, kann das Heben der Stimme und/oder das Schlagen des Hundes ihn verwirren und ängstigen, was ihn weniger empfänglich für das Lernen gewünschter Verhaltensweisen macht. Das Ignorieren des Hundes ist, wenn nötig, ein wirksamer Tadel, ebenso der Einsatz von etwas, das er nicht mit Ihnen verbindet, um ihn von unerwünschtem Verhalten abzulenken – das kann ein erschreckendes Geräusch außerhalb seines Gesichtsfeldes sein. Er verknüpft das Geräusch mit dem Verhalten, findet es deshalb nicht lohnend und unterlässt es.

Warum machen Hunde anderer Leute im Trainingskurs schneller Fortschritte als meiner?

Es gibt keine festgesetzten Zeiträume, wie rasch man Fortschritte beim Training sehen muss. Das Setzen von Zeitlimits kann sogar kontraproduktiv sein, wenn der Halter glaubt, sein Hund mache weniger rasch Fortschritte als nötig. Die Zeit, die das Erreichen eines Ziels benötigt, ist abhängig von der Eignung sowohl des Hundes wie auch der des Halters.

Sprechen Sie mit dem Trainer, der Sie bezüglich der Fortschritte Ihres Hundes

UNTEN Hundeschulen mit Unterkunft eignen sich großartig für intensive Trainingskurse, aber das gesamte Training Ihres Hundes sollte sich nicht auf einen Aufenthalt beschränken.

beruhigen kann oder alternative Methoden kennt, die sich besser eignen. Als letztes Mittel können Sie versuchen, eine passendere Hundeschule zu finden.

Warum verhält sich mein Hund beim Trainer besser als bei mir?

Ihr Hund spürt, dass der Trainer erfahrener und vertrauter im Ungang mit Hunden ist und betrachtet ihn als Rudelführer. Wenn dies so ist, reagiert er gut auf den Trainer. Sorgen Sie sich dennoch nicht, denn sobald sich Ihre Vertrautheit und Erfahrung durch den Besuch von Trainingskursen entwickeln, wird Ihr Hund Sie genauso respektieren, vorausgesetzt, Sie behandeln ihn angemessen. Sein Verhalten wird sich verbessern.

Würde ein Trainer auch zu mir kommen können?

Manche Trainer kommen zur Einzelbetreuung und Trainingskursen zum Halter ins Haus. Es hängt davon ab, ob sie einen finden (siehe Seite 139). Ein Trainer arbeitet mit den Möglichkeiten, die Sie haben. Sind diese eingeschränkt, ist das kein Problem. Oft profitiert ein Hund vom Training zuhause, weil der Trainer die Gründe für spezielle Probleme, die Sie mit Ihrem Tier haben, dort besser erkennen kann.

UNTEN LINKS Gutes Benehmen muss nicht immer mit Leckerlis belohnt werden. Die meisten Hunde lieben es, wenn Ihr Besitzer sie überschwänglich lobt.

UNTEN Manchmal werden Probleme am besten durch die Einzelbetreuung eines Trainers gelöst.

LINKS **Auch für Behinderte ist es möglich, einen gut ausgebildeten Hund auszuführen.**

Mein Hund entledigt sich seines Halsbandes und will nicht an der Leine laufen. Was soll ich machen?

Im Idealfall sollte Ihr Hund als Welpe an Halsband und Leine gewöhnt werden. Auch wenn er älter ist, können Ihre Ausflüge Spaß machen, wenn Sie die Trainingsanleitung auf den Seiten 58 und 59 befolgen. Sie können auch eine andere Art Halsband verwenden – vielleicht ein leichteres – und prüfen, ob es richtig und bequem sitzt (siehe Seite 46).

Wie bringe ich einem Hund bei zu sitzen?

Vier Prinzipien sind nötig, damit Ihr Hund auf Kommando sitzt:

- Aufmerksamkeit
- Kommando
- Ausführung
- Belohnung

1 Stehen Sie, mit Ihrem Hund an der Seite und einer Belohnung in derselben Hand. Wecken Sie seine Aufmerksamkeit, indem Sie seinen Namen sagen.
2 Befehlen Sie „Sitz" und drücken Sie gleichzeitig sein Hinterteil sanft nach unten.
3 Dem Druck folgend wird Ihr Hund den Befehl ausführen.
4 Wenn er das tut, belohnen Sie ihn mit einem Leckerli.

Ich bin behindert – kann ich den Hund dazu erziehen, neben dem Rollstuhl zu laufen?

Ja, das geht, wobei sich manche Hunde mehr dazu eignen als andere. Das hängt allein von Typ und Temperament Ihres Hundes ab. Sie brauchen die Hilfe eines guten Trainers, der Erfahrung mit solch einem Training hat und Ihrem Tier beibringt, ruhig auf Ihr Kommando zu warten und so ein sicherer Begleiter auf Ihren Ausflügen mit dem Rollstuhl sein wird.

Der Kontakt zu einer Behindertenorganisation und auch zu Hundeschulen lohnt sich, weil sie Trainer empfehlen können. Andernfalls müssen Sie selbst jemanden suchen (siehe Seite 139).

Wie bringe ich meinem Hund das Kommando "Legen" bei?

Befolgen Sie diese Schritte:

1 Richten Sie die Aufmerksamkeit des neben Ihnen sitzenden Hundes auf ein Leckerli oder Spielzeug in Ihrer Hand.

2 Halten Sie das Leckerli unter seine Nase. Bewegen Sie es dann langsam nach unten zwischen seine Vorderbeine, wodurch er sich niederlässt, um es zu bekommen. Wenn er das tut, sagen Sie „Platz“ und belohnen ihn.

3 Wenn Sie das einige Male absolviert haben, werden Sie sehen, dass Ihr Hund rasch lernt, sich in Erwartung der Belohnung auf Kommando hinzulegen.

OBEN Verlangen Sie von Ihrem Hund stets, dass er sich hinsetzt, bevor Sie ihn füttern.

UNTEN Erst, wenn Ihr Hund sich auf Kommando setzt, sollten Sie ihm beibringen, sich hinzulegen.

Wie hört mein Hund auf das Kommando „Bleib“?

Folgen Sie den Schritten 1-3 für „Platz“ und erweitern Sie es zum „Bleib“:

1 Treten Sie vom liegenden Hund zurück und sagen Sie bestimmt „Bleib“. Machen Sie, wenn nötig, eine Handbewegung, indem die Hand entweder mit der Fläche oder einem Finger nach unten zeigt.
2 Warten Sie einige Sekunden, bevor Sie zum Hund gehen und ihn belohnen.
3 Erhöhen Sie schrittweise die Entfernung zwischen sich und Ihrem Hund, wenn Sie das Kommando „Bleib“ geben.

Wie bringe ich meinem Hund bei, ruhig bei Fuß zu gehen?

Beginnen Sie die Trainingseinheit mit Ihrem Hund auf Ihrer linken Seite. Seine Schulter sollte neben Ihrem linken Bein sein und die Leine locker vor Ihrem Körper zur rechten Hand laufen. Dann:
1 Rufen Sie ihn, um seine Aufmerksamkeit zu wecken und sagen „Fuß“.
2 Beginnen Sie entschlossen zu laufen.
3 Wenn Ihr Hund vor Ihnen herläuft oder an der Leine zieht, stoppen Sie. Er wird Sie erstaunt anblicken.
4 Führen Sie ihn zurück an die Position an Ihre linke Seite, mit seiner Schulter an Ihrem linken Bein. Wecken Sie wie in Schritt 1 seine Aufmerksamkeit. Laufen Sie dann wieder los.

Wiederholen Sie geduldig die empfohlenen Schritte und schon bald wird Ihr Hund begreifen, dass bei Fuß bleiben belohnt wird.

Ich verliere die Aufmerksamkeit meines Hundes. Wie kann ich ihn auf das Training konzentrieren?

Hunde langweilen sich rasch, wenn eine Übung zu oft wiederholt wird. Ist der erste Versuch erfolgreich verlaufen, wiederholen Sie die Übung nicht. Beenden Sie die gelernte Lektion mit einer Spielpause.

UNTEN Denken Sie daran, den Befehl „Fuß“ nur dann zu geben, wenn er in der richtigen Position ist, damit er das Wort durch diese Verknüpfung lernt.

Der gezielte Einsatz von Spielzeug und Belohnung kann die Aufmerksamkeit Ihres Hundes zusätzlich dorthin lenken, wo Sie sie haben möchten – auf Sie. Denken Sie daran, ihn für erwünschtes Verhalten stets zu belohnen, um seine Motivation hoch zu halten.

Wie kann ich meinem Hund beibringen, mit mir zu reisen?

Basisinformationen über den Transport von Hunden finden Sie auf den Seiten 56 und 57. Zusätzlich können Sie ausprobieren, ob Ihr Hund besser in einem Sicherheitsgeschirr, einer Reisebox oder, gesichert durch ein Hundegitter, frei im Fond des Autos reist.

Gewöhnen Sie Ihren Hund von Anfang an ans Autofahren, indem Sie ihn auf Ausflüge mitnehmen – zuerst nur um den Block – und fahren Sie vorsichtig. Sportliche Fahrer vergessen, wie unbequem plötzliches Beschleunigen, Bremsen, scharfes oder zu schnelles Abbiegen für Passagiere sein kann.

UNTEN Vergewissern Sie sich, dass Sie Ihren Hund korrekt und bequem transportieren, um den Reisestress so gering wie möglich zu halten.

Mein Hund liebt es, Spielzeuge zu fangen. Wie aber bringe ich ihm bei, sie zu apportieren?

Halten Sie neben dem Fangspielzeug ein hoch bewertetes Spielzeug in der Tasche bereit. Befestigen Sie eine lange Leine am Halsband und halten Sie es fest. Dann:

1 Befehlen Sie Ihrem Hund, sich neben Sie zu setzen. Werfen Sie das Fangspielzeug in Reichweite der Leine und befehlen Sie ihm „Bring".

2 Wenn er das Spielzeug gefangen hat, ziehen Sie ihn zu sich zurück und sagen die ganze Zeit über „Bring".

3 Ist er bei Ihnen, belohnen Sie ihn mit Lob oder Leckerli und bewerteten Spielzeug. Ihr Hund lernt, dass das Zurückbringen des Spielzeugs belohnt wird.

4 In den folgenden Stunden lassen Sie ihn von der Leine, sobald er das Spielzeug auf Kommando zurückbringt. Versuchen Sie es erneut.

Ich möchte den Namen meines Hundes ändern. Wie geht das?

Wählen Sie einen möglichst kurzen Namen, den erkennt Ihr Hund einfacher. Benutzen Sie diesen statt des früheren Namens und bald wird er darauf hören (siehe Seite 58).

UNTEN Das Werfen eines Spielzeugs zum Apportieren eignet sich gut dazu, dem Hund ausreichend Bewegung zu verschaffen. Und es macht beiden Spaß.

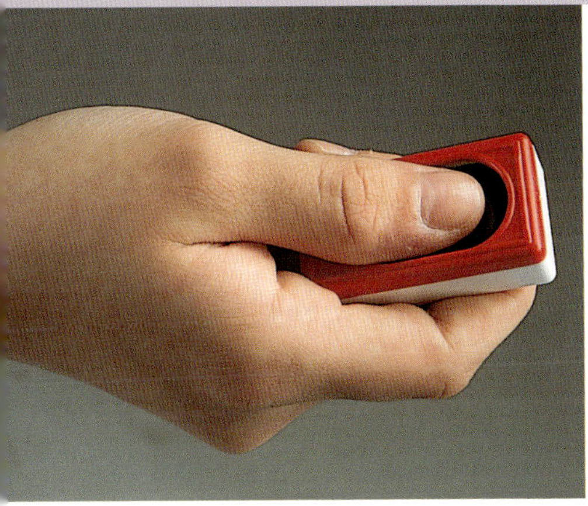

OBEN Ein Clicker eignet sich sowohl für das Trainieren von Welpen wie auch von erwachsenen Hunden.

RECHTS Stumme Hundepfeifen – nur Hunde und andere Tiere können sie hören – gibt es in allen Formen und Größen und in jeder Tonhöhe. Man findet sogar eine Kombination aus Pfeife und Clicker.

Was ist Clicker-Training?

Ein Clicker ist nützlich beim „Konditionieren" guten Benehmens. In dem Moment, wo der Hund ein gewolltes Verhalten zeigt, klicken Sie und belohnen ihn dann mit einem Leckerli. Der Hund lernt, dass das Geräusch (verstärkt durch das Leckerli) bedeutet, das ein bestimmtes Verhalten gut ist. Klick – Belohnung. Kein Klick – keine Belohnung. Kluge Hunde begreifen den Sinn recht bald.

Benutzen Sie zum Beispiel den Clicker, um Ihrem Hund das Sitzen beizubringen:

1 Stehen Sie bei Ihrem Hund und warten Sie, bis er sitzt.

2 Sobald er dies tut, klicken Sie und sagen „Sitz".

3 Belohnen Sie ihn mit einem Leckerli und loben Sie ihn ausgiebig.

Kann ich statt des gesprochenen Kommandos eine Hundepfeife benutzen?

Gewiss können Sie eine Pfeife benutzen, um Kommandos zu geben. Hilfreich wäre ein Trainer, der auf Pfeifentraining spezialisiert ist. Er wird Ihnen den richtigen Gebrauch der Pfeife beibringen und zu einem passenden Modell raten können.

Entwickeln Sie ein bestimmtes System, was die einzelnen Pfiffe und Pfifffolgen bedeuten: zum Beispiel ein kurzer Pfiff für einen Rückruf, zwei für „Bleib" und so weiter. Bringen Sie Ihrem Hund dann bei, diesen genauso zu folgen wie Ihrer Stimme. Wie beim Training durch die Stimme und/oder Handzeichen muss der Hund mit den Signalen vertraut werden und lernen, wie er darauf reagieren soll. Bleiben Sie bei dem einmal gelernten System, um Ihren Hund nicht zu verwirren.

Mein Hund benimmt sich sehr schlecht – können Elektroschocks helfen?

Es gibt einige wenige Umstände, in denen diese Ausrüstung angebracht ist, aber nur als allerletzter Ausweg. Bevor ein Hund mit schwerem Fehlverhalten weggesperrt werden muss, kann ein erfahrener Trainer so etwas als letztes Mittel einsetzen. Erfahrene Hundetherapeuten kommen aber garantiert ohne diese Methode aus. In den Händen von Hundehaltern hat eine solche Ausrüstung gar nichts verloren.

Warum benimmt sich mein Hund schlecht?

Diese Frage wird Trainern am häufigsten gestellt. Halter sollten sich aber auch fragen, ob es sich tatsächlich um Fehlverhalten handelt oder ob der Hund vielleicht glaubt, das Richtige zu tun.

Hunde benehmen sich vor allem deshalb schlecht, weil sie von Menschen zu diesem Verhalten gebracht wurden. Hat Ihr Hund ausreichend körperliche Bewegung? Ist er genügend gefordert? Senden Sie ihm widersprüchliche Signale – zum Beispiel, indem Sie ihn heute als ersten durch die Tür stürmen lassen und morgen nicht? Wie oft besuchen Sie Trainingskurse? Manches oder alles von dem Genannten sollten Sie beherzigen, um wieder die Kontrolle zu bekommen.

Außerdem sollten Sie den Hund untersuchen lassen, um auszuschließen, dass ein körperliches Leiden der Grund für das Verhaltensproblem ist.

Mein Hund bellt im Auto unablässig und übergibt sich manchmal. Wie kann ich ihn davon kurieren?

Hunde verhalten sich allgemein so, weil ihnen beim Anblick der an ihnen vorbeirasenden Welt und von den Fahrbewegungen schlecht wird. Auch ein warmes, schlecht belüftetes Auto bedeutet Stress. Und wenn der Hund nur im Auto sitzt, um zum Tierarzt zu fahren, verknüpft er das Fahrzeug mit einer unangenehmen Erfahrung und reagiert entsprechend.

Hinweise zur sicheren und bequemen Fahrt finden Sie auf Seite 149. Fragen Sie notfalls Ihren Tierarzt, ob es Medikamente gibt, die den Hund während der Fahrt beruhigen können.

Wie kann ich meinem Hund abgewöhnen, mich oder andere Familienmitglieder zu nerven, weil er Aufmerksamkeit will?

Eine goldene Regel der Erziehung besagt, den Hund nur dann zu beachten, wenn Sie das wollen, nicht wenn er es verlangt. Um das Betteln nach Aufmerksamkeit bei Ihrem Hund zu kurieren verfahren Sie wie folgt:

1 Ignorieren Sie ihn, wenn er durch z. B. Hochspringen versucht, beachtet zu werden.
2 Wenn Sie nicht darauf reagieren, wird er sehr wahrscheinlich still stehen oder sich setzen und die Situation überdenken.
3 Dann wird er sich hinlegen und überlegen, was er als nächstes tun soll.

4 Sie müssen, kurz nachdem er sich hingelegt hat, dieses Verhalten belohnen. Auf diese Weise verknüpft Ihr Hund ein nicht nach Aufmerksamkeit heischendes Verhalten mit einer guten Erfahrung und lernt, dass Springen und Betteln nach Aufmerksamkeit sich nicht lohnt.

Wie kann ich meinen Hund an Untersuchungen durch den Tierarzt oder durch mich gewöhnen?

Training zum Gehorsam ermöglicht Ihnen eine bessere Kontrolle über Ihren Hund. Dadurch lernt er auch, dass erwünschtes Verhalten zu zeigen lohnend ist. Sie können dieses Prinzip effektiv beim Trainieren einsetzen.

Wenn er „Sitz“ und „Bleib“ gelernt hat, ermöglicht dies Ihnen, mit dem Berühren und Untersuchen der Körperteile zu beginnen, wo es ihm am angenehmsten ist. Belohnen Sie ihn jedes Mal reichlich, wenn er Ihnen eine Berührung erlaubt. Arbeiten Sie sich langsam weiter bis zu den empfindlichsten Stellen vor. Beenden Sie die Sitzung nach einer erfolgreichen Berührung als gute Erfahrung.

Es braucht wahrscheinlich viele solcher Sitzungen, bevor Ihr Hund sich überall anfassen lässt. Fragen Sie Ihren Tierarzt nach Medikamenten, deren Einnahme vor einer Konsultation Ihren Hund beruhigen und entspannen kann.

UNTEN LINKS Es wirkt beruhigend auf einen nervösen Hund, wenn man ihn zusammen mit Lieblingsdecke und -spielzeug sowie einem Spielzeug zur Ablenkung in eine Transportbox setzt und ein Laken darüber breitet, sodass er die Welt nicht vorbeirasen sieht.

UNTEN Wenn ein Hund weiß, dass Hände Belohnungen bringen, lässt er es eher zu, dass sie seinem Körper nahe kommen und ihn berühren.

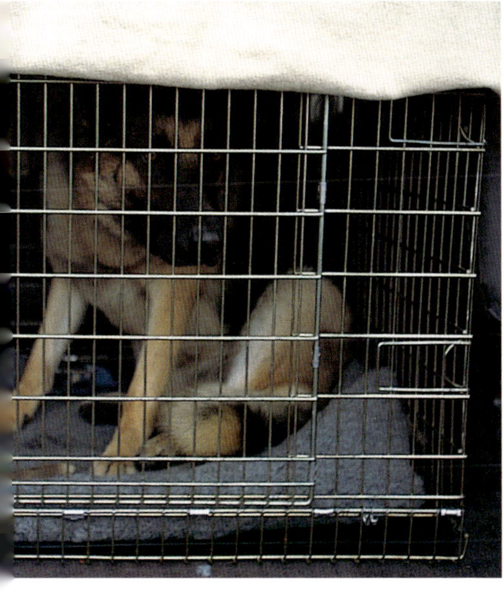

Wie kann ich verhindern, dass mein Hund beim Bürsten beißt?

Diese Frage ähnelt dem Thema „Untersuchen durch den Arzt" (siehe oben). Wenn das Problem aber nicht allgemein beim Anfassen auftritt, sondern nur beim Bürsten, findet Ihr Hund wohl nur dieses unangenehm. Seien Sie sehr sanft und achten Sie auf Bürsten, die zum Felltyp Ihres Hundes passen. Wenn das Fell verfilzt ist, kann das Entwirren sehr schmerzhaft sein. Besser ist dann ein Scheren.

Wenn Ihr Hund den Hundefriseur angreift, sollten Sie das Tier woanders hinbringen – ein anderer Ansatz und/oder eine neue Technik lösen das Problem.

UNTEN Bringen Sie dem Hund bei, vor dem Futter zu sitzen bis Sie ihm das Fressen erlauben.

Wie kann ich dem Hund abgewöhnen, durch die Tür und die Treppen rauf und runter zu stürmen?

Dieses Verhalten ist tatsächlich ein ernstes Problem, denn es kann Unfälle verursachen. Es scheint so, als ob Ihr Hund sich wichtiger nimmt als Sie, deshalb müssen Sie ihn in der Rangordnung abstufen, indem Sie ihm verbieten voranzulaufen. Besuchen Sie Trainingskurse, bevor sich die Probleme verschärfen.

Kurzfristig lösen Sie das Problem, indem Sie Ihrem Hund verbieten, sich an Ihnen vorbei durch die Tür zu drücken. Versucht er es trotzdem, machen Sie die Tür so lange vor seiner Nase zu, bis er es sein lässt. Verhindern Sie durch ein Scherengitter am Treppenfuß, das er die Stufen rauf und runter läuft.

Wie kann ich verhindern, dass mein Hund an der Leine zieht?

Halten Sie nicht dagegen, weil das den Hund nur noch mehr zum Ziehen anspornt. Auch sollten Sie nicht an der Leine reißen, weil das bei Ihrem Hund Halsverletzungen verursachen kann.

Das Problem zu beseitigen ist einfach, wenn man weiß, wie. Lesen Sie auf Seite 148, wie man bei Fuß Gehen übt. Halten Sie einige duftende Leckerlis in einem Beutel an der Körperseite bereit, neben der Ihr Hund läuft und geben Sie ihm gelegentlich eins davon, wenn er in der richtigen Position läuft. Das hilft, ihn an Ihrer Seite zu halten.

Versuchen Sie auch ein Anti-Zug-Geschirr oder ein Kopfhalsband („Halti"), die das Problem mit dem Ziehen erleichtern und beim Abgewöhnen helfen.

OBEN Wenn Ihr Hund zieht, nutzen Sie eine Überraschungstaktik: bleiben Sie einfach stehen und laufen Sie dann rückwärts. Rufen Sie ihn dann bei Fuß und laufen Sie weiter. Der Hund wird lernen, dass Ziehen sich nicht lohnt.

Mein Hund tut nie das, was ich ihm sage. Wie kann ich ihn gehorsam machen?

Ungeduldige und inkonsequente Halter haben selten ein befriedigendes Verhältnis zu ihrem Hund. Vielleicht versuchen Sie zu viel und zu sehr auf einmal oder Ihre Trainingsmethode lässt einiges zu wünschen übrig. Beides führt zu einem verwirrten und wohl auch verängstigten Hund, der aus Gründen des Selbstschutzes „abgeschaltet" hat.

Um wieder zu einer gegenseitig befriedigenden Partnerschaft zu kommen, sollten Sie den Kontakt zu einem Hundetrainer suchen. In solchen Fällen gibt es keinen Ersatz für die Hilfe eines Experten.

Muss ich neue Spielsachen kaufen, damit mein Hund im Trainings das Interesse daran nicht verliert?

Sie müssen verstehen, welchen Wert Ihr Hund den einzelnen Spielsachen beimisst (siehe Seite 93). Wechseln Sie diese regelmäßig miteinander ab, sodass sie ihm nicht langweilig werden. Das Sortiment, das Sie eine Woche wegschließen und in der nächsten wieder hervor holen, wird wie neu und wieder aufregend für ihn sein. Diese Taktik können Sie endlos wiederholen.

Der Hund meiner betagten Mutter wird schnell aggressiv, sie weigert sich, ihn fortzugeben – was kann ich tun?

Die Entscheidung, den Hund fortzugeben, liegt bei Ihrer Mutter. Das einzige, was Sie tun können, ist:

- Machen Sie Ihrer Mutter die Gefahr und Ihre Sorge bewusst und schlagen Sie vor, dass Sie zuhause Trainingsstunden nimmt, damit sie lernt, sicher mit dem Tier umzugehen. Bieten Sie ihr an, beim Besuch des Trainers da zu sein.
- Schlagen Sie vor, den Hund aus Sicherheitsgründen fortzugeben und bieten Sie ihr an, ein gutes neues Zuhause für ihn zu suchen, das sie billigen kann.

OBEN Auch die kleinsten, niedlichsten Hunde müssen gut erzogen und auf ihren Platz verwiesen werden, sonst werden sie der Boss.

Mein Hund kommt nicht zurück, wenn ich ihn rufe. Wie kann ich dieses Problem lösen?

Führen Sie Ihren Hund nur dann aus, wenn er hungrig ist und tragen Sie Leckerlis bei sich. Lassen Sie ihn daran riechen, bevor Sie ihn von der Leine lassen, dann wird er nicht weit laufen. Rufen Sie ihn zurück und belohnen Sie ihn mit einem Leckerli, wenn er gehorcht. Rasch wird er begreifen, dass es sich mehr lohnt, auf Ihr Kommando zu hören als es nicht zu tun. Sie können statt Leckerlis auch ein hoch bewertetes Spielzeug nehmen.

Jagen Sie nie hinter Ihrem Hund her, er würde das als Spiel und Belohnung ansehen. Entfernen oder verstecken Sie sich stattdessen. Er wird denken, Sie hätten ihn vergessen und läuft Ihnen nach. Schimpfen Sie ihn nicht aus, wenn er dann zurückkommt, sonst findet er Zurückkommen nicht lohnenswert.

Wie erreiche ich, dass mein angeleinter Hund an meiner Seite geht, ohne ständig anzuhalten?

Mehr als an Ihrer Seite zu laufen interessiert Ihren Hund das Erschnüffeln, wer vor ihm auf diesem Weg lief, um dann seine eigene Duftmarke zu setzen. Sie müssen strenger mit ihm sein und dürfen ihm nicht erlauben, dass er „übt“, überall dort zu stoppen, wo es ihm gefällt. Benutzen Sie ein Leckerli oder Spielzeug, um seine volle Aufmerksamkeit auf Sie zu lenken und befehlen Sie ihm, dass er bei Fuß bleiben muss.

Mein Trainer sagt, ich solle meinem Hund einen Klaps geben, wenn er nicht gehorcht. Das missfällt mir. Was soll ich tun?

Suchen Sie sofort einen anderen Trainer – einer, der das Training auf Belohnung statt auf Strafe aufbaut. Aggressives Training führt nur zu einem nervösen und defensiven Hund, dessen Stress und Angst sich in Verhaltensproblemen niederschlagen.

UNTEN Ein Beutel mit Leckerlis hilft, Ihren Hund an Ihrer Seite zu halten.

6

Gesundheit und Wohlbefinden

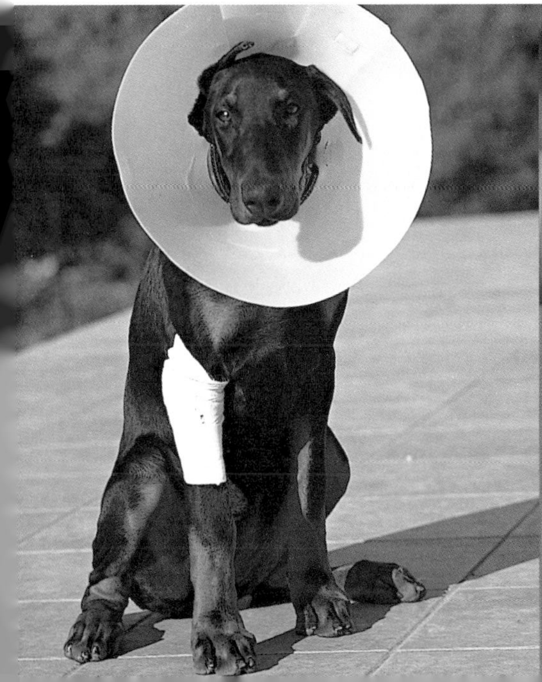

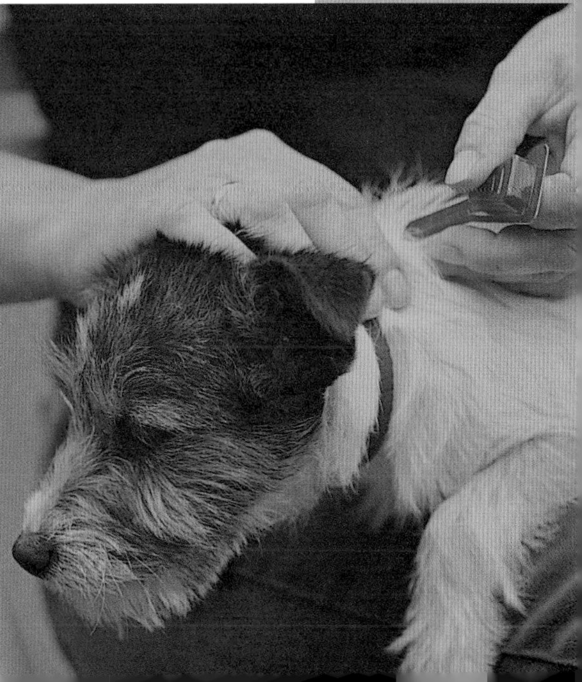

Können Hunde mit offenen Augen schlafen?

Ja, das können sie, wobei die Augen oft nur zum Teil geöffnet sind. Das geschieht meist kurzzeitig, wenn der Hund träumt.

Probleme gibt es, wenn die Augen des Hundes die ganze Zeit während des Schlafs geöffnet sind, weil sie dann austrocknen und Fremdkörper eindringen können. Beides schadet den Augen. Hunde mit vorgewölbten Augen sind besonders anfällig . Manchmal stehen die Augen so weit vor, dass die Lider sich nicht richtig schließen können.

Wenn Ihr Hund mit offenen Augen schläft, sollte ein Tierarzt ihn untersuchen.

Können Hunde Farben sehen?

Untersuchungen haben gezeigt, dass Hunde Farben sehen können, wenn auch nur eingeschränkt. Sie haben Schwierigkeiten, das Farbspektrum zwischen Grün, Orange und Rot zu unterscheiden, aber Blau, Gelb, Schwarz und Grautöne können sie unterscheiden. Grünliche Farben werden als „weißlich“ und rötliche als Gelbtöne wahrgenommen. Die Intensität der gesehenen Farben ist nicht so klar oder leuchtend wie die vom menschlichen Auge wahrgenommen. Hunde können dafür Bewegungen besser erkennen und besser im Dunkeln sehen.

Können Hunde durch Passivrauchen Schaden nehmen?

Ja, das können sie. Zigarettenrauch in verschlossenen Räumen, kann bestehende Atemprobleme bei Hunden verschlimmern und das Risiko von Lungenkrebs fördern. Nicht zuletzt sorgt Rauch

UNTEN Farbsehen im Vergleich zum Menschen.

Farbensehen beim Menschen

Farbensehen beim Hund

OBEN **Hunde schlafen etwa 12 Stunden am Tag.**

auch für Augen- und Nasenreizungen, wobei flachgesichtige (brachycephalische) Rassen am anfälligsten sind.

Eine Studie ergab, dass Hunde in Raucherhaushalten ein 60 Prozent höheres Risiko für Lungenkrebs haben als solche in Nichtraucherhaushalten. Auch gibt es einen Zusammenhang zwischen Tabakrauch und Nasenkrebs bei Hunden.

Wie viel Schlaf brauchen Hunde?

Hunde schlafen mindestens die Hälfte ihres Lebens, etwa 12 Stunden täglich. Der Schlaf teilt sich meist in Perioden von 4-8 Stunden pro ungestörter Phase auf. Sie neigen dazu, dann zu schlafen, wenn ihnen danach ist, was in der Regel nach dem Essen und nach Bewegung der Fall ist, im ersten Fall zur Verdauung der Mahlzeit, im zweiten, um verbrauchte Energie zu erneuern.

Hunde können die Menge ihres täglich benötigten Schlafs den Ruhezeiten ihrer Halter anpassen. Wenn sein Halter wach und bei ihm ist, neigt auch der Hund zum Wachsein.

Können Hunde schwimmen?

Alle Hunde können schwimmen, manche allerdings besser als andere. Dies hängt von der Körperform, der Ausdauer und der körperlichen Verfassung ab. Wie viel Spaß es ihnen macht, hängt von ihrem

Vertrauen zum Wasser ab, was aber durch langsame Gewöhnung verstärkt werden kann.

Die Risiken für Hunde sind die gleichen wie für Menschen: Tiefes, kaltes Wasser, Strömungen und steile Ufer bilden Gefahrenquellen.

Woran erkenne ich, dass es meinem Hund schlecht geht?

Ihren Hund und sein normales Verhaltensspektrum zu kennen, kann buchstäblich lebensrettend sein. Allgemeine Krankheitssymptome äußern sich durch:

- Auffällige körperliche Anzeichen (Wunden, Bluten, Unfähigkeit, sich ohne Hilfe zu bewegen)
- Verdauungsstörungen
- Husten, Schniefen oder Keuchen
- Laufen von Augen/Nase
- blasses/weißes Zahnfleisch
- Geschwollener Bauch
- Fellveränderungen und Haarausfall
- Atemprobleme
- Appetitverlust
- Abnehmender/zunehmender Durst
- Ungewöhnliche Ausscheidungen (Durchfall, Blut im Kot oder Urin), Verstopfung oder Schwierigkeiten beim Harnlassen
- Ungewöhnliches Verhalten (wie Kummer, Depression oder Hyperaktivität)
- Anzeichen von Schmerzen (wie Wimmern und Schlaffheit)
- Ohnmacht
- Steifer oder unsicherer Gang
- Übermäßiges Speicheln
- Deutliche Gewichtsab- oder -zunahme
- Bewegungsunlust und Lethargie
- Untypische Aggression/Nervosität
- Auftreten von Beulen

OBEN Denken Sie daran, dass Wasserverschmutzung für Hunde genauso gefährlich ist wie für Menschen.

- Fremdkörper, die am Körper haften
- Unnormale Vitalfunktionen: die Normaltemperatur beträgt 38,1-39,2 °C; Puls 60-130 Schläge pro Minute (bei großen Hunden langsamer); Atmung 10-30 Atemzüge pro Minute (weniger bei großen Hunden). Der Normalpuls und die Atemfrequenz sind nach Bewegung und bei Hitze natürlich höher.

Was kann ich tun, wenn mein Tier krank wird?

Halten Sie Ihren Hund ruhig und warm und beobachten Sie seinen Zustand etwa 30 Minuten lang. Notieren Sie seine Symptome, wann sie auftreten, wie lange sie andauern und die Auswirkungen auf sein Verhalten. Ihr Tierarzt muss all dies wissen, um Ihren Hund rasch und effektiv behandeln zu können.

Wenn die Symptome ernst sind und der Hund leidet, bringen Sie ihn sofort zum Tierarzt – rufen Sie zuerst an und kündigen Sie Ihren Besuch an. Je eher ein kranker Hund zum Tierarzt kommt, desto besser. Das fördert eine rasche und völlige Gesundung und vermindert die Leiden für Ihren Hund (und Sie).

Wann muss ich meinen Hund zum Tierarzt bringen?

Wenn irgendwelche der auf Seite 162 aufgelisteten Probleme auftreten. Anhaltendes Erbrechen und/oder Durchfall bei Welpen muss sofort behandelt werden, da beide den Körper innerhalb weniger Stunden austrocknen.

Auch wenn der Hund in einen Verkehrsunfall verwickelt war, vermutlich einen Knochen gebrochen oder eine giftige Substanz verschluckt hat, sollten Sie zum Tierarzt gehen.

Als Notfälle gelten auch:

- Verbrennungen und Verbrühungen
- Verätzungen
- Herzschlag
- Insektenstiche und -bisse, Tierbisse
- Krämpfe
- Schock (als Folge eines Traumas)
- Augenverletzungen
- Verschlucken fremder Objekte
- Würgen
- Stromschlag
- Ertrinken
- Verdacht auf Vergiftung
- Schwierigkeiten bei der Niederkunft.

OBEN Wenn Sie sich Sorgen um die Gesundheit Ihres Hundes machen, bringen Sie ihn rasch zum Tierarzt – lieber ein falscher Alarm als eine Tragödie.

Wie finde ich einen Tierarzt, der sich mit der Behandlung von Hunden auskennt?

Tierarztpraxen finden Sie im örtlichen Branchenfernsprechbuch und über das Internet. Suchen Sie eine Praxis, die auf Kleintiere, besonders Hunde, spezialisiert ist.

Mundpropaganda hilft bei der Suche nach einem guten Tierarzt, wie auch der Kontakt zu örtlichen Züchtern, Hundeschulen und/oder Tierheimen.

Braucht mein Hund regelmäßige Check-ups beim Tierarzt und wenn ja, wie oft?

Bringen Sie Ihren Hund mindestens einmal jährlich für einen Check-up zum Tierarzt. Um Kosten zu sparen, lassen Sie dann auch gleich die jährlichen Impfungen auffrischen. Ältere Hunde sollten alle 6 Monate untersucht werden.

Es lohnt sich, ein Tagebuch über Verhalten, Gesundheit und Impfungen ihres Hundes anzulegen. Das hilft dem Tierarzt bei Bedarf, rasch zu handeln.

Finde ich Hilfe, wenn mein Hund außerhalb der normalen Sprechzeiten krank wird?

Alle Tierärzte bieten einen 24-Stunden-Notdienst an. Wenn Ihr gewohnter Tierarzt im Notfall nicht erreichbar ist, verweist die Praxis Sie an die nächste Vertretung, die sich sofort um Ihr Tier kümmern kann.

Muss man für tierärztliche Behandlung bezahlen?

Sie müssen für tierärztliche Behandlung bezahlen. Die Kosten hängen von der Art der Praxis, ihrer Ausstattung und dem Standort ab – in der Stadt sind Praxen wegen höherer Unkosten oft teurer als auf dem Land. Es lohnt sich, nach den Tarifen herumzutelefonieren, um das Beste

UNTEN Regelmäßige Check-ups helfen bei der frühzeitigen Erkennung von Gesundheitsproblemen.

für Ihr Geld zu bekommen. Auch eine Krankenversicherung für Hunde ist eine gute Idee (siehe Seite 81). Sie übernimmt die Kosten, falls Ihr Hund krank wird oder einen Unfall hatte. Die Versicherung deckt keine kosmetischen Behandlungen oder Routineeingriffe wie Impfungen und Sterilisierung.

UNTEN **Operationen sind bei Hunden in der Regel teuer und eine Versicherung kann eine gute Idee sein.**

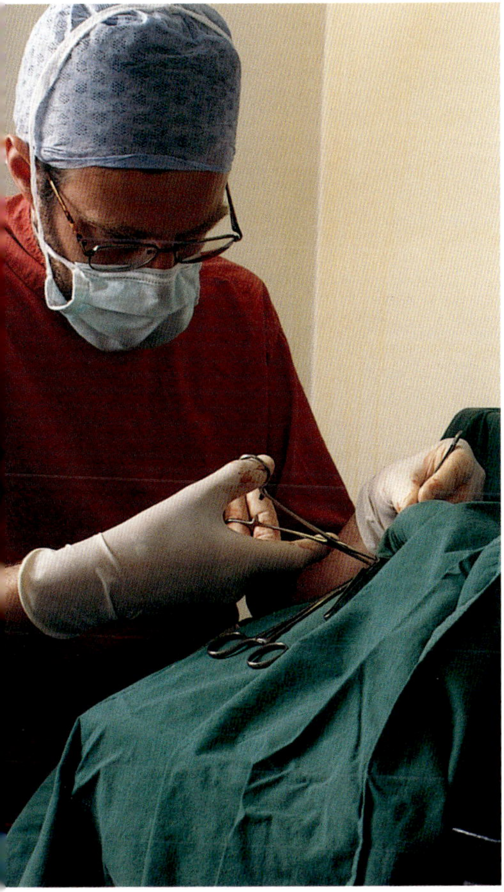

Gibt es irgendwo kostenlose tierärztliche Behandlung?

Einige Tierschutzorganisationen bieten die kostenlose Behandlung von Hunden an, deren Besitzer in finanzieller Notlage sind. Manche Tierschutzorganisationen bieten auch Sterilisierungen zu ermäßigten Kosten für Besitzer mit geringem Einkommen, Sozialhilfeempfänger und Rentner an.

Ich bin mit der Behandlung bei meinem Tierarzt nicht zufrieden. Kann ich zu einem anderen wechseln?

Sie brauchen dazu keine Genehmigung. Gehen Sie einfach zu einem anderen Tierarzt. Tierarztpraxen sind privatwirtschaftliche Betriebe. Wer in einer Praxis nicht zufrieden ist, kann in eine andere gehen.

Wo kann ich eine zweite Meinung zum diagnostizierten Leiden meines Hundes einholen?

Wenn Sie eine zweite tierärztliche Meinung hören wollen, können Sie danach fragen. Kein Tierarzt weiß alles.

Ihr Tierarzt kann eine zweite Meinung für Sie einholen. Vielleicht schlägt er die Konsultation eines Spezialisten vor, der Ihren Hund richtig behandeln kann, besonders wenn er nicht über die nötige Ausstattung oder Kenntnisse verfügt, die für die Behandlung des speziellen Gesundheitsproblems Ihres Hundes nötig sind.

Wo kann ich lernen, meinen Hund im Notfall zu versorgen und kleinere Verletzungen/Leiden selbst zu behandeln?

Ein Grundkurs in Erster Hilfe gibt Ihnen die Sicherheit, im Notfall ruhig und effizient zu handeln, bis ein erfahrener Arzt übernehmen kann. Dort lernen Sie auch die Behandlung kleinerer Leiden, Erste Hilfe und Wiederbelebung sowie, was am wichtigsten ist, wie Sie erkennen, wann die Hilfe des Tierarztes nötig ist. Viele Tierarztpraxen bieten Erste-Hilfe-Kurse an. Erkundigen Sie sich vor Ort.

Was gehört in ein Erste-Hilfe-Set für Hunde?

Die wesentlichen Erste-Hilfe-Artikel erhalten Sie beim Tierarzt oder in der Apotheke. In der Erste-Hilfe-Liste für Hunde (gegenüber) sind die wichtigsten Artikel mit einem Stern markiert. Viele davon sind die gleichen wie für Menschen.

UNTEN Halten Sie Ihr Erste-Hilfe-Set gut bestückt, lagern Sie es an einem sicheren, für Sie, aber nicht für Kinder oder Haustiere zugänglichen Ort und ersetzen Sie Verbrauchtes sofort.

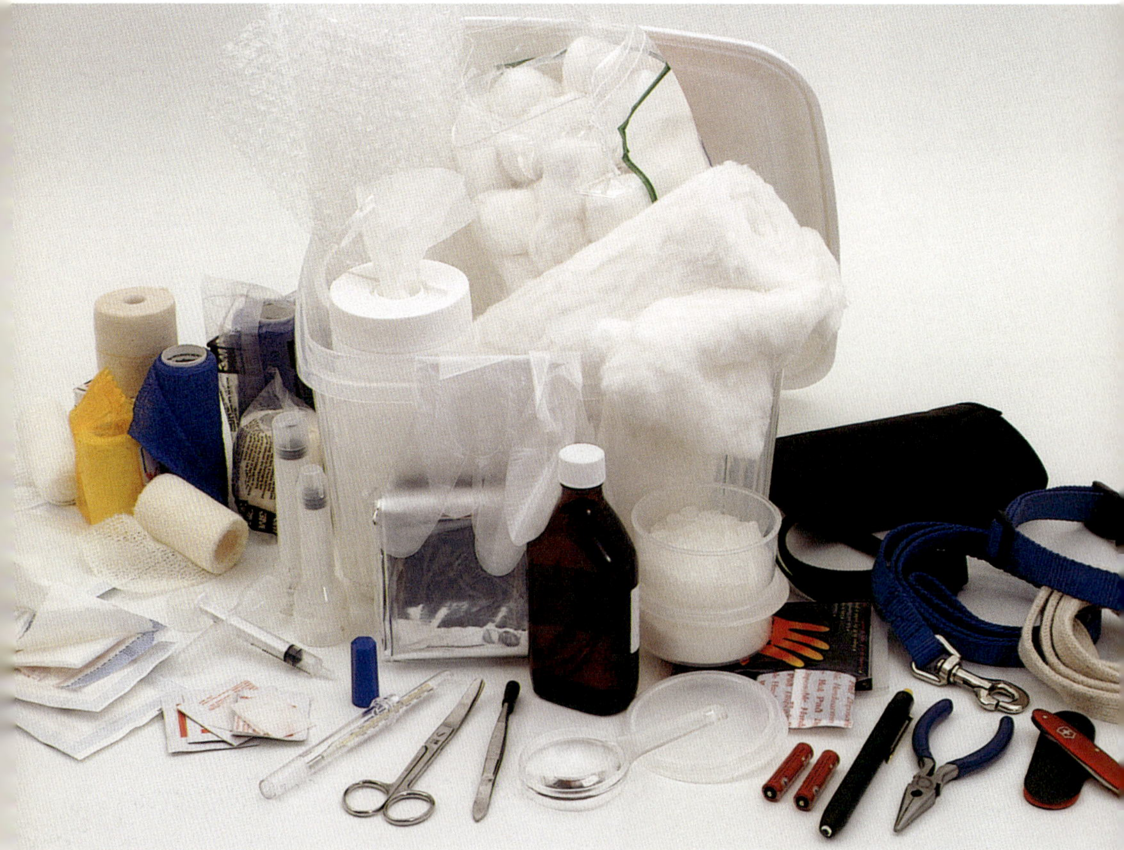

ERSTE-HILFE-SET

ARTIKEL	VERWENDUNG
Methylalkohol	Zur Entfernung von Zecken.
***Verbandsschere**	Zum Zurechtschneiden von Verbandmaterial.
*** Mullkompressen**	Für Schnittwunden.
*** Elastische Binden**	Um Kompressen zu fixieren.
Mullbinden	Um Kompressen zu fixieren.
Plastikspritze	Zum Eingeben flüssiger Medizin.
***Watte**	Um Augen und Nase zu baden, Wunden zu reinigen und als Teil von Kompressen. Vor der Anwendung anfeuchten, um zu vermeiden, dass sich Fasern ablösen und mit der Wunde verkleben.
Stab-Taschenlampe und Batterien	Zum Untersuchen von Mund und Ohren.
Einmal-Handschuhe	Um sie bei schweren Verletzungen zu tragen.
*** Schutzhandschuhe**	Um einen Hund festzuhalten.
Heftpflaster	Um Kompressen zu fixieren.
Wattestäbchen	Können angefeuchtet verwendet werden, um Grassamen oder andere Fremdkörper aus den Augen zu entfernen, Wunden zu reinigen und Salben aufzutragen.
***Antihistaminsalbe**	Um Insektenstiche und -bisse zu lindern.
***Fieberthermometer**	Zum Messen der Temperatur. Ein digitales Thermometer ist leichter zu handhaben und zuverlässiger.
***Gleitmittel oder Vaseline**	Zum Einschmieren des Thermometers, wenn es anal eingeführt werden muss; auch für Zäpfchen.
Sterile Augentropfen, etwa Salzlösung für Kontaktlinsen	Zum Spülen der Augen.
***Tafelsalz**	Zur Herstellung von Salzlösung (2 Teelöffel Salz gelöst in 1 Liter warmem Wasser), mit der man Wunden reinigen und Infektionen vorbeugen kann.

ERSTE-HILFE-SET (FORTSETZUNG)

ARTIKEL	VERWENDUNG
***Antiseptisches Wundpuder**	Zur Wundbehandlung und Förderung der Heilung.
Antiseptische Lösung	Zur Wundreinigung – besonders Bissverletzungen.
Glukosepulver	Zur Bereitung von rehydrierender Lösung – mischen Sie 1 Esslöffel Glukose mit 1 Teelöffel Salz in 1 Liter warmem Wasser.
Unfallfolie oder ein großes Stück Bläschenfolie aus Plastik	Um den Hund darin einzuwickeln und die Körpertemperatur im Fall von Schock oder Unterkühlung aufrechtzuerhalten.
Pinzette mit abgerundeten Enden	Zum Entfernen von Insektenstacheln
Trichterkragen aus Plastik	Damit der Hund sich nicht mit Kompressen/Nähten beschäftigen kann.
*** Quadrate aus sauberem Baumwollmaterial (altes Leinen oder Baumwolllaken sind ideal)**	Zum Auflegen auf Wunden oder um den Blutfluss zu stoppen.
*** Saugfähiges Papier (Küchenrolle)**	Zum Aufwischen von Feuchtigkeit.
Kleine Edelstahl- oder Plastikschüsseln	Zum Aufnehmen von antiseptischen Lösungen beim Baden von Wunden.
Medikament gegen Durchfall	Zur Behandlung von Durchfall. Besorgen Sie es beim Tierarzt und befolgen Sie die Dosieranweisung.
***Maulkorb**	Um ihn einem verwundeten Hund vor der Untersuchung anzulegen – wenn er Angst und/oder Schmerzen hat, könnte er beißen. Ein Maulkorb schützt.
Blutstillender Stift	Um den Blutfluss bei kleineren Verletzungen oder blutenden Krallen und Nägeln zu stoppen. Das Aufbringen sticht, legen Sie deshalb vorher einen Maulkorb an.

Wie versorge ich Schnitte und Schürfwunden am besten und wann muss der Tierarzt sich darum kümmern?

Die meisten kleineren Schnitte und Abschürfungen heilen recht schnell von selbst. Die Behandlung besteht aus dem Reinigen mit Watte, die mit Salzlösung angefeuchtet wurde. Die anfangs vielleicht heftige Blutung reinigt die Wunde und verringert das Infektionsrisiko.

Einen Tierarzt sollte man sofort aufsuchen, wenn:

- aus der Wunde stoßweise hellrotes (arterielles) Blut fließt,
- ununterbrochen dunkelrotes (venöses) Blut aus der Wunde fließt und nicht versiegt,
- die Wunde Besorgnis erregend tief oder schwer ist und genäht werden muss,
- Einschüsse vermutet werden,
- die Haut durchstochen wurde – diese Wunden erscheinen oberflächlich winzig, können aber sehr tief sein und sind deshalb anfällig für Infektionen. Versuchen Sie nie, einen Fremdkörper aus solch einer Wunde zu entfernen, weil das die Verletzung verschlimmern und zu schweren Blutungen führen kann (solange das Objekt am Ort bleibt, wirkt es wie ein Pfropfen und kann einen starken Blutverlust verhindern),
- wenn sich der Schnitt an Pfoten oder Gliedern befindet, denn dann können Sehnen verletzt sein.

Bei kleineren Wunden kann der Blutfluss vor dem Reinigen durch direkten sanften Druck mit einer sauberen Wattekompresse gestillt werden. Bei arteriellem oder venösem Blutfluss wenden Sie indirekten Druck am Zufluss der Arterie oder Vene auf der Herzseite der Wunde an (nicht an der Wunde selbst), wenn Sie unter der Haut fühlbar sind. Wenn nicht, drücken Sie eine Mullkompresse auf die Wunde, um den Blutfluss zu stillen. Beim Hochheben des verletzten Gliedes vermindert die Schwerkraft die Blutung.

Ist eine Narkose riskant, wenn ein Hund operiert wird?

Ein Risiko besteht immer, aber heutige Narkosemedikamente sind weit sicherer als früher. Zum Glück sind Zwischenfälle mit Nebenwirkungen und Todesfolgen selten. Hunde werden während der Narkose außerdem sorgfältig überwacht.

Sie können Ihren Tierarzt bitten, Ihren Hund gründlich zu untersuchen, damit die Narkose keine Probleme aufwirft. Lassen Sie sich auch das Für und Wider erläutern, damit Sie alle Fakten kennen.

Manchmal ist es trotz vorheriger Untersuchung unmöglich vorauszusagen, ob ein Hund empfindlich auf eine Narkose reagiert.

Helfen alternative Therapien auch bei Hunden?

Viele Halter und Tierärzte glauben das. Es gibt zahlreiche Fallgeschichten, die bezeugen, dass Naturmedizin geholfen hat, wo die Schulmedizin versagte. Es gibt wenige wissenschaftliche Untersuchungen bezüglich derartiger Therapien,

LINKS **Alternative Heilverfahren und Naturmedizin kann eine wirkungsvolle Alternative zur konventionellen Medizin darstellen. Kamille hat z. B. entzündungshemmende Eigenschaften. Sie eignet sich daher zur Behandlung verschiedener Leiden.**

die solche Behauptungen stützen. Diese Heilmethoden wurden aber Jahrtausende lang angewendet – und etwas, das nicht funktioniert, wird wohl kaum über so lange Zeit bewahrt.

Die meisten alternativen Methoden sind, solange sie fachmännisch und kenntnisreich angewendet werden, im schlimmsten Fall wirkungslos. In vielen Fällen haben sie aber überraschende Heilungserfolge gebracht.

Wie finde ich einen vertrauenswürdigen Tierarzt, der alternative Therapien einsetzt?

Eine wachsende Zahl von Tierärzten wendet sich natürlichen Heilmethoden zu. Daher ist es relativ einfach, einen erfahrenen und ernsthaft praktizierenden Fachmann zu finden. Auch wenn Ihr Tierarzt nicht mit traditioneller Medizin arbeitet, kann er Ihnen jemanden empfehlen, der darin erfahren ist.

Wenn Ihr Tierarzt Sie nicht an einen alternativ praktizierenden Heiler vermitteln will, kann es ratsam sein, sich an eine andere Tierarztpraxis zu wenden, die das tut.

Ich habe einen erwachsenen Hund angeschafft. Muss er geimpft werden oder ist er bereits immun?

Tierärzte empfehlen, alle Hunde gegen jene Krankheiten zu impfen, die hoch ansteckend und/oder lebensbedrohlich sind (siehe Seite 60). Ungeimpfte Hunde sind von solchen Krankheiten bedroht.

Wenn Sie Ihren Hund an einer Hundeschau teilnehmen lassen wollen, verlangen die Veranstalter, dass die Impfungen auf dem neuesten Stand sein müssen.

Mein Tierarzt sagt, dass die Impfungen jährlich aufgefrischt werden müssen. Schützt eine Grundimpfung nicht lebenslang?

Ein Hund erhält zuerst seine Welpenimpfungen (oder die erste Grundimpfung als erwachsenes Tier) gegen Staupe, Hepatits , Parvovirose, Parainfluenzavirus, Tollwut, Zwingerhusten und Leptospirose. Damit er dauerhaft immun bleibt, braucht er eine jährliche Auffrischung der Impfung.

Jährlich aufgefrischt werden müssen die Impfungen gegen Leptospirose, Parvovirose, Staupe, Hepatitis, Zwingerhusten und Tollwut. Ihr Tierarzt trägt im Impfpass die Daten der Impfungen ein.

OBEN Eine Impfung schützt Ihren Hund vielleicht nicht vor ansteckenden Krankheiten, sorgt aber für einen glimpflicheren Verlauf und rasche Heilung.

Sie können Ihren Hund auf Antikörper testen lassen um zu erfahren, welche Impfungen noch wirksam sind und welche unbedingt aufgefrischt werden müssen.

Gibt es beim Impfen schädliche Nebenwirkungen?

In den letzten Jahren machen sich immer mehr Besitzer über die mit der Impfung Ihrer Hunde verbundenen Risiken Gedanken. Es gibt Berichte darüber, dass das Immunsystem der Hunde durch das Verabreichen von Impfstoffen gelitten hat.

Unter folgenden Umstände sollte man eine Impfung des Hundes vermeiden:

- Wenn er krank ist, kann die Impfung eine schlechte Immunisierung zur Folge haben oder seine Verfassung sogar verschlechtern.
- Wenn er bereits bestimmte Medikamente bekommen hat, kann das die Immunisierung beeinträchtigen. Manche Medikamente unterdrücken das Immunsystem und die Impfung kann die Umstände verschlimmern.

Dennoch raten die meisten Tierärzte dazu, lieber einen gesunden Hund zu impfen, als das Risiko einzugehen, dass er ungeschützt ist. Uneinigkeit herrscht über die Impfung gegen Leptospirose, die auf Wunsch des Besitzers ausgelassen werden kann. Dieser Impfstoff kann eine Abwehrreaktion auslösen.

Wie bewahre ich meinen Hund vor Würmern?

Komplett-Wurmkuren, die sowohl gegen Rund-, Spul- als auch Bandwürmer wirken, erhält man beim Tierarzt. Sie sind die wirksamsten Mittel – sowohl im Hinblick auf Kosten als auch Nutzen. Sie werden bei Verdacht auf Wurmbefall Ihres Hundes (siehe Seite 98) angewendet.

Statt mit Ihrem Hund eine Wurmkur zu machen, die er vielleicht nicht braucht, können Sie auch vom Tierarzt Kot Ihres Hundes auf Anzeichen von Wurmbefall untersuchen lassen. Eine Wurmkur tötet nur die vorhandenen Würmer, immunisiert aber nicht gegen den erneuten Befall.

Sie können Ihrem Hund eine natürliche Wurmkur verabreichen, sollten dazu aber einen Tierarzt mit Erfahrung in Pflanzenmedizin konsultieren.

Medizinische Studien haben jüngst gezeigt, dass ein geringer Wurmbefall des Verdauungstraktes Menschen vor entzündlichen Darmkrankheiten schützen kann. Es wäre interessant, ob die Tiermedizin zu ähnlichen Ergebnissen kommt.

OBEN Die Zugabe von Wurmpulver oder -tabletten zu appetitlichem Futter ist oft die einfachste Methode, sie ihm zu verabreichen.

Wie kann ich Hund und Heim am besten flohfrei halten?

Flöhe beißen und verursachen starken Juckreiz – sowohl bei Hunden als auch bei Menschen. Einmal eingeschleppt wird man Flöhe auch nur schwer wieder los. Achten Sie deshalb darauf, dass Ihr Hund flohfrei bleibt, indem Sie regelmäßig die wirksamsten Präparate anwenden. Diese erhalten Sie bei Ihrem Tierarzt.

Floheier fallen vom Hund auf Teppich und Polstermöbel, daraus schlüpfen die Larven, die wieder den Hund befallen und der Kreislauf beginnt von vorn. Regelmäßiges Staubsaugen entfernt die Floheier und -larven von Teppichen und Möbeln. Geben Sie ein Stück imprägniertes Flohhalsband in den Auffangbeutel des Staubsaugers, um alle aufgesaugten Larven bzw. Flöhe zu töten. Entsorgen Sie den Staubbeutel sofort in der Mülltonne.

Flöhe lieben Wärme, weshalb man in guten Sommern reichlich von den Plagegeistern finden kann. Wenn Sie einen echten Befall feststellen, müssen Sie sowohl Ihr Heim wie auch Ihren Hund und andere Haustiere behandeln, um die Flöhe wieder los zu werden. Wenn Sie Flohpräparate einsetzen, befolgen Sie die Anweisungen streng und benutzen Sie nie mehrere Präparate gleichzeitig.

Verwenden Sie keine Flohmittel für Hunde bei anderen Haustieren, weil das für sie tödlich enden kann.

Man sagt, dass die Zugabe eines Teelöffels Bierhefe (aus dem Naturkostladen) zum Hundefutter Ihren Hund weniger anfällig für Flöhe macht, weil diese den Geschmack nicht mögen.

Woran merke ich, dass mein Hund Untergewicht hat?

Bei einem Hund mit Idealgewicht sollten Sie die Rippen fühlen, aber nicht sehen können. Sichtbar sein sollte nur die Kontur der letzten zwei Rippen, der Rest muss von Muskeln und Fettgewebe bedeckt sein.

Die Unterschiede zwischen einem untergewichtigen, einem dünnen, sehr dünnen und einem abgemagerten Hund sind recht groß.

- Ein untergewichtiger Hund hat noch etwas Fett auf den Rippen, aber eine sichtbare Taille. Leichtes Untergewicht ist besser als Übergewicht.
- Bei dünnen Hunden stehen die Stiftknochen – die oberen, vorstehenden Teile der Hüftknochen – aus der sie bedeckenden und umgebenden Muskelschicht hervor und das Rückgrat fühlt sich sehr knochig und knotig an. Er hat eine deutliche Taille (seitlich betrachtet der Bereich hinter dem Brustkorb und vor den Hinterbeinen) und praktisch kein Körperfett.
- Ein sehr dünner oder abgemagerter Hund wirkt skelettiert.

Rassen wie beispielsweise Greyhounds und Whippets haben von Natur aus eine schmale Taille, weshalb sie für manche Leute dünn aussehen. Angesichts des Durchschnittsgewichts der Rasse ist dies jedoch normal.

UNTEN Die Behandlung mit einem Spot-on-Flohmittel sollte nur an einem Punkt im Nacken zwischen den Schulterblättern erfolgen, wo der Hund es nicht ablecken kann.

RECHTS Untergewicht ist schädlich wie Übergewicht.

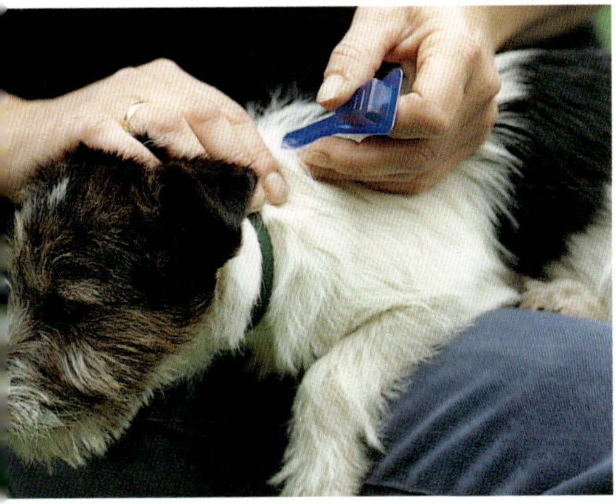

Woran merke ich, dass mein Hund Übergewicht hat?

Wenn Sie nur eine weiche Kontur, aber nicht die Rippen Ihres Hundes beim fühlen können, hat Ihr Hund Übergewicht. Verstärkt wird das durch eine nicht erkennbare Taille (siehe Seite 175).

In Fällen von Fettsucht sind die Rippen völlig mit Fett bedeckt und man kann Fettpolster am Ansatz der Rute und über der Wirbelsäule sehen und spüren. Eine Taille ist nicht vorhanden.

UNTEN Übergewichtige Hunde und Menschen können eine kürzere Lebenserwartung haben.

Mein Hund ist etwas mollig. Soll ich ihn auf Diät setzen?

Lassen Sie Snacks weg, bewegen Sie ihn mehr und reduzieren Sie seine tägliche Ration langsam. Sie können zu einem Futter für weniger aktive Hunde oder einem mit weniger Fett wechseln.

Ist nach einigen Wochen kein Unterschied erkennbar, lassen Sie ihn vom Tierarzt untersuchen. Er wird Ihnen eine geeignete Diät, ein Bewegungsprogramm und regelmäßiges Wiegen vorschlagen.

Drastische Diäten schaden mehr als sie nützen – besser, Ihr Hund kommt langsam, aber sicher auf sein Idealgewicht.

RECHTS Das Leben mit einem Hund der unter starken Blähungen leidet ist sehr unangenehm.

Wie kann ich die Blähungen meines Hundes kurieren?

Manche Hunde sind wohl von Natur aus „windig". Außer einer geänderten Kost und der Gabe von Kohlekeksen, die die Gasproduktion im Darm vermindern können, hilft nichts. Daher müssen Sie wohl lernen, mit dem Problem zu leben.

Getreidereiche Kost kann bei manchen Hunden Blähungen auslösen, während bei anderen eine proteinreiche Kost schuld ist. Deshalb lohnt es sich, die Futtermarken zu wechseln und auch einmal hausgemachte Kost zu versuchen.

Lassen Sie Ihren Hund vom Tierarzt untersuchen, um schwerwiegende Krankheiten als Verursacher des Gasüberschusses auszuschließen. Gründe für Blähungen sind in der nachfolgenden Tabelle aufgelistet.

Soll ich meinen Hund zum Tierarzt bringen, wenn er sich übergibt und Durchfall hat?

Über gelegentliches Erbrechen oder Durchfall muss man sich meist nicht sorgen. Wenn der Hund seinen Darm von dem befreit hat, was die Aufregung verursachte, geht es ihm wieder gut. Bei anhaltendem Erbrechen oder Durchfall sollten Sie Ihren Hund jedoch zum Tierarzt bringen, weil er rasch austrocknen oder an einer ernsten Infektion leiden könnte.

WAS TUN BEI BLÄHUNGEN

URSACHE	WAS IST ZU TUN
Ungeeignetes oder qualitativ schlechtes Futter, das Ihr Hund nicht richtig verdauen kann.	Wechseln Sie die Futtermarke. War diese qualitativ schlecht, dann versuchen Sie eine bessere Qualität.
Der Hund schlingt das Futter und schluckt dabei Luft mit hinunter.	Legen Sie große, glatte und saubere Steine in den Futternapf, damit er das Futter herausangeln muss; das lässt ihn langsamer fressen.
Das Füttern ungeeigneter Essensreste.	Füttern Sie keine Essensreste mehr.
Ernsthafte Verdauungsstörungen.	Suchen Sie einen Tierarzt auf.

Mein Hund wird taub. Wie kann ich ihm helfen, damit zurecht zu kommen?

Ertauben beruht oft auf hohem Alter und kann nicht geheilt werden. Trainieren Sie Ihren Hund auf Handsignale, kombiniert mit gesprochenen Signalen, solange er noch hören kann. Dann können Sie ihn auch noch leiten, wenn er völlig taub ist. Lehren Sie ihn die optischen Befehle für Sitz, Bleib, Zurück, Aus und Platz.

Die Zähne meines Hundes sind sehr braun – sind sie verfault?

Zwei abgelagerte Substanzen verursachen die Färbung. Die erste ist Plaque (ein klebriger Belag aus Speiseresten und Speichel), die zweite ist Zahnstein (eine Ablagerung von Mineralien). Lassen Sie einen Tierarzt die Zähne Ihres Hundes untersuchen. Wahrscheinlich müssen sie nur gründlich geputzt werden. Verfaulte Zähne müssen aber gezogen und entzündetes Zahnfleisch behandelt werden.

Wird vorwiegend weiches Dosenfutter gefüttert, kann das den Zähnen schaden. Reichen Sie zu jeder Mahlzeit zur Reinigung der Zähne knuspriges Futter wie Trockenfutter oder Kekse. Auch Zahnspielzeug für Hunde und rohe, fleischige Knochen können die Zähne reinigen.

UNTEN **Wenn sich Zahnstein unter das Zahnfleisch schiebt, bilden sich Taschen, in denen sich Nahrungsreste sammeln. Das kann zu Zahnausfall führen.**

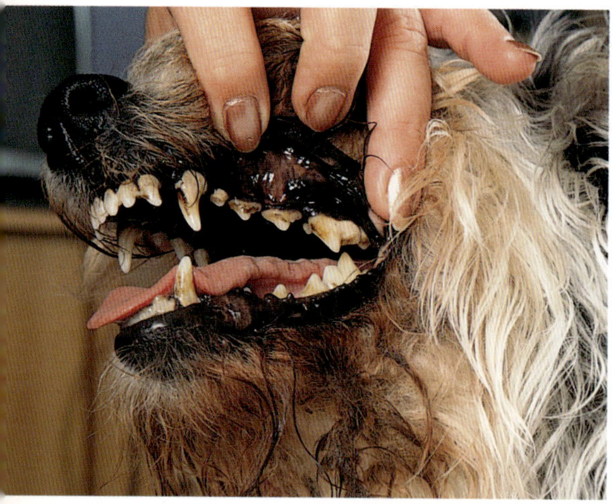

Ich habe ein kleines, rundliches Tier an meinem Hund gefunden, das nur schwer zu entfernen war. Was war das?

Das war eine Zecke. Zecken sind Blutsaugende Parasiten, die Juckreiz, Infektionen und Borreliose auslösen. Sie bohren sich

UNTEN **Wenn in Ihrer Gegend häufig Zecken auftreten, suchen Sie Ihren Hund nach jedem Spaziergang gründlich ab.**

sehr fest in die Haut und beim Herausreißen bleibt oft der Kopf des Tieres stecken, was zu Entzündungen führt.

Entfernen Sie eine Zecke nie mit Gewalt. Benutzen Sie zum Entfernen stattdessen eine Zeckenzange, die Sie in Apotheken erhalten. Man kann sie auch mit Methylalkohol oder Flohspray betupfen, das die Zecken tötet. Dann löst sich ihr Griff und Sie können mit einer Pinzette oder den Fingern entfernt werden.

Was tun, wenn der Hund bei einem Unfall verletzt wurde?

Liegt der Hund auf der Straße, halten Sie den Verkehr an, um ihn gefahrlos bergen und/oder erste Hilfe leisten zu können (siehe Seite 166). Bitten Sie Passanten, die Polizei und einen Tierarzt zu rufen. Nähern Sie sich dem Hund sehr vorsichtig. Wenn es sicher scheint, untersuchen Sie ihn auf Verletzungen und prüfen Sie, ob Sie ihn, ohne den Zustand zu verschlimmern, bewegen können.

Sprechen sie beruhigend mit ihm. Halten Sie ihn, nachdem Sie Erste Hilfe geleistet haben, warm und ruhig, bis weitere Hilfe kommt.

Mein Hund hat einen Stromschlag bekommen, was tun?

Schalten Sie den Strom ab und prüfen Sie dann, ob der Hund noch atmet. Wenn nicht, beatmen Sie ihn künstlich. Wenn Sie den Strom nicht abschalten können, nähern Sie sich dem Hund nicht.

Stromschläge verursachen fast immer Verbrennungen, die zur Linderung mit Eiswasser gekühlt werden müssen. Decken Sie die Brandwunde mit einem kühlen, feuchten, sauberen und nicht fusselnden Tuch ab, wickeln Sie den Hund in eine Unfallfolie oder Decke und bringen Sie ihn umgehend zum Tierarzt.

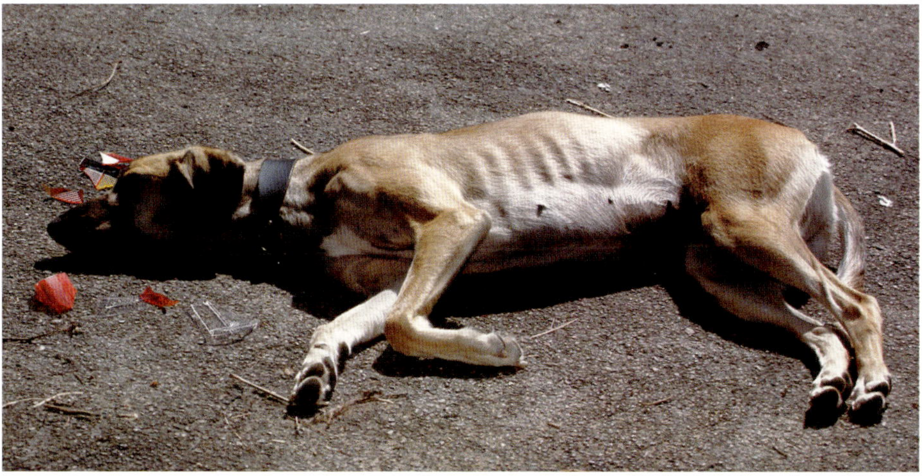

UNTEN Nach einem Verkehrsunfall kommt es darauf an, ruhig und mit klarem Verstand zu handeln; setzen Sie sich keinem Risiko aus, das hilft niemandem.

Was kann ich tun, wenn mein Hund beim Schwimmen Probleme bekommt?

Gehen Sie zu Rettung Ihres Hundes aus gefährlichen Gewässern nur so tief hinein, wie Sie sicher stehen können. Wenn Sie ihn nicht erreichen können, rufen Sie einen Rettungsdienst. Wenn Sie den Hund fassen können, gehen Sie so vor:

1 Drehen Sie ihn an Land kopfüber (bei großen Hunden hinten hochheben), damit das Wasser aus der Lunge läuft.

2 Legen Sie ihn flach hin und reiben Sie seinen Körper kräftig.

3 Atmet er nicht mehr, beatmen Sie ihn künstlich (siehe Seite 166).

4 Bringen Sie ihn schnell zum Tierarzt.

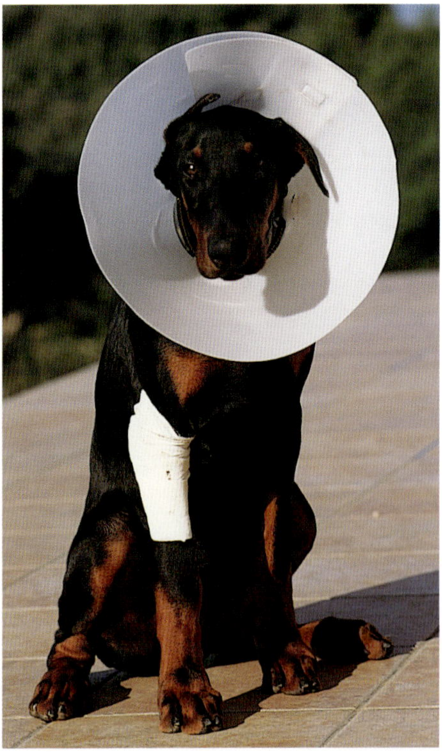

Wie kann ich verhindern, dass mein Hund die medizinische Salbe von seiner Pfote leckt?

Ein Trichterkragen kann helfen. Dieser verhindert, dass er Verbände, Nähte und kritische Stellen beleckt. Der Trichterkragen ist aus Plastik und umschließt den Hals des Hundes, wodurch ihm das Erreichen des Körpers mit dem Maul verwehrt wird. Wenn er beim Fressen und Trinken stört, muss er abgenommen werden.

Hunde mögen diesen Kragen anfangs nicht und versuchen ihn loszuwerden. Verhindern Sie ein Scheuern an Gegenständen, wenn er versucht, ihn abzustreifen. Lenken Sie ihn mit einem Aktivspielzeug, einer Spielpause oder einem Ausflug ab, bis er sich an ihn gewöhnt hat.

Mein Hund wird wund, mit feuchten Stellen an Beinen und Körper – was kann ich tun?

Solche kritischen Stellen werden meist von Ekzemen verursacht und sind die Folge einer nervösen Reaktion oder Allergie. Letztere kann auf zu fetter Kost, einem Bestandteil der Diät, Teppichschaum oder Waschmittelresten im Bettzeug beruhen. Auch eine Flohbiss-Dermatitis ist möglich. Was auch immer der Grund ist, der Zustand wird durch das Belecken, Beißen und Kratzen der betroffenen Stelle verschlimmert.

LINKS Trichterkragen dienen dazu, den Hund vom Belecken von wunden Stellen und Verletzungen abzuhalten, was die Heilung verzögern könnte.

Zur Behandlung gehören das Erkennen der Ursache aufgrund von Versuch und Irrtum und ihre Beseitigung. Ihr Tierarzt wird eine Salbe verschreiben. Auch Melkfett kann helfen.

Mein Hund hat im Sommer juckende Pfoten. Was ist die Ursache und gibt es ein Mittel dagegen?

Viele Ursachen kommen infrage. Etwa eine Pollenallergie, Verunreinigung mit Staub oder ein über Gras verbreiteter Insekten-/Parasitenbefall. Auch das Laufen auf heißem Untergrund oder Pflanzenschutzmittel können die Ursache sein.

Waschen Sie nach dem Spaziergang die Pfoten Ihres Hundes mit Salzwasser, um jegliche reizende Substanzen zu entfernen. Sind Graspollen Schuld, bleiben Sie beim Ausführen Rasenflächen fern. Stellen Sie die Kost auf eine natürlichere um (siehe Seiten 86 und 90).

Verletzen sich Hunde beim Kampf gegenseitig? Soll ich kämpfende Hunde trennen?

Kämpfe sehen und hören sich oft gefährlicher an, als sie sind. Selten verletzen sich Hunde dabei. Meist sind die Kämpfe rasch vorbei und der Besiegte signalisiert Unterwerfung oder zieht den Schwanz ein und flieht.

Versuchen Sie nie, einen Kampf mit Ihren Händen zu unterbrechen, Sie könnten gebissen werden. Auch Rufen sollten Sie nicht, weil das die Hunde anfeuern könnte. Unten erfahren Sie, wie Sie Hunde sicher trennen können.

Bestrafen Sie Ihren Hund nicht für den Kampf, weil manche Hunde die Wut Ihres Halters auf den anderen Hund aufgreifen und das Verhalten fortgesetzt wird.

Wie unterbreche ich einen Hundekampf am sichersten?

Wenn Kämpfe länger anhalten, versuchen Sie den kurzen, heftigen Schock. Das Auskippen eines Eimers mit kaltem Wasser oder das Anstellen des Gartenschlauches tut ihnen nicht weh, beendet den Kampf aber sofort. In diesem Moment können Sie (und der andere Halter, falls greifbar) die Hunde fassen, um sie zu trennen und zu beruhigen. Tun Sie das aber nur dann, wenn Sie sich nicht dabei gefährden.

LINKS Entzündungshemmende Spritzen oder Salben und Antihistamine können den Schmerz und die Reizung bei juckenden Pfoten lindern.

Mein Jack-Russell-Terrier liebt „Rattenfangen“. Ist das gefährlich für ihn?

Es gibt einige Risiken bei der Rattenbekämpfung mit Hunden. Dazu zählen durch Rattenbisse verursachte Abszesse und Leptospirose, eine potenziell lebensgefährliche Bakterieninfektion. Zum Glück sind solche Fälle selten.

Meist ist eine Behandlung mit Antibiotika in einem frühen Krankheitsstadium erfolgreich. Eine Impfung mindert die Schwere der Erkrankung, verhindert aber nicht, dass infizierte Hunde sie übertragen.

UNTEN Ratten fangen kann für den Hund riskant sein.

Stimmt es, dass Trauben und Schokolade für Hunde tödlich sein können?

Obwohl viele Hunde bei Gelegenheit gern Schokolade fressen, können große Mengen, besonders von dunkler Schokolade, sie sehr krank machen – und tödliche Folgen haben. Geben Sie Ihrem Hund keine für den menschlichen Verzehr gedachte Schokolade als Belohnung. Es gibt speziell hergestellte Schokodrops. Manche Hundebesitzer geben ihren Hunden Trauben oder Rosinen als gelegentliches Leckerli, ohne dass der Hund krank wird. Es gibt aber auch Berichte über ernste Erkrankungen und Todesfälle nach dem Verzehr von Trauben und Rosinen.

Manche Hunde zeigen keine Anzeichen von Krankheit, wenn sie menschliche Nahrung bekommen oder stibitzen, während andere – vor allem solche, deren Gesundheit bereits angegriffen ist – krank werden oder sogar sterben.

UNTEN Um sicherzugehen, sollten Sie Ihrem Hund nie Nahrung geben, die für Menschen gedacht ist.

Warum lässt mein Hund bei warmer Witterung sein Fressen stehen?

Hunde brauchen bei warmer Witterung keine durch Nahrung erzeugte Energie, um ihre Körpertemperatur zu halten. Nicht gierige Hunde fressen dann weniger. In der Hitze wird das Futter schnell ranzig und unappetitlich, werfen Sie deshalb nicht Gefressenes nach 20 Minuten fort – außer Trockenfutter, von dem man dann weniger füttert.

Angebrochene Tüten mit Trockenfutter werden bei warmem Wetter ranzig. Kaufen Sie daher nur für eine Woche Futter auf Vorrat.

Was soll ich tun, wenn ich vermute, dass mein Hund etwas Giftiges gefressen hat?

Starkes Speicheln ist der deutlichste Hinweis auf eine Vergiftung, während Schläfrigkeit auf Rattengift hinweist. Wenn Sie vermuten, Ihr Hund hätte Gift aufgenommen, rufen Sie sofort Ihren Tierarzt an und erzählen Sie, was passiert ist – dadurch hat die Praxis Zeit, beim Hersteller der Substanz nachzufragen.

Um Ihren Hund zum Erbrechen zu bringen, legen Sie einige Körner Waschsoda (Natriumcarbonat) hinten auf seine Zunge. Alternativ kann man auch Senf oder Salz, gemischt mit etwas Wasser nehmen.

Was muss ich tun, wenn mein Hund einen Fremdkörper verschluckt hat?

Wenn Sie wissen, dass Ihr Hund womöglich etwas Gefährliches verschluckt hat, bringen Sie ihn sofort zum Tierarzt. Würgen erfordert andererseits sofortiges Handeln: Den Hund zum Tierarzt zu bringen, kostet wertvolle Zeit und erhöht die Gefahr, dass das Tier erstickt.

1 Prüfen Sie, ob etwas im Hals des Hundes steckt. Bitten Sie einen Helfer, das Maul offen zu halten, während Sie den Fremdkörper entfernen.

2 Wenn der Fremdkörper sich verkeilt hat, setzen Sie sich, heben die Hinterläufe des Hundes über Ihre Knie, legen je eine Hand auf eine Brustseite und drücken ruckartig, damit der Hund „hustet". Drücken Sie 5-6 Mal.

3 Lassen Sie Ihren Hund zur Ruhe kommen und bringen Sie ihn zum Tierarzt.

4 Wenn das Objekt nicht herauskommt, bringen Sie den Hund sofort zum Arzt.

LINKS Sorgen Sie dafür, dass Ihr Hund nicht an gefährliche Substanzen im Haushalt herankommt.

Was muss ich tun, wenn mein Hund gebissen wurde?

Schneiden Sie das Fell um den Biss herum kurz und reinigen Sie die Wunde gründlich mit Salzlösung, gefolgt von antiseptischer Lösung. Trocknen Sie den Bereich und tragen Sie dann Wundpuder auf.

Wiederholen Sie die Behandlung zwei Mal täglich – die Wunde muss sauber bleiben, sonst können eine Entzündung und ein Abszess folgen. Hundebisse entzünden sich fast immer, wenn sie nicht entsprechend behandelt werden.

Was tun, wenn ein Insekt meinen Hund gestochen hat?

Wurde er in den Hals gestochen, bringen Sie ihn sofort zum Tierarzt, weil die Luftwege zuschwellen und der Hund erstikken kann. Bei Stichen am übrigen Körper:

OBEN Achten Sie bei „Insektenwetter" auf Ihren Hund, wenn er im Garten herumtobt, damit er keine Wespen oder andere stechenden Insekten jagt.

1 Scheren Sie das Fell um die betroffene Stelle, um sie besser zu sehen.

2 Spülen Sie die Stelle mit Salzlösung (2 Teelöffel Salz auf 1 Liter Wasser).

3 Bienen lassen den Stachel im Opfer, Wespen nicht. Entfernen Sie den Stachel mit einer Pinzette und reiben Sie die Stelle mit Methylalkohol ein.

4 Um die Wirkung eines Wespenstichs zu neutralisieren, reiben Sie die Stelle mit Essig ein; bei Bienenstichen mit Natriumhydrogencarbonat.

5 Trocknen Sie die Stelle gründlich. Legen Sie eine feuchte Kompresse auf, um die Schwellung zu mindern.

6 Bei Insektenbissen reinigen und trocknen Sie die Stelle und tragen dann gegen den Juckreiz Antihistaminsalbe auf.

Ändert die Sterilisation das Temperament und den Charakter meines Hundes?

In der Regel hat die Sterilisierung keinen Einfluss auf Temperament und Charakter. Als positiven Effekt darf man ansehen, dass man mit hormonell bedingten Problemen bei schwierigen, erregbaren oder aggressiven Hunden besser klar kommt.

Welche Nachteile entstehen, wenn Hunde nicht sterilisiert werden?

Die Nachteile sind gering (siehe Seite 72) im Vergleich zu denen, die entstehen, wenn die Sterilisierung unterbleibt. Unkastrierte Rüden können hyperaktiv werden, im Haus markierendes Verhalten zeigen und/oder heulen, wenn sie eine läufige Hündin riechen. Auch vertragen sie sich schlechter mit anderen Rüden und sind dominanter gegenüber ihren Haltern und anderen. Das Risiko für Hodenkrebs und Prostataprobleme ist ebenfalls höher.

Eine nicht sterilisierte Hündin ist drei Wochen lang läufig. Während dieser Zeit läuft ständig etwas Blut aus ihrer Vulva und lockt Rüden an – rechnen Sie mit Verehrern, die vor Ihrem Heim und beim Ausführen in Bereitschaft sind. Außerdem besteht ein erhöhtes Risiko für Brusttumoren und Pyometra, das ist eine schwere Erkrankung der Gebärmutter.

RECHTS Vor ihrer ersten Menstruation sterilisierte Hündinnen neigen stärker zur Harninkontinenz als solche, die erst danach sterilisiert wurden.

Stimmt es, dass Hündinnen nach der Sterilisierung inkontinent werden können?

Tierärzte haben beobachtet, dass sterilisierte Hündinnen öfter unter Harninkontinenz leiden als unsterilisierte. Weibliche Hormone spielen bei der Funktion des Blasenmuskels eine Rolle, weshalb deren Verminderung nach der Sterilisierung ein möglicher Faktor für Harninkontinenz sein kann. Doch die Fälle sind selten und die bekannten konnten meist mit Medikamenten erfolgreich behandelt werden.

Wie rasch können Hunde nach der Sterilisierung wieder ins normale Leben zurückkehren?

Führen Sie ihn zwei Wochen nach der Operation an der Leine aus, damit er nicht herumspringt, das könnte den Heilungsprozess verzögern. Nach dieser Zeit können Rüden zum Alltag zurückkehren. Hündinnen dagegen brauchen wegen der Schwere der Operation noch einige Wochen, bevor sie anstrengende Bewegungen ausführen und herumlaufen können.

OBEN Trennungsangst kann zu Verhalten wie Zerstörungswut und mangelnder Stubenreinheit führen.

Was ist ein kryptorchider Hund und worin besteht sein Problem?

Bei einem kryptorchiden Hund hat sich einer der beiden Hoden in den Unterleib oder zwischen die Haut der Leistengegend zurückgezogen. Der Rüde kann zwar Welpen zeugen, sollte aber wegen dieses Makels nicht als Zuchttier verwendet werden.

Es ist ratsam, den nicht hinab gestiegenen Hoden operativ entfernen zu lassen, um einem Krebs vorzubeugen. In der Regel wird der andere Hoden mitentfernt.

Mein Tierarzt hat bei meinem Hund Trennungsangst diagnostiziert. Wodurch wird das verursacht?

Hunde sind Rudeltiere und daher nicht gern allein, sie fühlen sich dann verwundbar. Allein zu sein bedrückt manche Hunde mehr als andere, besonders solche, die in starker Abhängigkeit zu ihrem Halter stehen oder ausgesetzt wurden.

Halter sollten ihre Hunde nicht ermuntern, zu abhängig zu werden, weil das zu Problemen führt. Es ist dem Hund gegenüber nicht fair, ihn so abhängig zu machen, dass er Angst bekommt, sobald er Sie aus den Augen verliert.

Ich arbeite ganztags – kann ich einen Hund halten?

Hunde brauchen viel Pflege und Aufmerksamkeit. Damit ein Hund seelisch und körperlich gesund bleibt, sollte er nicht den ganzen Tag allein zuhause bleiben, während sein Halter arbeitet.

Manche lösen das Problem, indem sie ihren Hund zuhause von einem Hundesitter oder einem willigen und fähigen Nachbarn betreuen lassen, der den Hund tagsüber ausführt und ihm Gesellschaft leistet. Andere bringen ihn auf dem Weg zur Arbeit in einer Hundepension vorbei und holen ihn später wieder ab, was gut funktioniert, wenn der Hund damit zufrieden ist.

Eine andere Möglichkeit wäre, auf einen Hund zu verzichten oder ihn mit einem Nachbarn zu teilen – vielleicht mit jemandem, der nachts arbeitet oder älter ist und nicht lange mit seinem Tier laufen kann, wie es nötig wäre. Sie könnten auch fragen, ob Sie im örtlichen Hundezentrum aushelfen dürfen.

UNTEN RECHTS Erzwingen Sie keine Beachtung, lassen Sie ihn von selbst kommen.

UNTEN Wenn jemand nach Ihrem Hund sieht, während Sie arbeiten, wird er glücklich sein.

Mein Hund wurde misshandelt und erschrickt vor plötzlichen Geräuschen oder Bewegungen. Was kann ich tun?

Hier lohnt sich die Anschaffung eines beruhigenden Pheromonzerstäubers (erhältlich bei Tierärzten). Er gibt einen beruhigenden Duft an die Umgebung ab und hilft Ihrem Hund, sich zu entspannen, während Sie an anderen Bereichen arbeiten.

Auch wenn Sie Mitleid mit dem Hund haben und das, was geschehen ist, wieder gut machen wollen, sollten Sie ihn nicht verwöhnen, sonst ebnen Sie den Weg zu weiteren Verhaltensproblemen.

Behandeln Sie ihn wie jeden anderen Hund auch, achten Sie aber darauf, nicht laut zu reden und keine plötzlichen Bewegungen zu machen, die von ihm als Drohung missverstanden werden könnten. Bringen Sie ihn nicht in Situationen, wo er glaubt, sich oder etwas von seinem „Besitz" verteidigen zu müssen.

Zeit, Geduld und Freundlichkeit, gepaart mit fairen, klaren Anweisungen, helfen Ihrem Hund, das Vertrauen zu sich selbst und zu Menschen wieder zu finden.

UNTEN Geben Sie Ihrem Hund Aktivspielzeug, um ihn während Ihrer Abwesenheit abzulenken und zu beschäftigen. Ein leise spielendes Radio klingt vertraut und daher beruhigend, es sorgt deshalb für Wohlbefinden.

Wie kann ich dafür sorgen, dass mein Hund ruhig bleibt, während er allein zuhause ist?

Sie müssen Ihren Hund nach und nach daran gewöhnen, allein zuhause zu bleiben. Es ist nicht fair, erst die ganze Zeit bei ihm zu sein und dann plötzlich den ganzen Tag lang zu verschwinden. Er wird sich dann verlassen fühlen. Dehnen Sie die Zeit, die Sie ihn allein lassen, langsam aus. Es sollten aber nie mehr als 4 oder 5 Stunden sein, bei Welpen noch weniger.

Beim Heimkommen hängen Sie zunächst Ihren Mantel auf, setzen Sie Wasser auf oder machen irgend etwas anderes, bevor Sie sich Ihrem Hund zuwenden. Das sorgt dafür, dass seine Position im Rudel nicht erhöht wird.

Ist es eine gute Idee, den Hund mit in die Ferien zu nehmen?

Hunde sind immer gern da, wo ihr Besitzer ist. Sie erforschen gern neue Orte, fahren also auch gern mit Ihnen in den Urlaub.

Nehmen Sie Hundekorb, Spielzeug, Futter, Halsband und Leine sowie den Erste-Hilfe-Kasten mit. Fragen Sie für alle Fälle, wo in der Gegend ein Tierarzt ist und achten Sie darauf, dass Ihr Hund eine Hundemarke mit Ihrer Ferienadresse und Telefonnummer sowie die heimischen Daten trägt, falls er verloren geht. Lassen Sie Ihren Hund tätowieren oder chippen.

UNTEN Begutachten Sie eine Hundepension stets, bevor Sie Ihren Hund dort unterbringen müssen.

Wie finden wir für die Zeit unserer Abwesenheit eine Hundepension?

Fragen Sie Ihren Hundetrainer, andere Kursteilnehmer, Ihren Tierarzt oder Hundefriseur, ob sie Ihnen eine Einrichtung empfehlen können. Das ist meist der beste Weg, eine passende Hundepension zu finden. Misslingt das, suchen Sie im Kleinanzeigenteil der Lokalzeitung unter Tierrubriken oder im Branchenfernsprechbuch. Begutachten Sie den Betrieb, bevor Sie verreisen.

Hundepensionen sollten behördlich genehmigt sein und eine Haftpflichtversicherung für Personen- und Sachschäden haben. Die Impfungen Ihres Hundes müssen auf dem neuesten Stand sein.

Welche Alternative gibt es zur Hundepension?

Wenn Sie mehrere Tiere haben, ist ein Haustiersitter eine gute und preiswerte Lösung. Wenn Sie den Hund bei jemandem unterbringen, sorgen Sie für:

- Kontaktadressen von Ihnen selbst und Ihrem Tierarzt.
- Ausreichend Hundefutter für die Zeit Ihrer Abwesenheit und eine Liste, wie viel und wann Ihr Hund zu Fressen bekommt.
- Medizinische Details, wenn Ihr Hund in Behandlung ist.
- Eine Liste über Besonderes bezüglich Pflege und Umgang mit dem Hund.
- Karten und Dauer von sicheren Spazierwegen in der Gegend.

Wie können wir den Hund auf seinen ersten Aufenthalt in der Hundepension vorbereiten?

Bringen Sie Ihren Hund dorthin, damit er die Mitarbeiter kennen lernt und mit ihnen spielt. An einem anderen Tag lassen Sie ihn mit seinem Lager und einem vertrauten Spielzeug eine Stunde allein, bis Sie ihn wieder abholen. So lernt er, dass Sie wieder kommen. Dehnen Sie das auf einen ganzen Tag und dann auf eine Übernachtung aus.

Mein Hund hat Spaß daran, mit mir im Auto Ausflüge zu machen – darf ich ihn allein im Wagen lassen, während ich einkaufe?

Es besteht ein großes Risiko, dass Ihr Hund im Auto einen Hitzschlag bekommt, sowohl während langer Fahrten als auch durch das Eingeschlossensein im parkenden Auto. Das Autoinnere ist schlecht belüftet und die Temperatur steigt selbst im Herbst und Frühjahr an sonnigen Tagen gefährlich schnell an.

LINKS Lassen Sie Ihren Hund an sonnigen Tagen nie unbeaufsichtigt im Auto.

Befestigen Sie zum Schattieren einen Schirm oder ähnliches am Fenster und lassen Sie ein Fenster etwas geöffnet, damit während der Fahrt immer etwas Luft einströmen kann.

Ich möchte meinen Hund mit in den Auslandsurlaub nehmen – gibt es irgendwelche Auflagen?

Heutzutage ist es dank des internationalen Impfpasses einfacher geworden, ein Haustier mit auf Reisen zu nehmen. Informieren Sie sich trotzdem rechtzeitig über die Bestimmungen Ihres Urlaubslandes und des Zielortes, ob z. B. spezielle Impfungen nötig sind oder Bescheinigungen ausgestellt werden müssen.

Für Flüge benötigen Sie neben dem Impfpass eine vom Tierarzt ausgestellte Unbedenklichkeitsbescheinigung. In vielen Ländern sind Impfungen, Parasitenbehandlung und Kennzeichnung des Tieres nötig, um ein- und ausreisen zu können. Tollwutfreie Länder wie Großbritannien, Australien und Neuseeland haben strenge Quarantänebestimmungen. Am besten informieren Sie sich übers Internet oder fragen Ihren Tierarzt um Rat.

UNTEN Vergessen Sie nicht, auch für den Hund zu packen, wenn er mit in den Urlaub fährt.

Fortpflanzung

Meine 6 Monate alte Mischlingshündin beginnt aus dem After zu bluten. Warum?

Das ist kein Anlass zur Sorge. Das Bluten in diesem Alter zeigt, dass Ihre Hündin ihre erste Periode („Hitze") hat, die etwa 21 Tage lang dauert. Sie ist nur zur Zeit des Eisprunges, wenn der blutige Ausfluss klar wird, für 10-14 Tage paarungsbereit. Das heißt, dass sie nur an wenigen Tagen der 21 Tage dauernden Periode empfängnisbereit ist.

Die meisten Hündinnen pubertieren im Alter von 6-14 Monaten.

Woran merken Rüden, dass meine Hündin läufig ist?

Mit der Geschlechtsreife ist ein Rüde jederzeit paarungsbereit. Er nimmt von einer Hündin keine besondere Notiz, solange sie nicht läufig ist, aber umso mehr, wenn ihr Körper als Pheromone bezeichnete Chemikalien absondert, die ihren Zustand verraten. Dies geschieht einige Tage, bevor die Hündin empfänglich wird.

Kann ich verhindern, dass meine Hündin Nachwuchs bekommt?

Eine nicht sterilisierte Hündin kann während ihrer Hitze extrem schwer zu hüten sein. Ihr Instinkt treibt sie dazu, auszureißen und Partner zu finden – und die tun ihrerseits alles dafür, sie zu finden.

Der beste Schutz vor unerwünschter Nachkommenschaft ist die Sterilisierung der Hündin. Wenn sie bereits läufig ist, verhindern Sie Kontakte zu Rüden. Das ist aber leichter gesagt als getan.

Kann eine Hündin sterilisiert werden, solange sie läufig ist?

Während der Läufigkeit einer Hündin und noch eine Weile danach sind ihre Fortpflanzungsorgane stark durchblutet und es bestehen größere Risiken bei einer Operation. Manche Tierärzte operieren läufige Hündinnen, während andere bis zu drei Monate nach der Hitze warten.

UNTEN Rüden können eine läufige Hündin über mehrere Kilometer riechen. Wenn sie die Gelegenheit bekommen, laufen sie herbei und lungern herum, bis sie sich paaren können. Zwischen rivalisierenden Rüden in der Nachbarschaft kann es zu Kämpfen kommen.

OBEN Es scheint eine gute Idee, Ihre Hündin vor der Sterilisierung Junge haben zu lassen, aber die Aufzucht von Welpen ist zeitraubend und teuer.

Sollte eine Hündin erst werfen, bevor sie sterilisiert wird?

Diese beliebte Mär beruht eher auf menschlichen Vorstellungen und Gefühlen als auf wissenschaftlicher Erkenntnis. Es gibt keinen Grund, weshalb eine Hündin erst einmal werfen müsste, um ein ausgeglichenes Tier zu sein. Wenn Sie einen Wurf aufziehen möchten und sicher sind, die Welpen gut unterzubringen, kann eine Hündin nach dem Entwöhnen sterilisiert werden, um weitere Schwangerschaften zu verhindern.

Gibt es Verhütungsmittel für Hunde?

Läufigen Hündinnen können Hormontabletten verabreicht werden. Das verhindert eine Empfängnis. Alternativ können einen Monat, bevor die Hitze fällig wird, Hormone gespritzt werden, damit die Hündin nicht läufig wird.

Es gibt Vorbehalte gegenüber einer längeren Behandlung. Tierärzte verschreiben sie ungern, weil sie nicht völlig sicher ist und Nebenwirkungen auftreten können, So kann sich Pyometra entwickeln, eine gefährliche Gebärmuttererkrankung.

Für Rüden gibt es die chemische Kastration, ein Anti-Testosteron-Medikament. Sie wirkt aber nicht immer und die Rüden können – und werden – Hündinnen begatten.

Eine operative Sterilisierung ist und bleibt die sicherste Methode.

UNTEN Ein 24 Stunden nach einer ungewollten Paarung gemachter, einfacher, vaginaler Abstrich bestätigt, ob eine Hündin Medikamente zur Schwangerschaftsverhütung braucht oder nicht. Das ist sicherer als einfach auf Verdacht potenziell gefährliche Medikamente zu verabreichen.

Meine Hündin ist entkommen als sie läufig war und könnte trächtig werden. Was soll ich machen?

Inzwischen gibt es mehrere wirksame „Am Morgen danach"-Medikamente für Hunde. Einst wurde der Hündin eine hohe Dosis weiblicher Hormone (Östrogen) innerhalb von 36–48 Stunden nach einer ungewollten Paarung injiziert, um eine Empfängnis zu verhüten. Diese Behandlung war jedoch nicht völlig sicher und konnte zu Pyometra und/oder Blut- und Knochenmarksveränderungen führen.

Sichere Alternativen hält der Tierarzt bereit, wozu eine Injektion weiblicher Hormone zwischen dem dritten und fünften Tag nach der Paarung zur Vermeidung der Empfängnis zählt. Eine Alternative sind zwei Injektionen im Abstand von 24 Stunden bis zum 45. Tag der Trächtigkeit zur Einleitung eines Aborts.

Wie alt muss die Hündin sein, bevor sie Nachwuchs bekommt?

Hündinnen werden oft mit 6 Monaten läufig, sind aber nicht reif genug, um Welpen aufzuziehen. Wenn sie in diesem Alter begattet werden, kann die Schwangerschaft das Wachstum der Hündin und ihre Eignung als Zuchttier beeinträchtigen. Deshalb wartet man bis zur zweiten Hitze. Manche Hündinnen werden mit 9 Monaten läufig; hier gilt das Gleiche.

In der Regel ist es sicher, eine Hündin mit 12 Monaten begatten zu lassen, noch besser sind aber 18 Monate.

Ab welchem Alter sind Rüden zeugungsfähig?

Rüden werden ab einem Alter von etwa 9 Monaten zeugungsfähig. Soll ein Rüde zur Zucht verwendet werden, erfolgt die erste Paarung am besten mit einer in der Zucht erprobten Hündin, damit alles glatt läuft und er nicht verletzt wird.

Können Hunde unfruchtbar sein?

Sowohl Rüden wie auch Hündinnen können aus vielerlei Gründen unfruchtbar sein:

- mangelnde Geschlechtsreife
- Über- oder Untergewicht
- deformierte (oder nicht vorhandene) Geschlechtsorgane
- bei Hündinnen abnormaler Zyklus
- bei Rüden niedrige Anzahl oder schlechte Qualität der Spermien
- Paarung zur falschen Zeit
- Nährstoffmängel
- fehlende Gelegenheit zur Paarung
- Sterilität aufgrund von jetzt oder früher verabreichten Medikamenten
- Krankheit

Meine zwei Jahre alte Hündin hat sich zwei Mal gepaart, wurde aber nicht trächtig. Warum?

Am häufigsten werden Hündinnen nicht trächtig, weil die Paarung zu lange vor oder nach dem Eisprung erfolgte. Es ist besser, wenn man die Hündin in den Tagen, in denen sie paarungsbereit ist, mehrmals begatten lässt.

OBEN Manche Hündinnen werden schon mit 4 Monaten läufig.

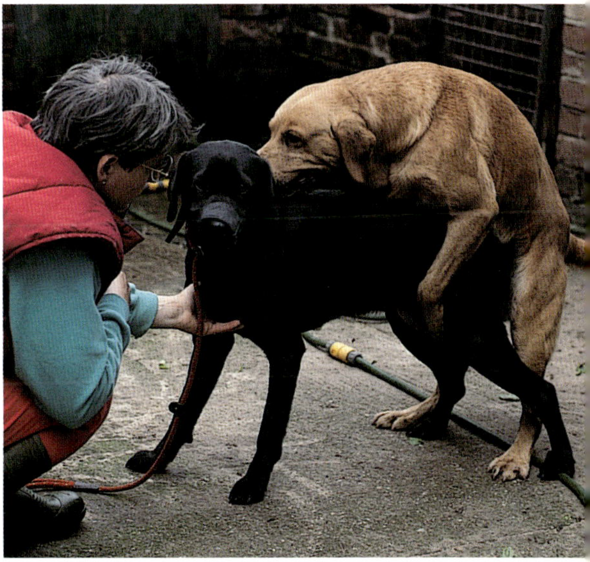

OBEN Es sind nur wenige Tage während der Hitze einer Hündin, in denen sie befruchtet werden kann.

Andere Gründe können zurückliegende Infektionen, Fieber während der Paarungszeit oder hormonelle Schwankungen sein. Manchmal gibt es sichtbare Hinweise auf eine Schwangerschaft, aber aus irgendeinem Grund erfolgt eine Rückbildung oder ein Abort der Embryos.

Wenn die Hündin von einem Rüden begattet wurde, der noch nicht als Zuchttier erfolgreich war, kann es auch an ihm liegen. Auch kann die Hündin noch nicht reif genug für eine Empfängnis seint.

Können Hunde sexuell übertragbare (venerische) Krankheiten bekommen?

Ja, das können sie, auch wenn es selten ist. Zu den venerischen Krankheiten, die Hunde befallen, gehören Hundeherpes (CHV), Hundebrucellose und venerische Granulationsgeschwülste (Tumoren).

Ich möchte, dass meine Hündin Welpen bekommt. Ist das eine gute Idee?

Bevor Sie Ihre Hündin decken lassen, stellen Sie sich die folgenden Fragen. Schreiten Sie nur zur Tat, wenn Sie alle ehrlich mit „Ja" beantworten können. Denken Sie daran, dass es nicht ratsam ist, Kampfhundrassen miteinander zu kreuzen.

- Eignet sich Ihre Hündin zur Zucht?
- Können Sie sich Zeit, Sorgen, Unordnung, Unannehmlichkeiten und die Gebühr für Deckakt und Tierarzt leisten?
- Verbessern Sie die Rasse bezüglich Gestalt und Temperament?
- Haben Sie den Stammbaum des Zuchtrüden überprüft und sind Sie sicher, dass er unbelastet ist?
- Haben Sie einen geeigneten Ort an dem die Jungen zur Welt kommen können?
- Können Sie mit möglichen Tragödien umgehen, etwa wenn die Hündin die Welpen verliert oder selbst stirbt?
- Können Sie für die Welpen ein passendes, dauerhaftes Zuhause finden?

UNTEN Das Röntgen der Hüfte bei Rassen, die anfällig für Hüftgelenksdysplasie sind, kann zeigen, ob die Hüftknochen in Ordnung sind.

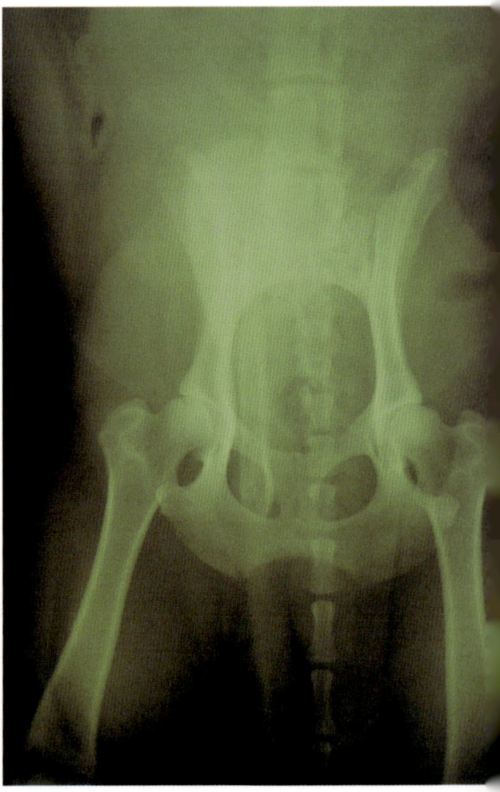

Was ist eine „Kontrolluntersuchung"?

Viele Rassehunde sind anfällig für bestimmte Erbkrankheiten. Dazu gehören Hüftgelenksdysplasie, Herz- und/oder Augenschäden, Luxation (Gelenkverschiebungen) und Taubheit. Verantwortungsvolle Züchter prüfen daher Ihren Bestand, ob er dem von den Züchterverbänden festgelegten Gesundheitsstandard entspricht. Wenn dem so ist, trägt ihr Nachwuchs keine Defekte weiter.

Woher weiß ich, ob meine Hündin zur Zucht geeignet ist?

Züchten Sie nur mit einer Hündin, die gesund, fit, reif genug und gutmütig ist. Bei Rassehunden sollte sie ein gutes Beispiel für die Rasse sein und aus einer Linie ohne Erbkrankheiten stammen.

OBEN Es ist keine gute Idee, mit einer nervösen oder aggressiven Hündin zu züchten, weil die Welpen vermutlich die gleichen Züge aufweisen werden.

Wenn Sie einem Züchterverband beitreten, begutachten und diskutieren die anderen Züchter meist gern Ihre Hündin.

Wie finde ich einen passenden Rüden für meine Hündin?

Kontaktieren Sie andere Züchter derselben Rasse (wenn vorhanden), da sie wohl Rüden haben oder jemanden kennen, der einen hat. Besuchen Sie mögliche Zuchtrüden, um Zustand und Temperament sowie die Haltungsbedingungen zu begutachten. Schließen Sie ungepflegte Zwinger von der Wahl aus, weil das ein Hinweis darauf ist, dass die Hunde nicht richtig gepflegt und gehalten werden.

Prüfen Sie die Stammbäume von Zuchtrüden, damit die Linien nicht zu eng mit Ihrer Hündin verwandt sind und forschen Sie nach, ob sie frei von Erbkrankheiten sind. Im Stammbaum ist auch vermerkt, ob der Rüde Preise gewonnen hat. Rechnen Sie damit, dass Sie weit reisen müssen, um den richtigen finden.

Kümmern Sie sich um all das rechtzeitig, bevor die Hündin läufig wird, damit ein Partner da ist, wenn es soweit ist.

Muss man für die Dienste des Zuchtrüden bezahlen?

Normalerweise bezahlt man eine Deckgebühr. Deren Höhe richtet sich nach der Erfahrung des Rüden und danach, ob er ein Champion ist und deshalb von Haltern anderer Hündinnen begehrt ist.

Manchmal können andere Vereinbarungen zwischen den Parteien getroffen werden. So kann dem Halter des Rüden erlaubt werden, aus dem Wurf ein oder zwei Welpen auswählen zu dürfen, statt eine Deckgebühr zu kassieren.

Regeln Sie die Zuchtbedingungen im Voraus schriftlich, damit Sie wissen, woran Sie sind. Manche Züchter erlauben eine zweite Chance, wenn der erste Deckakt nicht erfolgreich war. Das ist aber nicht die Regel, vor allem nicht, wenn der Zuchtrüde noch erprobt ist.

Wenn Sie die Welpen registrieren lassen möchten, kontaktieren Sie den entsprechenden Züchterverband, um die benötigten Unterlagen zu erhalten. Fragen Sie, ob Sie auch ein Zertifikat vom Zuchtrüden als Beweis dafür brauchen, dass die Paarung erfolgt ist.

Ich möchte meinen drei Jahre alten Rassehund zum Zuchtrüden machen. Wie gehe ich vor?

Ob sich Ihr Hund als Zuchtrüde eignet, kann durch eine Hundesschau geprüft werden. Die Ergebnisse zeigen, ob er ein gutes Exemplar seiner Rasse ist oder nicht.

Man kann auch andere Züchter derselben Rasse fragen. Wenn sie glauben, dass Ihr Hund die nötigen Attribute besitzt (gute Verfassung, passendes Temperament und ein von Erbkrankheiten freier Stammbaum), lässt vielleicht einer davon ihn eine seiner erfahrenen Hündinnen ausprobieren, um zu sehen, ob er fruchtbar ist und welche Nachkommen er zeugt.

Möchten Sie Ihren Hund als Zuchtrüden benutzen, dann denken Sie daran, dass er viele Hündinnen im Jahr begatten muss, was für einen hochwertigen Zuchtrüden kein Problem ist, damit er keine Verhaltensstörungen entwickelt. Ein zur Zucht vorgesehener Rüde lernt, dass sexuelle Spiele und Verhaltensweisen von der Pubertät an akzeptabel sind, während ein normaler Haushund das Gegenteil lernt, weil er jedes Mal getadelt wird, sobald er versucht, eine Hündin zu besteigen.

Ihr Hund muss lernen, dass er bei der Paarung angefasst wird. Das ist deshalb wichtig, weil Sie bei Bedarf bei der Paarung helfen oder verhindern müssen, dass sich einer der Hunde dabei verletzt.

Zuchtrüden sind durch sexuell übertragbare Krankheiten gefährdet (siehe Seite 196), weshalb potenzielle Partnerinnen ein aktuelles Gesundheitszeugnis haben sollten.

Meine Bulldog-Hündin soll Nachwuchs bekommen. Ich habe gehört, dass es bei dieser Rasse riskant ist. Stimmt das?

Leider ja. Sie müssen zur Zucht von Bulldogs leidenschaftlich entschlossen und gut auf alle mit Mutter und Welpen verbundenen Risiken sowie den Aufwand an Zeit und Geld vorbereitet sein.

UNTEN Eine gute Methode zu entscheiden, ob Ihr Rüde zur Zucht taugt oder nicht, ist der Besuch eines Rasseklubs. Dort erfahren Sie alles über die Zuchtarbeit und ob das etwas für Sie ist.

Das Problem ist, dass Bulldogs im Verhältnis zu ihren Körpern sehr große Köpfe haben und eine natürliche Geburt bei dieser Rasse oft unmöglich ist, weil die Köpfe der Welpen nicht durch den Geburtskanal der Mutter passen. Schwangere Hündinnen brauchen meist einen Kaiserschnitt, um das Überleben von Mutter und Welpen zu sichern. Die Operation und Nachsorge bedeutet hohe Kosten für den Halter. Manche Hündinnen sind nach der Geburt so traumatisiert, dass sie die Welpen verstoßen. Das bedeutet, dass die Welpen von Hand aufgezogen werden müssen, bis sich eine Amme findet.

OBEN **Das Hängen kann von wenigen Minuten bis zu einer halben Stunde dauern.**

Erschwerend kommt hinzu, dass die flachgesichtigen (brachycephalischen) Bulldogs unter Atemproblemen leiden und die Narkose der trächtigen Hündin für den Kaiserschnitt mit Risiken für Mutter und Welpen verbunden ist.

Warum hängen Hunde bei der Paarung mit dem Unterleib aneinander fest?

Das ist ziemlich normal und wird als „Hängen" bezeichnet. Nachdem der Rüde die Hündin bestiegen und penetriert hat, schließen sich die Vaginalmuskeln der Hündin um seinen Penis und halten ihn fest, bis die Muskeln sich wieder entspannen.

Das Hängen verhindert einen Samenrückfluss und, obwohl unnötig für eine erfolgreiche Begattung, erhöht es die Chancen auf eine Empfängnis.

Versuchen Sie nicht, die Hunde zu trennen, weil ihnen das Schmerzen bereiten und sie verletzen könnte. Die Trennung wird natürlich erfolgen.

Woran merke ich, dass meine Hündin trächtig ist?

Es gibt verschiedene Methoden, abhängig vom Zeitpunkt:

- Etwa 21 Tage nach der Paarung kann Ihr Tierarzt winzige „Klümpchen" im Bauch fühlen, ein Hinweis auf Föten. Nach 35 Tagen werden die Klümpchen weicher und durch das sie umgebende, schützende Fruchtwasser schwieriger zu ertasten.

WAS WAR DIE HÖCHSTE ZAHL WELPEN BEI EINEM WURF?

Nach dem Guinness-Buch der Weltrekorde halten drei Hündinnen den Rekord der meisten Welpen in einem Wurf (23), wobei nicht alle Welpen in jedem Wurf überlebten.

Eine American Foxhound-Hündin brachte ihre Welpen am 19. Juni 1944 zur Welt, eine Deutsche Dogge gebar ihre im Juni 1987 und eine Bernhardinerhündin gebar ihren Wurf im Februar 1995.

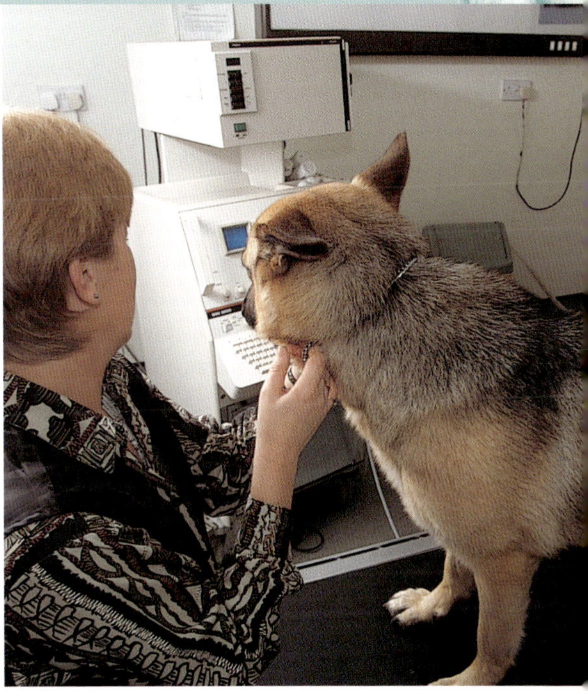

- In der fünften Woche werden die Zitzen der Hündin größer und stärker rosa und ihr Bauch schwillt an.
- In der sechsten oder siebten Woche vergrößern sich die Milchdrüsen; Milch ist vorhanden oder tritt aus.

Wie viele Welpen kann eine Hündin haben?

Die Anzahl der Welpen in einem Wurf wird in der Regel durch die Größe der Hündin begrenzt. Eine kleine Hündin kann bis zu 5 Welpen haben, eine mittelgroße bis zu 8 und eine große bis zu 12 und mehr. Die Natur bestimmt allgemein, dass eine Hündin nicht mehr Welpen als funktionierende Zitzen hat.

Bei besonders großen Würfen muss ein Teil der Welpen von Ammen oder von Hand aufgezogen werden.

OBEN Größere Rassen haben meist größere Würfe.

GANZ OBEN Durch Ultraschall kann 24-30 Tage nach der Paarung eine Trächtigkeit sicher festgestellt werden, obwohl erfahrene Züchter schon nach 15-17 Tagen Föten erkennen können. Auch durch Blutuntersuchungen und Röntgenstrahlen kann eine Trächtigkeit erkannt werden.

Wie lange dauert die Trächtigkeit bei Hunden?

Die Trächtigkeit dauert in der Regel 9 Wochen (63 Tage). Manchmal kommen die Welpen einige Tage vor oder nach dem Stichtag zur Welt. Welpen, die mehr als eine Woche zu früh geboren wurden, haben schlechtere Überlebenschancen, während die später geborenen besser für das Leben gerüstet sind, aber wegen ihrer Größe Probleme bei der Geburt machen.

UNTEN Auch hochträchtige Hündinnen sollten mit dem Herannahen des Geburtstermins ermuntert werden, die Dinge leicht zu nehmen.

Braucht meine Hündin während der Trächtigkeit eine spezielle Pflege?

Sie müssen auf verschiedene Dinge achten:

- Halten Sie Ihre Hündin frei von Parasiten – Ihr Tierarzt kennt die sicherste und am besten geeignete Behandlung.
- Pflegen Sie das Fell gut und entfernen Sie lose Haare.
- Wenn sie sich nicht richtig reinigen kann, wischen Sie ihre Analregion nach der Toilette mit einem Schwamm ab.
- Das tägliche Ausführen kann unverändert erfolgen, aber mit zunehmender Schwere wird sie auch langsamer.

Was soll ich meiner trächtigen Hündin füttern?

Eine werdende Mutter braucht zusätzliches Futter, um in guter Verfassung zu bleiben und die in ihr heranwachsenden Welpen zu ernähren. Dennoch sollte sie nicht überfüttert werden: Sie sollte fit, nicht fett sein. Am einfachsten ist es, Ihrem Tier ein proteinreiches Fertigfutter für trächtige Hündinnen zu geben. Sorgen Sie stets für genügend Trinkwasser.

Füttern Sie in den ersten drei Wochen der Trächtigkeit normal; danach wachsen die Welpen schnell, wechseln Sie dann zu einer proteinreicheren Diät. Wenn die Hündin zunimmt, sollte man ihre tägliche Futtermenge in mehrere kleinere Mahlzeiten aufteilen.

Bei Verstopfung ersetzen Sie einen Teil des Futters durch Ölsardinen, das darin enthaltene Öl fördert die Ausscheidung.

Auf welche Leiden muss ich während der Trächtigkeit meiner Hündin achten?

Gesunde Hündinnen kommen meist gut damit zurecht, trächtig zu sein. Wenn Ihr Tier dennoch Anzeichen von Unwohlsein zeigt, bringen Sie es sofort zum Tierarzt.

Möglich ist z. B. eine Fehlgeburt aufgrund einer Krankheit oder Infektion oder weil die Föten nicht gesund sind.

RECHTS Hochträchtige Hündinnen brauchen oft Hilfe bei der Fellpflege und dem Säubern unter der Rute. Kürzen Sie dieses bei langem Fell um die Zitzen herum, damit die Welpen leichter saugen können.

UNTEN Hin und wieder ein rohes oder gekochtes Ei (ein bis zwei pro Woche, je nach Größe der Hündin) ist eine gute Proteinquelle für trächtige Hündinnen. Denken Sie aber daran, dass rohe Eier für Hunde die gleichen Gefahren bergen wie für Menschen.

Darf ich meine trächtige Hündin baden und scheren?

Ja, aber wenn sie sich gegen Wasser wehrt, benutzen Sie besser ein Trockenshampoo. Wird nass gebadet, dann sorgen Sie für eine rutschsichere Unterlage, Hilfe zum Festhalten und trocknen Sie das Tier nach dem Bad gründlich ab.

Gegen Ende der Trächtigkeit scheren Sie das Haar am Innenbereich der Hinterbeine, am Bauch und sehr vorsichtig um die Zitzen herum. Ersteres erleichtert die Hygiene und die Geburt, letzteres erleichtert es den Welpen, die Zitzen zu finden und zu saugen.

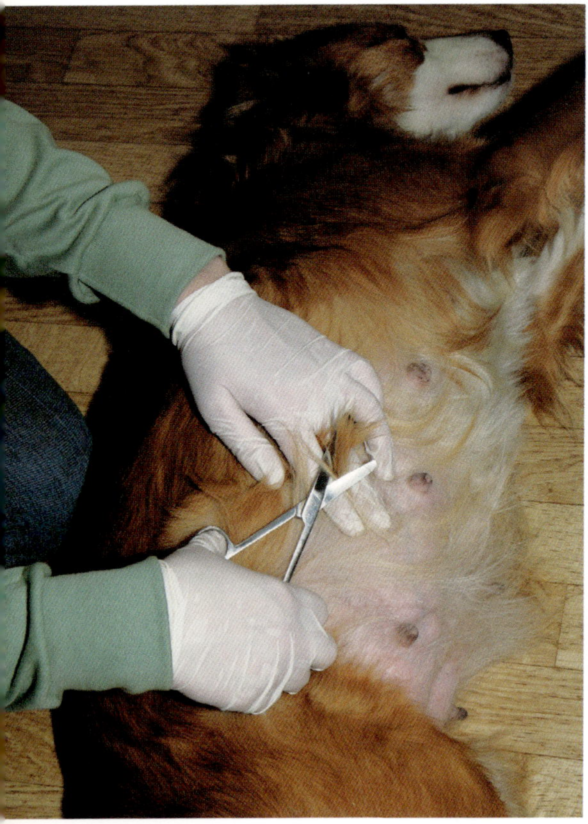

Kann ich meine trächtige Hündin gefahrlos gegen Flöhe und Würmer behandeln?

Benutzen Sie bei trächtigen Hündinnen keine Breitbandwirkstoffe gegen innere und äußere Parasiten. Fragen Sie stattdessen Ihren Tierarzt, der geeignete und sichere Mittel kennt und verschreibt. Auf längere Sicht sind die auch preiswerter.

Im Idealfall werden Hündinnen vor der Paarung entwurmt. Geschah das nicht, dann tun Sie es drei Wochen nach der Paarung. Unterblieb beides, sollten Sie bis nach dem Werfen warten.

Warum hat meine Hündin ihre Welpen verloren?

Das geschieht sehr selten, aber wenn die Trächtigkeit der Hündin nicht normal verläuft, bildet sie die Föten zurück oder verliert sie. Verursacht wird dies durch:

- Hormonelle Unregelmäßigkeiten
- Gebärmutterinfektionen
- Geschlechtskrankheiten
- Befall mit Endoparasiten

Es kann auch sein, dass die Hündin eine für die Föten schädliche Substanz geschluckt hat – deshalb sollten Sie Medikamente für trächtige Hündinnen bei Ihrem Tierarzt holen.

LINKS Scheren Sie die Haare um die Zitzen der Hündin sehr vorsichtig. Dies empfiehlt sich nur, wenn sie viel Fell am Bauch hat, das den Welpen das Saugen erschweren würde.

Brauchen Hündinnen bei der Geburt tierärztlichen Beistand?

Die meisten Hündinnen kommen instinktiv gut allein mit der Geburt ihrer Welpen klar. Das gilt sogar für die erste Niederkunft einer Hündin, weshalb man selten nach dem Tierarzt rufen muss. Wenn Sie über irgendetwas besorgt sind, kontaktieren Sie Ihren Tierarzt, der Ihnen dann sagt, was zu tun ist.

UNTEN Es ist ein normales Verhalten der Hündin vor dem Einsetzen der Wehen an dem Ort, an dem sie ihre Jungen zur Welt bringen will, herumzukratzen.

Woher weiß ich, wann meine Hündin ihre Welpen bekommt?

Wenn der Zeitpunkt der Niederkunft unmittelbar bevorsteht, wird Ihre Hündin einige oder alle der folgenden Handlungen ausführen, bevor die Wehen einsetzen:

- Sie wird unruhig und verweigert das Futter
- Sie zerwühlt/zerreißt ihr Bettzeug
- Sie sieht ängstlich und unwohl aus
- Sie wimmert und hechelt

Es kann vorkommen, dass ein schleimiges Sekret aus der Vulva austritt und sie viel Zeit damit zubringt, sich zu reinigen.

Muss ich bei meiner Hündin bleiben, wenn sie ihre Jungen zur Welt bringt?

Es wäre weise, dies zu tun, besonders wenn es die erste Geburt ist, damit Sie aufpassen können, ob alles gut verläuft. Sie können dann im Notfall Hand anlegen oder den Tierarzt verständigen. Teilen Sie ihm rechtzeitig den vermuteten Zeitpunkt der Geburt mit, falls Sie Hilfe außerhalb der Sprechzeiten brauchen.

Wie lange braucht eine Hündin für die Geburt?

Es gibt drei Wehenstadien. Das erste (siehe Seite 205) kann bis zu 24 Stunden dauern. Im zweiten beginnen die Kontraktionen. Nach der Geburt des ersten Welpen folgen die übrigen meist in Intervallen von 10 bis 60 Minuten. Das dritte Stadium ist erreicht, wenn alle mitsamt der Nachgeburt (eine pro Welpe) da sind.

Woran erkenne ich, dass bei der Geburt etwas schief läuft?

Wenn die Hündin länger als eine Stunde erfolglos versucht, zu gebären, sofort den Tierarzt verständigen. Vermutlich, steckt ein Welpe im Geburtskanal fest.

UNTEN Die meisten Geburten geschehen nachts. Manchmal sind die Hinweise auf bevorstehende Wehen so schwach, dass der Halter sie übersieht und die Hündin mit dem Wurf am nächsten Morgen findet.

OBEN Wenn die Hündin ihre Jungen schwerfällig säubert, trocknen Sie sie mit einem Handtuch ab.

Steißgeburten, bei denen der Welpe zuerst mit den Hinterläufen statt mit dem Kopf voran erscheint, können problematisch sein und auch tierärztliche Hilfe erfordern. Ebenso erfordern selten auftretende, unnatürliche Lagen, etwa wenn der Welpe seitlich im Geburtskanal steckt, die Hilfe von Fachleuten.

Wenn die Hündin während der Wehen Zeichen von Schmerz oder Erschöpfung zeigt, ist es ratsam, so rasch wie möglich die Hilfe eines Tierarztes zu suchen.

Was muss ich nach der Geburt tun?

Es müssen gleich viele Nachgeburten wie Welpen ausgeschieden werden. Wird eine zurückgehalten, verursacht das eine tödliche Entzündung. Geht es Ihrer Hündin einige Tage nach der Niederkunft schlecht, gehen Sie sofort zum Tierarzt.

Die Hündin wird wohl kein Futter annehmen, bis alle Welpen geboren sind, aber Wasser (mit Glukose als Energielieferant) sollte ihr zur Verfügung stehen. Die Hündin wird die Nabelschnur durchbeißen, um jeden Welpen von seiner Plazenta zu trennen, die sie dann frisst.

Wenn der Wurf komplett ist, wird die Hündin ein leichtes Mahl aus Eiern und Milch oder Getreide und Fleischbrühe annehmen und sich vielleicht draußen erleichtern wollen. Nutzen Sie die Gelegenheit, die Bettwäsche durch frische zu ersetzen. Achten Sie darauf, dass alle Welpen saugen.

Gibt es etwas, das meine Hündin nach der Niederkunft krank machen könnte?

Nach einer Geburt können folgende Probleme auftreten:

- Gebärmutterinfektionen, erkennbar an Fieber, Erbrechen, Appetitlosigkeit und dunklem Ausfluss aus der Scheide.
- Gebärmuttervorfall, eine geschwollene, rote Masse quillt aus der Vulva.

Konsultieren Sie sofort Ihren Tierarzt, wenn eines dieser Phänomene auftritt.

Welcher Platz eignet sich am besten für meine Hündin, um ihre Jungen zu gebären?

Das hängt davon ab, wo Ihre Hündin gewöhnlich gehalten wird. Lebt sie meist draußen, wird sie sich in ihrer gewohnten Behausung am wohlsten fühlen.

UNTEN Achten Sie darauf, dass im Freien der Platz für die Geburt und Kinderstube der Welpen trocken und warm genug ist.

OBEN **Verwaiste Welpen müssen in der ersten Woche alle zwei Stunden mit der Flasche gefüttert werden. Nuckel für Menschenbabys sind in der Regel zu groß für das Maul der Welpen, deshalb nimmt man Welpennuckel.**

Ist sie dagegen an das Haus gewöhnt, wird sie dort auch ihre Jungen zur Welt bringen wollen.

Soll die Hündin ihre Jungen auf einer Decke auf dem Boden bekommen?

Halten Sie eine ausreichend große Wurfkiste für die Geburt an einem ruhigen Ort im Haus bereit. Sie können sie in Tierfachgeschäften kaufen oder aus einem stabilen Pappkarton selbst herstellen.

Legen Sie die Wurfkiste mit einer dicken Lage Zeitungspapier aus und bedecken Sie diese mit einer Lage Vlies oder Baumwolltuch, damit weder Hündin noch Welpen mit Druckerschwärze in Kontakt kommen, und sie es bequem und warm haben. Noch besser eignet sich unbedrucktes Zeitungspapier.

In einem Lager mit Seitenwänden fühlt sich die Mutter sicherer, die Jungen können nicht hinausrollen und sind vor Zugluft geschützt.

Wie soll ich mich um die Welpen kümmern, wenn die Hündin nach der Geburt stirbt oder nicht genug Milch hat?

Wenn das geschieht, müssen Sie die Welpen selbst füttern. Sie brauchen dazu eine speziell zusammengesetzte Welpenmilch (keine Kuhmilch), die mit einer Welpen-Nuckelflasche verabreicht wird. Sie bekommen diese Milch bei Tierfachgeschäften und in Tierarztpraxen. Bitten Sie Ihren Tierarzt um Hilfe bei der Welpenfütterung – er kennt vielleicht auch eine Hündin, die sich als Amme eignet.

Säubern Sie die Welpen nach dem Füttern an Gesicht und Pfoten mit einem angefeuchteten Wattebausch. Stimulieren Sie das Wasserlassen und Koten durch sanftes Reiben ihrer Bäuchlein und Analbereiche mit feuchter Watte. Dies macht normalerweise die Hündin durch Belecken; ohne Stimulation können die Welpen keine Abfallstoffe ausscheiden und würden sterben. Vorsichtig abtrocknen.

UNTEN Sie müssen auf die kleinsten Welpen eines Wurfes ein Auge haben, damit sie einen ausreichenden Anteil an Wärme und Milch abbekommen, weil ihre größeren, stärkeren Geschwister sie beiseite drücken.

Sie brauchen auch eine Wärmelampe, die Sie über das Lager hängen oder eine gut gepolsterte Wärmflasche, um die Körperwärme der Mutter zu ersetzen – eine Temperatur von 26 °C ist nötig.

Von Hand aufgezogene Welpen werden meist eher entwöhnt als andere.

Was muss ich tun, wenn ein neugeborener Welpe schlecht aussieht?

Welpen, die nicht gut aussehen, müssen unbedingt rasch tierärztliche Hilfe bekommen. Das erhöht ihre Überlebenschancen.

RECHTS Neugeborene Welpen sollte man nicht zu viel anfassen, weil das die Mutter unruhig macht. In manchen Fällen fressen nervöse Mütter ihre Welpen in der verzweifelten Hoffnung, sie so zu „schützen".

Bei warmer Witterung können Flöhe zum Problem werden, weil sie bei jungen Welpen eine Anämie verursachen können. Fragen Sie Ihren Tierarzt, wie Sie dem Problem begegnen und die Flöhe bekämpfen können.

Was bedeutet der Begriff „Kümmerling"?

Als Kümmerling bezeichnet man oft den kleinsten Welpen eines Wurfes. Er hat vielleicht in der Gebärmutter weniger Nährstoffe als seine Geschwister bekommen oder ist nicht gesund. Im ersten Fall sollte er rasch wachsen, wenn er genug Nahrung von seiner Mutter und nach dem Abstillen bekommt. Manchmal bleiben solche Kümmerlinge kleiner als ihre Wurfgeschwister.

Wenn der Kümmerling nicht gesund ist, kann er bald nach der Geburt oder vor dem Abstillen sterben. Stirbt er nicht, kann es sein, dass er immer anfällig für Krankheiten bleibt.

Warum lässt mich die Hündin nicht an die Neugeborenen?

Junge Mütter beschützen ihre Nachkommen instinktiv – einige mehr als andere. Sie bewachen sie oft entschlossen, wenn sie finden, dass die Anwesenheit einer Person eine Bedrohung für die Jungen sein kann.

Ihre Hündin kann sicher gut selbst für die Jungen sorgen und will sie nicht mit jemandem teilen – nicht mal mit Ihnen. Nach etwa einer Woche, wenn alles nicht mehr so neu für sie ist, wird sie wohl nachgiebiger und vertraut darauf, dass es keine Bedrohung gibt. Auch braucht sie dann und wann mal eine Pause.

Wie bald nach der Geburt darf ich die Welpen anfassen?

Sobald die Hündin Sie lässt, aber versuchen Sie nicht, sie ihr wegzunehmen. Hätscheln Sie erst die Hündin, damit sie Ihre guten Absichten merkt, und dann die Welpen, wenn sie es erlaubt. Reden Sie sanft und beruhigend mit ihr.

OBEN **Eine ausreichend gefütterte Hündin wird genug Milch für ihre Jungen haben.**

Was fressen Welpen?

In den ersten drei Wochen überleben und gedeihen sie allein durch die Milch ihrer Mutter. Bei großen Würfen kann eine unterstützende Fütterung, sobald die Welpen sie annehmen, die Mutter entlasten und dafür sorgen, dass die Jungen genug Nahrung erhalten (siehe Seite 209).

Wie halte ich Welpen sauber?

Die Hündin wird die Welpen selbst sauber halten und auch Urin und Kot aus dem Bett entfernen, bis sie entwöhnt werden. Wechseln Sie die Unterlage jeden zweiten Tag, um das Infektionsrisiko zu minimieren. Dadurch riechen sowohl die Hündin als auch die Welpen sauber und gut.

Sobald die Welpen krabbeln können, können Sie deren Pfoten und Hinterteile waschen, wenn es nötig ist. Trocknen Sie diese Bereiche anschließend gründlich ab.

Die Welpen meiner Hündin starben eine Woche nach der Geburt. Warum?

Wenn eine Hündin nicht sehr fürsorglich ist, hat sie die Kleinen vielleicht nicht ausreichend stimuliert, sich zu entleeren. Wenn dies der Fall war, haben die Welpen durch die Ansammlung von Giftstoffen im Körper nicht mehr gefressen und starben. Andere Gründe können sein:

- unzureichende Ernährung
- die Hündin hat auf den Welpen gelegen
- Infektionen oder genetische Ursachen

Leider starben die Welpen meiner Hündin, sie scheint sehr aufgeregt. Was kann ich tun?

Aus verschiedenen Gründen überleben Welpen manchmal nicht. Wenn die Mutter Schmerzen hat, bitten Sie den Tierarzt, Medikamente zum Stoppen des Milchflusses zu verschreiben. Das Drama kann eine gute Wendung nehmen, wenn der Tierarzt verwaiste Welpen kennt, die eine Amme brauchen.

UNTEN Wenn die Welpen sterben, lenken Sie die Hündin durch Spielen und ihre Lieblingsausflüge ab. Sie wird den Verlust bald überwinden.

Meine Hündin hat vor einer Woche geworfen, aber noch immer tritt Ausfluss aus ihrer Vulva aus. Stimmt etwas nicht?

Es ist normal, dass nach dem Werfen etwa eine Woche lang blutiger Ausfluss aus der Vulva austritt. Er wird nach und nach klarer, bis er dann versiegt.

Wenn der Ausfluss aber faulig riecht und von Erbrechen, Appetitlosigkeit, Stumpfheit, Fieber und Schmerzen begleitet ist, hat die Hündin wohl eine Gebärmutterinfektion, verursacht durch eine einbehaltene Nachgeburt. Solche Symptome verlangen die sofortige Hilfe eines Tierarztes.

Die Zitzen meiner Hündin sind gerötet und geschwollen. Was stimmt nicht mit ihr?

Das kommt von zuviel Milch oder wenn die Welpen nicht an allen Zitzen saugen. Massieren Sie die Zitzen und ziehen Sie, wenn Ihr Tier es zulässt, etwas Milch ab, um den Druck zu mindern. Versuchen Sie die Welpen an die Zitzen zu setzen, die sie bisher ignoriert haben.

Harte, heiße Zitzen, die blutige oder unnormal aussehende Milch absondern, können auch ein Zeichen von Mastitis sein, eine Bakterieninfektion. In diesem Fall wird die Hündin das Futter verweigern, scheint Schmerzen zu haben und übergibt sich. Gehen Sie zum Tierarzt.

Mein Tier scheint nach dem Werfen ständig hungrig zu sein. Soll ich mehr füttern?

Solange sie stillt, frisst und trinkt eine Hündin mehr als normal, um für reichlich Milchnachschub zu sorgen. Steigern Sie ihre Futterration auf die dreifache Menge, verteilt auf drei oder vier Mahlzeiten.

Ihre Kost sollte reich an Kalzium, Proteinen, Vitaminen und Mineralien sein, um ihre körperlichen Bedürfnisse zu stillen. Auch braucht sie immer ausreichend frisches, sauberes Wasser, damit die Produktion guter, nahrhafter Milch angeregt wird.

Achten Sie darauf, dass Ihre Hündin nicht an den Mülleimer in der Küche oder andere Futterquellen kommt, die gefährlich für sie oder die Welpen sein könnten.

Die Welpen meiner Hündin sind zwei Wochen alt und fressen gut, kratzen aber ihre Zitzen wund. Was kann ich tun?

Schneiden Sie bis zum Abstillen die Krallen der Welpen einmal pro Woche (nur die gekrümmten Spitzen), damit sie ihre Mutter nicht kratzen. Verwenden Sie zwischen den Fütterungen eine kühlende, beruhigende Heilsalbe, die weder für Welpen noch die Mutter giftig ist – fragen Sie Ihren Tierarzt nach einem geeigneten Präparat.

UNTEN Das Füttern zehrt an der Hündin. Achten Sie darauf, dass sie ausreichend Futter bekommt, um die Bedürfnisse ihres Körpers zu befriedigen.

Wie kann ich meine Welpen jetzt, wo sie herumkrabbeln, einpferchen, damit sie nicht so viel Unordnung machen?

OBEN Wenn die Welpen anfangen, die Umgebung des Nestes zu erkunden, sorgen Sie dafür, dass sie leicht aus dem Lager hinaus und wieder hinein kommen.

Ein großer Welpenpferch ist eine gute Anschaffung. Sie können die Welpen hineinsetzen, wenn sie in Forscher- und Spiellaune sind. Das wird sowohl die Unordnung im Haus vermindern als auch die Mutter für eine Auszeit entlasten.

Stellen Sie den Pferch auf eine wasserfeste Unterlage, ein Stück Bodenbelag aus Kunststoff ist ideal, und breiten Sie mehrere Lagen Zeitungspapier darüber – die können rasch entsorgt werden, wenn sie verdrecken.

Ermuntern Sie die Welpen, ihr Geschäft in einer bestimmten Ecke des Pferches zu erledigen, indem Sie etwas von ihrem Kot in eine niedrigwandige Katzentoilette legen. Manchmal klappt das, manchmal nicht. Wenn ja, erleichtert es die Erziehung zur Stubenreinheit.

Meine Hündin fängt damit an, ihr Futter neben den Welpen zu erbrechen. Warum?

Sie stillt ihre Welpen ab. Ein völlig natürlicher Vorgang, auch bei sehr mütterlichen domestizierten Hündinnen. Weil das Futter vorverdaut ist, können die Welpen es leichter verdauen. Wenn Sie die Kleinen entwöhnt hat, hört sie damit auf.

LINKS Füttern Sie Welpen aus flachen Schalen, damit sie leichter an das Futter kommen.

Wann ist es Zeit, die Welpen zu entwöhnen und wie geht das?

Die Stufen der Entwöhnung finden Sie in der Tabelle unten.

Meine Hündin scheint ziemlich grob mit ihren Welpen zu spielen. Soll ich sie bremsen?

Ihre Hündin bringt den Kleinen die Rangordnung im Rudel bei und wie sie sich selbst wehren können. Greifen Sie nicht ein, solange sie nicht ernsthaft verletzt werden.

Von der 3. Woche an beginnen die Welpen spielerisch miteinander zu kämpfen. Greifen Sie nur ein, wenn einer einen anderen zu sehr schikaniert, ihm Schmerzen zufügt und er sich zurückzieht.

FAHRPLAN ZUR ENTWÖHNUNG

ALTER	FÜTTERUNG
3–4 Wochen	Die Welpen sammeln Erfahrungen mit dem Auflecken flüssiger Nahrung. Fleischbrühe mit weichem Getreide (wie Haferbrei) und Brotkrümel eignet sich als Futter zur Entwöhnung. In diesem Stadium muss die Mischung weich und flüssig genug zum Auflecken und leichtem Schlucken sein. Auch fleisch- und getreidehaltige Babynahrung ist geeignet.
4–5 Wochen	Gehen Sie zu festerer Nahrung über. Nehmen Sie für Welpen gedachtes Fertigfutter, damit diese alle Nährstoffe erhalten, die ihr rasch wachsender Körper braucht. Je mehr feste Nahrung sie fressen, desto mehr ändern sich ihre Ausscheidungen und ihre Mutter hört auf, diese zu beseitigen. Jetzt wird es Zeit, den Boden mit Zeitungen abzudecken, um besser putzen zu können.
5–6 Wochen	Hündinnen stillen ihre Welpen von Natur aus ab, wenn der Milchfluss nachlässt. In diesem Alter sollten die Welpen ganz an feste Welpennahrung gewöhnt sein, obwohl sie für einen gelegentlichen Schluck zur Mutter gehen, wenn sie es zulässt.

OBEN **Die Mutter scheint manchmal recht grob mit ihren Jungen umzugehen – bis sie quieken.**

Muss man Welpen impfen, bevor sie ins neue Zuhause kommen?

Im Idealfall ja, damit sie immunisiert sind gegen bedrohliche Hundekrankheiten. Vergessen Sie nicht, den neuen Besitzern die Impfnachweise mitzugeben.

Welche Impfungen Welpen genau brauchen und wann sie diese erhalten sollten, erfahren Sie auf Seite 60.

Soll ich meine Rassewelpen registrieren lassen, bevor ich sie in neue Hände abgebe?

Sie brauchen die Rassewelpen nur dann beim entsprechenden Verband registrieren zu lassen, wenn Sie das möchten. Das ist jedoch nur möglich, wenn die Eltern auch schon registriert sind.

Lassen Sie die Welpen bald nach der Geburt registrieren, damit die Papiere rechtzeitig vor dem Verkauf eintreffen. Sie können die Kosten für die Registrierung in den Verkaufspreis einrechnen.

Warum benimmt sich meine Hündin so, als wäre sie trächtig, obwohl sie es nicht ist?

Die Pseudo- oder Scheinträchtigkeit kommt oft vor. Sie kann bei Hündinnen auftreten, die während einer Hitze nicht empfangen oder in einem frühen Stadium der Trächtigkeit die Föten zurückgebildet haben. Deshalb denken sie, dass sie trächtig sind. Pseudoträchtigkeit wird auch durch Hormonschwankungen verursacht. In der Natur wird so in einem Hunde- oder Wolfsrudel sichergestellt, dass viele Hündinnen Milch produzieren und bei der Aufzucht eines Wurfes helfen können.

In manchen Fällen stellt der Halter keine Veränderung der seelischen oder körperlichen Verfassung der Hündin fest. In anderen Fällen führt eine Scheinträchtigkeit zu einem Anschwellen des Bauches und der Milchdrüsen, die sich mit Milch füllen. Im letzteren Fall kommt es vor, dass die Hündin ein Nest baut, heult und sich nur widerwillig bewegt; sie kann sogar die Pressbewegungen einer echten Geburt imitieren. In ernsten Fällen sollte man einen Tierarzt aufsuchen.

UNTEN Manche Hündinnen, die eine Scheinträchtigkeit erleben, bauen Bindungen zu Dingen wie etwa Spielzeug auf. Manche haben sogar Phantomwelpen.

Ich möchte professionell Hunde züchten. Wo fange ich an?

Lesen Sie alles, was Sie über das Züchten finden. Treten Sie einem Hundeklub bei, wo Sie Züchtern bei ihren Gesprächen lauschen und Fragen stellen können und besuchen Sie Hundeausstellungen.

Die Zucht eines guten Bestands kostet genauso viel wie die eines schlechten. Wenn Sie sich für eine Rasse entschieden haben, kaufen Sie daher die besten Tiere, die Sie sich leisten können und zwar ein oder zwei Hündinnen. Solange Sie nicht sehr viele Hündinnen haben, lohnt sich die Anschaffung eines Zuchtrüden nicht, denn es bedeutet viel Arbeit, ihn gesund und vital zu erhalten.

Die Hundezucht kann viel persönliche Befriedigung, aber auf längere Sicht wenig Gewinn bringen. Züchter, die im großen Stil nur wegen des Geldes züchten, tun der Hundewelt keinen Gefallen.

Braucht man eine Lizenz oder Erlaubnis von einem Züchterverband, um Hunde zu züchten?

OBEN **Gute Züchter streben danach, einen gesunden, qualitativ hochwertigen Bestand zu erzeugen.**

Es hängt davon ab, wo auf der Welt Sie das tun wollen, weil die Regelungen überall verschieden sind. Sie können das am besten herausfinden, indem Sie bei einem Züchterverband und auf Ihrer Gemeindeverwaltung nachfragen. Ersterer weiß, auf wie viele Würfe Sie sich pro Jahr beschränken müssen. Letztere wird auf die Einhaltung von lokalen Bestimmungen achten und eine Lizenz über die Arbeit als Hundezüchter ausstellen.

8

Alternde Hunde

Wie alt ist „alt" in Bezug auf Hunde?

Es heißt:„Man ist so alt wie man sich fühlt." Dies trifft auch auf Hunde zu. Jene, die fit bleiben, ihr Gewicht halten und sowohl geistig wie auch körperlich beweglich sind, bleiben meist länger „jung". Überfütterte, bewegungsfaule Hunde, die ein „langweiliges" Leben führen, altern meist schneller – genau wie Menschen.

UNTEN Sie können bei alternden Hunden mit dunklem Fell graue Bereiche im Gesicht erkennen.

Die Tabellen auf den Seiten 14 und 15 zeigen, welche Rassen eine kurze Lebenserwartung haben, welche länger leben als andere und wie alt Hunde in menschlichen Begriffen sind.

Was sind Anzeichen für das Altern?

Wenn Ihr Hund seine beste Zeit überschritten hat, offenbart sich dies an einigen Anzeichen:

- Seine Reaktionsfähigkeit lässt nach.
- Er bewegt sich nicht mehr so schnell und ist weniger wendig.
- Je nach Charakter und Typ ruht er öfter aus, sitzt einfach nur herum und schaut Ihnen zu, statt an dem teilzunehmen, was vor sich geht.
- Manche Hunde leiden unter Darm- und/oder Blasenschwäche sowie schwindendem Seh- und/oder Hörvermögen.
- Verhaltensstörungen sind nicht selten und eine Folge von Gehirndegeneration.

Woher weiß ich, dass mein Hund „alt" ist?

Ihr Hund wird in allen Reaktionen langsamer. In vielen Fällen geht dieser Prozess so schleichend voran, dass Sie erst dann realisieren, dass er alt ist, wenn Sie die Jahre zählen. Dann bemerken Sie das Ergrauen des Gesichtshaars, das langsame Reagieren auf Befehle, die Steifheit der Gelenke, die verschleierten Augen und die Tatsache, dass er lieber Zuschauer als Teilnehmer bei allem ist, was um ihn herum geschieht.

Braucht mein Hund eine besondere Pflege, wenn er altert?

Ein älterer Hund ist auf langen Ausflügen schneller erschöpft. Weil er sich aber bewegen muss, um so geschmeidig und fit wie möglich zu bleiben, sollten Sie ihn mehrmals täglich kürzer ausführen statt ein oder zwei Mal länger. Zwangsläufig wird seine Beweglichkeit abnehmen. Achten Sie deshalb darauf, dass er durch den Bewegungsmangel nicht fett wird.

Alternde Hunde frieren schnell, mehr dazu auf Seite 230. Wahrscheinlich müssen Sie seinen Futter- und Ausführplan überdenken, damit es nicht zu „Missgeschicken" im Haus kommt, weil er sich nicht mehr so unter Kontrolle hat wie früher.

Gibt es besonderes Futter für alte Hunde?

Es gibt speziell für alte Hunde zusammengestelltes Futter. Darin enthalten sind alle Nährstoffe, die der alternde Körper braucht, um in guter Verfassung zu bleiben und das Fortschreiten etwa von Senilität zu verzögern oder abzuschwächen.

Wenn Ihr Hund Leberprobleme hat, kann eine proteinarme Diät ratsam sein; fragen Sie Ihren Tierarzt nach dem besten Futter für Ihren Hund.

Ältere Hunde können ihr Futter nicht mehr so gut verteidigen wie früher. Wenn Sie noch andere Hunde haben, achten Sie darauf, dass sie ihm das Futter nicht stibitzen oder ihn beim Fressen einschüchtern und verscheuchen.

Kann man alte Hunde gegen Unfall und Krankheit versichern?

Ja, das ist möglich, aber Sie sollten sich umhören, um eine Versicherung zu finden, die alte Hunde aufnimmt. Nur wenige werden einen Hund versichern, wenn er 8 Jahre oder älter ist, natürlich abhängig von der Rasse.

Fragen Sie potenzielle Versicherungen nach Versicherungspaketen und prüfen Sie den Wortlaut genau – besonders die Ausschlussklauseln – um eine passende Police zu bekommen. Wenn Sie etwas nicht verstehen, fragen Sie ruhig nach.

UNTEN Leckerlis und Spielzeuge zum Kauen beschäftigen Ihren Hund und sorgen für die Gesundheit seiner Zähne.

Beachten Sie, dass bereits bestehende Krankheiten nicht versichert werden. Sie können zum Beispiel nicht die Tierarztkosten für eine Arthritisbehandlung geltend machen, wenn Ihr Hund schon vor Abschluss der Versicherung daran litt.

Wie viel Auslauf braucht ein alter Hund?

Wenn Ihr Hund fit und aktiv geblieben ist, führen Sie ihn weiterhin ganz normal aus. Das beruht auf dem Prinzip „wer rastet, der rostet". Wenn er langsamer machen muss, wird er es Ihnen sagen. Vorausgesetzt, Sie kennen die Bedürfnisse Ihres Hundes, merken, wann und wie Sie kürzer treten müssen.

Die Lust Ihres Hundes am Ausführen kann nachlassen. Um ihn nicht zu überfordern, kürzen Sie die Strecke ab. Dennoch sollte er viele interessante Ausflüge machen, damit er durch Bewegungsmangel nicht übergewichtig und steif wird.

UNTEN Kleine alte Hunde haben gegenüber ihren „großen Brüdern" den Vorteil, dass man sie tragen kann, wenn sie auf Spaziergängen müde werden.

RECHTS Regelmäßige Untersuchungen Ihres Hundes helfen, mögliche Probleme rechtzeitig zu erkennen.

Ich möchte einen alten Rettungshund übernehmen – was sind die Vor- und Nachteile?

Die Gesellschaft eines alternden Hundes mit guter Gesundheit ist wunderbar, beruhigend und so befriedigend wie das Spiel mit einem Welpen. Er reagiert vielleicht nicht so rasch wie jüngere Hunde und beim Spielen wird er weniger schnell und wendig sein, aber ein alter Hund hat dennoch viel zu bieten, etwa dass er gut erzogen, stubenrein und auch ruhiger und weit weniger fordernd ist.

Der Hauptnachteil bei der Anschaffung eines alten Hundes besteht darin, dass Sie nicht so lange mit ihm zusammen sein werden wie mit einem jüngeren. Ein alter Hund kann auch gewisse unerwünschte Angewohnheiten haben, die eingeschliffen und daher schwer zu ändern sind. Alte Hunde sind anfällig für „Altersleiden“ wie steife Gelenke, Zahnprobleme und Senilität, deren Behandlung Kosten beim Tierarzt verursachen.

Wie kann ich das Leben meines alten Hundes verlängern?

Wenn ein Hund altert, verfällt ein Teil des Körpergewebes. Das geschieht unvermeidlich, obschon Halter und Tierarzt die Folgen durch Pflege mildern können. Gehen Sie mit jedem Leiden Ihres Hundes zum Tierarzt – je eher man sich darum kümmert, desto besser sind die Chancen für ein langes, angenehmes Leben Ihres Hundes.

Eine geeignete Ernährung, kombiniert mit entsprechender Bewegung wirkt Wunder bei der Aufrechterhaltung der Gesundheit und Fitness. Eine Überforderung durch zu anstrengende Bewegungen kann seine Gesundheit schädigen, weil sein Körper weniger widerstandsfähiger gegen Stress ist und wertvolle Energie und Reserven aufgezehrt werden.

Ist es eine gute Idee, meinen Hund regelmäßig vom Tierarzt untersuchen zu lassen?

Wenn Ihr Hund 7 Jahre, oder, bei großen Rassen, 5 Jahre alt ist, sollten Sie ihn zweimal jährlich untersuchen lassen. Dadurch können Probleme rechtzeitig diagnostiziert und behandelt werden.

OBEN Viele Deutsche Schäferhunde sind anfällig für Hüftprobleme, besonders im Alter.

Mein alter Deutscher Schäferhund hat furchtbare Hüftprobleme. Kann ihm eine künstliche Hüfte helfen?

Leider kann eine Operation in diesem Fall selten helfen, selbst wenn Sie einen Tierarzt finden, der eine solche empfiehlt. Zu den Risiken der Narkose alter Hunde kommt hinzu, dass sich diese schlecht von Operationen erholen. Tatsächlich scheint es nicht angebracht, sie überhaupt zu operieren.

Zum Wohle des Hundes lehnen viele Tierärzte Hüftprothesen für ältere Hunde ab. Sie sind der Ansicht, dass die Traumata vor und nach dieser schweren Operation die Qualität und Länge des Lebens nicht steigern, sondern im Gegenteil eher vermindern.

Stimmt es, dass ältere Hunde dicker werden?

Weil sie sich im Alter weniger bewegen, nehmen ältere Hunde leichter zu. Dennoch ist es keine Entschuldigung, einen Hund nur deshalb übergewichtig werden zu lassen, weil er „in die Jahre“ kommt – das geschieht, weil er falsch gefüttert und/oder zu wenig bewegt wird. Dasselbe gilt für Menschen!

Genauso können alte Hunde rasch an Gewicht verlieren und verhungern, wenn sie aus irgendeinem Grund nicht fressen. Überwachen Sie deshalb das Gewicht eines älteren Hundes aufmerksam.

Mein Hund hat zugenommen – muss ich mir Sorgen machen?

Ja, das sollten Sie. Übergewicht belastet Herz und Gelenke. Bringen Sie Ihren Hund zum Tierarzt, um zu erfahren, warum er zunimmt. Es kann daran liegen, dass Sie ihn überfüttern und/oder zu wenig bewegen. Aber auch eine Krankheit kann Grund für die Gewichtszunahme sein: Möglich sind eine Unterfunktion der Schilddrüse (Hypothyreose), Unterleibstumoren, Cushing Syndrom (Tumore der Nebenniere), Wasseransammlungen, Trächtigkeit oder eine Erkrankung von Muskeln, Skelett, Herz und Atmung, was zu körperlicher Unteraktivität führt.

Wie kann ich verhindern, dass mein älterer Hund übergewichtig wird?

Ihr Tierarzt kann das Idealgewicht Ihres Hundes ermitteln. Ihre Aufgabe ist es, dafür zu sorgen, dass er es hält. Wöchentliches Wiegen hilft bei der Kontrolle.

Um Ihren Hund zu wiegen, wiegen Sie sich zunächst selbst. Dann heben Sie Ihren Hund hoch und wiegen sich noch einmal mit ihm. Ziehen Sie das erste vom zweiten Gewicht ab und Sie wissen, wie viel Ihr Hund wiegt. Wenn Ihr Hund zu groß ist, bringen Sie ihn zum Wiegen in eine Tierarztpraxis, viele haben Waagen.

RECHTS Wiegen Sie das Futter für Ihren Hund ab, damit er die für seine Körpergröße und Bewegung richtige Menge bekommt. Schon ein bisschen zuviel und er wird Fett ansetzen.

Wie kann ich dafür sorgen, dass mein Hund im Alter beweglich und arthritisfrei bleibt?

Regelmäßige Bewegung hilft, einen Hund geschmeidig zu halten, genauso wie die richtige Ernährung und Gewichtskontrollen. Am häufigsten sind Gelenkschäden für Arthritis verantwortlich, die entweder durch Verletzungen oder zu schnelles Wachstum im Welpenalter verursacht werden.

Manche Futterzusätze, so genannte Chondroprotektoren aus Fisch oder Rinderknorpel, werden zusammen mit einem Extrakt aus Grünlippenmuscheln als Vorbeugung gegen Gelenkschäden und zur aktiven Knorpelbildung bei verletzten oder abgenutzten Gelenken eingesetzt. Man erhält sie in Tablettenform in Naturkostläden. Fragen Sie deshalb den Tierarzt, ob sie für Ihren Hund geeignet sind.

Mein Hund hat Arthritis. Wie kann ich verhindern, dass sich seine Verfassung verschlechtert?

Leider können Sie eine auftretenden Gelenkdegeneration durch eine Verletzung, Vererbung oder Verschleiß, die letztendlich Arthritis verursacht, nicht heilen. Aber Sie können die schmerzhaften Symptome durch den Einsatz von tierärztlich verschriebenen, entzündungshemmenden Medikamenten lindern. Sie vermindern die Gelenkentzündung und die Schmerzen. Eine geeignete Diät, das Überwachen des Gewichts und mäßiges, aber regelmäßiges Ausführen helfen zusätzlich. Siehe dazu auch Seite 226.

Es lohnt sich, einen Tierhomöopathen aufzusuchen, der vielleicht unterstützende Medikamente oder Therapien wie etwa Magnettherapie, Akupunktur oder Kräutermischungen kennt, die Ihrem Tier helfen. Sie können auch testen, ob regelmäßiges Schwimmen in einem Zentrum für Hydrotherapie Ihrem Tier gut tut.

Man sagt, dass Dorsch-Lebertran hilft, die Gelenke von Hunden gesund und geschmeidig zu halten. Tipp: Wenn Sie den Fressnapf Ihres Hundes anheben, wird er bequemer fressen können.

UNTEN Sie sollten bei alten, steifen Hunden besonders auf Sauberkeit und Fellpflege achten, weil ihm selbst die Pflege durch arthritische Schmerzen schwer fällt. Achten Sie besonders auf schwer zugängliche Stellen wie etwa unter seiner Rute.

LINKS Löcher in die Luft gucken ist ein Hinweis auf Hundesenilität, ebenso das Desinteresse an der Umgebung.

Kann mein Hund an „Altersdemenz" leiden?

Bei alten Hunden wurde Hunde-Altersdemenz beobachtet. Das entspricht der Alzheimer-Erkrankung beim Menschen. Zu den Symptomen gehören manche oder alle folgenden Verhaltensweisen:

- Verwirrung
- Ängstlichkeit
- Abnormale Schlafmuster
- Darm/Blasenschwäche und/oder abnormales Toilettenverhalten
- Desinteresse an allem in der Umgebung
- Vergesslichkeit
- Orientierungslosigkeit
- Gereiztheit
- Trennungsangst
- abnormales Fressverhalten (Appetitlosigkeit oder Gier)
- abnormale Lautäußerungen.

Mit welchem Verhalten muss ich bei einem an Altersdemenz erkrankten Hund rechnen und wie soll ich damit umgehen?

Einige häufige Symptome finden Sie in der Liste gegenüber. Zum Beispiel können einem einst stubenreinen, senilen Hund „Missgeschicke" im Haus passieren. Er hinterlässt dann Pfützen und Häufchen auf dem Boden oder sogar auf Sitzmöbeln (siehe Seite 239).

Wie bei älteren Menschen, können sich auch alte Hunde auf abrupte Veränderungen ihrer täglichen Routine nur schlecht einstellen und leiden darunter. Wenn Veränderungen nötig sind, dann sollten sie schrittweise eingeführt werden, damit der alte Hund sich an die neuen Umstände langsam gewöhnen kann.

Gehen Sie mit ihm zum Tierarzt, wenn Sie glauben, dass Ihr Hund an einer altersbedingten Hirnerkrankung leidet. Neue Medikamente, die altersbedingt auftretende, Veränderungen im Gehirn behandeln, können bei senilen Hunden eine positive Wirkung haben und die Symptome abschwächen oder sogar eine Verbesserung der Hirnfunktion bewirken. Einen Versuch sind sie wert – vielleicht können sie Ihrem Hund helfen.

Es lohnt sich, einer Vereinigung beizutreten, die speziell Besitzern alter Hunde Rat und Unterstützung bietet. Fragen Sie Ihren Tierarzt oder das örtliche Tierheim, ob sie solche Vereinigungen kennen.

Muss ich mir Sorgen machen, weil mein Hund mehr „klammert" als üblich?

Wenn Ihr älterer Hund ein verstärktes Bedürfnis nach Ihrer Nähe hat, dann achten Sie darauf, ihm genug Beachtung und Bestätigung zu geben. Sie könnten sogar in Betracht ziehen, notfalls sein Lager nachts in Ihr Schlafzimmer zu verlegen.

Ein leise spielendes Radio kann Ihrem Hund „Gesellschaft leisten".

Mein alter Hund wacht mitten in der Nacht jaulend und zitternd auf. Hat er Alpträume?

Dieses bei alten Hunden häufige Problem nennt man „altersbedingte Trennungsangst". Sie tritt nachts auf, wenn alle anderen im Haus schlafen. Der Hund erwacht und fühlt sich desorientiert, er weiß nicht, wo alle anderen hingegangen sind. Er beginnt zu bellen und zu hecheln, Zeichen seiner offensichtlichen Angst. In extremen Fällen macht er sogar unter sich. Man kann das mit einer schweren Panikattacke bei Menschen vergleichen.

Wenn es keinen körperlichen Grund wie etwa einen Tumor für dieses ängstliche Verhalten gibt, können Medikamente und in manchen Fällen alternative Mittel verabreicht werden, um die Angst Ihres Hundes zu behandeln und das Problem zu lösen.

RECHTS Hunde, die schon immer nervös waren, sind anfälliger für altersbedingte Trennungsangst.

Spüren ältere Hunde die Kälte mehr als jüngere Artgenossen?

Die Körper älterer Hunde, besonders solcher, die an Kreislaufproblemen leiden, können nicht mehr so gut die Körpertemperatur auf einem angenehmen Niveau halten. Deshalb muss man darauf achten, dass der Hund es bei kaltem, feuchtem Wetter warm genug hat. Diese klimatischen Bedingungen verursachen ihm Unbehagen, besonders wenn er unter schmerzenden Gelenkerkrankungen wie Arthritis leidet.

Warum spielt mein alter Hund nicht mehr so wie früher?

Ihr Hund ist in einem Alter, in dem er spürt, dass er die Dinge etwas ruhiger angehen muss. Er spart seine Kräfte zur Aufrechterhaltung der körperlichen Bedürfnisse auf. Sie würden auch nicht von einem älteren Menschen erwarten, dass er anstrengende Spiele spielt oder von früh bis spät wach und interessiert ist. Gestehen Sie das also auch Ihrem Hund zu.

Auch wenn er nicht mehr so mit Ihnen spielt wie damals, als er jung war, wird er die Beziehung zu Ihnen dennoch genauso genießen. Obwohl er viel herumsitzt und schweigt, sollte ein älterer Hund niemals ignoriert werden. Damit er froh, zufrieden und bei bestmöglicher Gesundheit bleibt, braucht er viel Liebe und Zuwendung, seiner körperlichen Verfassung gemäße Bewegung sowie Geduld und Verständnis.

UNTEN Machen Sie bei feuchtkaltem Wetter alten Hunden das Leben mit einem wasserdichten, warmen Mantel für Spaziergänge im Freien angenehmer.

Mein Hund ist nicht mehr so aktiv wie er mal war. Welche Spiele eignen sich jetzt?

Am besten eignen sich Spiele, die mehr geistige als körperliche Wendigkeit erfordern. Sie können auch weiterhin aktiv mit ihm spielen, aber sanfter, um ihn nicht zu überfordern und keine Verletzungen zu riskieren. Verkürzen Sie die Spaziergänge und suchen Sie nach neuen Wegen, um sein Interesse wach zu halten.

Sanfte Zerrspiele und Trainingsübungen, die Ihr Hund bequem absolvieren kann – zum Beispiel Sitzen, Bleiben, eine Beute fangen und Schütteln – machen das Leben für Ihren alten Hund schön.

Ich fahre in Urlaub – ist es fair, wenn ich meinen Hund in einer Pension lasse?

Das sollte kein Problem sein, wenn Ihr Hund fit und gesund ist und gern die Ferien über in eine Hundepension geht. Eine gute Hundepension wird die Bedürfnisse von älteren Hunden berücksichtigen und angemessen für sie sorgen.

Wenn Ihr Tier Hundepensionen nicht gewohnt und von Natur aus nicht zutraulich und gesellig ist oder auf eine Trennung von Ihnen schlecht reagiert, wäre es nicht nett, ihn wegzugeben. In solchen Fällen müssen Sie eine akzeptable Alternative finden (siehe Seite 233).

RECHTS Wenn Familienmitglieder, Freunde oder Nachbarn auf Ihren Hund aufpassen sollten sie vernünftig, verlässlich und kompetent sind.

UNTEN Ins Gras geworfene oder versteckte Leckerlis ergeben ein schönes Versteckspiel – Ihr Hund wird Spaß daran haben, sie zu suchen.

Welche anderen Möglichkeiten zur Unterbringung meines Hundes gibt es für die Zeit meiner Abwesenheit?

Ideal ist das Engagieren eines Hundesitters von einer auf Heimtierpflege spezialisierten Agentur. Der Sitter bleibt bei Ihnen zuhause, bewacht auch gleich das Haus und kümmert sich um Ihren Hund in seiner gewohnten Umgebung.

Wenn Sie sich hierfür entscheiden, achten Sie darauf, dass der Sitter Erfahrungen mit alten Hunden hat. Lassen Sie Ihren alten Hund niemals allein zurück – es reicht nicht, wenn ein oder zwei Mal täglich jemand zum Füttern und Ausführen kommt.

Mein alter Hund hat Druckstellen vom Liegen. Wie kann ich ihm helfen?

Achten Sie darauf, dass Ihr Hund eine weiche Unterlage in seinem Lager hat. Stellen Sie notfalls mehrere Lager in verschiedenen Bereichen des Hauses auf, damit er nie auf dem Boden liegen muss. Die Lager müssen leicht erreichbar sein – Ihr Hund sollte ohne Mühe hinein- und hinauskommen.

Mein alter Hund schläft mehr als früher üblich. Ist das normal?

Ja, das ist es. Wie alte Menschen, brauchen auch ältere Hunde mehr Ruhe, damit sie möglichst gut funktionieren, wenn sie wach sind. Ihr Hund sollte ungestört ruhen dürfen, wie und wann ihm danach ist. Sein Lager sollte sich an einem ruhigen Ort im Haus befinden. Alte Hunde ruhen und/oder schlafen bis zu 20 Stunden täglich.

UNTEN Alte Hunde verdösen den Tag gern am liebsten dort, wo es am bequemsten ist, wo sie sich sicher fühlen und sie entspannt und tief schlafen können.

OBEN **Wenn ältere Hunde auf gerufene Kommandos nicht mehr gehorchen, könnte es sein, dass sie Probleme mit dem Gehör haben.**

Mein Hund wird grantiger und hat nach den Kindern geschnappt. Was soll ich machen?

Ihre Kinder müssen lernen, das Bedürfnis Ihres Hundes nach einem ruhigeren Leben zu respektieren. Vielleicht ist er steif und wund und schätzt es deshalb nicht, wenn man an ihm herumzerrt, weil es ihm Unbehagen und Schmerz bereitet.

Sich schnell bewegende, laut sprechende Kinder verwirren und ängstigen ihn, deshalb kann er – entgegen seiner sonstigen Art – aus Selbstverteidigung und zur Warnung zugeschnappt haben. In einem Rudel weisen ältere Hunde so respektlose Welpen zurecht. Auch wenn dieses Verhalten verständlich ist, darf es in häuslicher Umgebung nicht geduldet werden. Zur Sicherheit aller müssen Sie für ihre Kinder Regeln im Umgang mit dem Hund festlegen und dürfen sie nie allein mit ihm lassen.

Wenn Ihr Hund trotz aller Versuche und des besten Benehmens Ihrer Kinder unberechenbar im Umgang mit ihnen wird, sollten Sie darüber nachdenken, ihm ein neues Zuhause ohne Kinder zu suchen oder ihn einschläfern zu lassen (siehe Seite 247).

Mein Hund hört nicht mehr so auf meine Befehle. Warum?

Wahrscheinlich hat er altersbedingte Probleme mit dem Gehör. Lassen Sie ihn vom Tierarzt daraufhin untersuchen. Vielleicht kann man etwas zur Verbesserung des Zustands unternehmen.

Wie kann ich einem tauben Hund sagen, was er tun soll?

Sie müssen Ihre Kommandos an ihn so anpassen, dass er verstehen kann, was Sie wollen. Offensichtlich können Sie nicht Ihre Stimme dazu benutzen, weil er Sie, wenn überhaupt, nicht gut hört. Deshalb müssen Sie andere, klarer definierte Signale benutzen, um ihn zu führen – wie etwa Handzeichen im Hellen und mit der Taschenlampe im Dunklen.

Suchen Sie einen Hundetrainer, der Ihnen visuelle Möglichkeiten der Verständigung mit Ihrem Tier zeigt und wie sie diese am besten einsetzen.

Hat die Tatsache, dass er mich nicht mehr hört, einen schädlichen Einfluss auf das Leben meines Hundes?

Im Allgemeinen nicht. Offensichtlich schwierig wird es jedoch, wenn er Sie bei Spaziergängen aus den Augen verliert. Dann kann er Ihre visuellen Signale nicht mehr sehen. Aus Sicherheitsgründen dürfen Sie das nicht geschehen lassen – besonders nicht dann, wenn Sie ihn rasch zurückrufen müssen.

Lassen Sie Ihren Hund nicht in der Nähe von Straßen von der Leine, da er weder herannahende Fahrzeuge noch Ihre vor der Gefahr warnenden Rufe hört.

Bezüglich der Sicherheit im Haus sollten Sie ihn nicht in Situationen bringen, die dazu führen könnten, dass er oder ein Familienmitglied sich wegen seiner Taubheit verletzen. Halten Sie ihn zum Beispiel während des Kochens der Küche fern und lassen Sie ihn im Haus, wenn Sie den Rasen mähen!

UNTEN Mit dem richtigen Training lernen Hunde rasch visuelle Anweisungen wie diese Handzeichen zu verstehen und ihnen zu gehorchen.

Mein alter Hund läuft gegen Sachen – kann seine Sehkraft nachgelassen haben?

Sehr wahrscheinlich ist das so. Lassen Sie sein Sehvermögen vom Tierarzt prüfen. Vielleicht kann der etwas dagegen tun – obwohl bei alternden Hunden Blindheit ein normaler und meist nicht umkehrbarer, unheilbarer Zustand ist.

Die Augen meines Hundes scheinen sich zu trüben. Was ist die Ursache?

Ursache kann eine Verletzung sein, wahrscheinlicher aber ist die Trübung einfach auf das Alter zurückzuführen. Die Augen vieler alter Hunde trüben sich, aber das bedeutet nicht unbedingt, dass sie erblinden, obschon sie etwas von ihrer Sehkraft einbüßen können.

Ein Tierarzt sollte prüfen, was der Grund für die Augentrübung ist und ob sie mit wenig Unannehmlichkeiten für Ihren Hund behandelt werden kann.

Kann man den grauen Star bei meinem 12 Jahre alten Hund erfolgreich behandeln?

Grauer Star ist ein Eintrüben der Linse durch Degeneration. Er bedeutet bei alten Hunden oft eine eingeschränkte Sicht. Man erkennt ihn als blauen Schatten auf dem Augenhintergrund. Je nach Schwere des Grauen Stars kann der Hund noch sehen, wenn auch weniger klar. Wenn die Linse weiß wird, ist der Hund auf dem Auge wahrscheinlich blind.

Grauer Star kann bei manchen Hunden operativ entfernt werden. Fragen Sie Ihren Tierarzt, ob im Fall Ihres Hundes eine Operation anzuraten ist (siehe oben).

Mein alter Hund erblindet. Schränkt das seine Lebensqualität ein?

Viele Hunde passen sich erstaunlich schnell daran an, wenn sie erblinden. Helfen Sie ihm, sich an sein schwindendes Sehvermögen zu gewöhnen, wird

LINKS Milchige oder trübe Augen weisen auf Sehstörungen wie den Grauen Star hin.

dies die Lebensqualität und -freude Ihres Hundes nicht beeinträchtigen.

Ihr Hund muss über seine verbleibenden Sinne erfahren, dass er sich sicher fühlen kann und er nicht zusätzlich sehen muss, wenn er etwas riechen, hören, schmecken und ertasten kann. Wenn Sie ihn berühren und streicheln, weiß er, dass Sie da sind und auf ihn achten.

Verwenden Sie akustische statt visuelle Signale, um ihn zu führen. Gewöhnen Sie Ihren Hund an bestimmte Spazierwege, damit er seine anderen Sinne nutzt und er sich dort sicher fühlt. Ältere Hunde haben meist mehr Probleme mit dem Sehen in hellem Licht und in der Dunkelheit, deshalb könnte es sein, dass er zu diesen Zeiten nicht spazieren gehen möchte.

UNTEN Lassen Sie im Haus alle Dinge an Ort und Stelle, damit der sehbehinderte Hund sich zurechtfindet, ohne Angst haben zu müssen, dass er gegen Sachen läuft und sich verletzt.

Die Krallen meines alten Hundes scheinen länger als früher. Soll ich sie einkürzen?

Ihr Hund bewegt sich wohl nicht mehr so viel wie früher auf rauen Oberflächen wie etwa Pflaster, auf denen sich seine Krallen abnutzen. Deshalb werden die Krallen länger. Wenn sie so lang sind, dass der Hund deshalb in seiner Bewegung beeinträchtigt ist, strapaziert das andere Körperteile und die Hüften.

Hinweise zur Krallenpflege finden Sie auf Seite 63. Sie können die Krallen auch bis auf eine geeignete Länge mit einer speziellen Feile einkürzen. Sie erhalten diese in Zoohandlungen.

RECHTS Nach dem Baden lassen sich die Krallen besser einkürzen, weil sie dann weicher sind.

Mein jüngerer Hund greift meinen älteren an. Wie kann ich das verhindern?

Es scheint, als ob der junge Hund durch dieses Verhalten gegenüber dem älteren versucht, der dominantere von beiden zu werden. Behandeln Sie den scheinbar dominanteren der beiden Hunde als solchen, um die Rangordnung im Rudel zu bestätigen und den Konflikt zwischen den beiden zu schlichten. Tun Sie das, indem Sie dem „Alpha-Hund“ bevorzugt Ihre Aufmerksamkeit schenken. Der „Unterlegene“ wird seinen Platz erkennen und ihn akzeptieren, während der andere keinen Grund mehr hat, ihn anzugreifen.

Das Trennen der Hunde bei Mahlzeiten verhindert, dass um das Futter gekämpft wird. Geben Sie aber dem Alpha-Hund zuerst sein Fressen.

Wenn der Kampf zwischen den beiden anhält, konsultieren Sie einen auf Hunde spezialisierten Tierpsychologen.

UNTEN Wenn Sie schon einen Hund haben, sollten Sie gut überlegen, bevor Sie einen Welpen dazuholen.

Soll ich einen jungen Hund anschaffen, damit mein alter Hund Gesellschaft hat und „jung" bleibt?

Manche Leute überlegen einen jungen Hund anzuschaffen, wenn ihr Hund alt wird. Das kann eine gute oder schlechte Entscheidung sein, abhängig vom Temperament und Wesen des alten Hundes. Wenn er den Welpen mag, kann das neuen Antrieb für sein Leben bedeuten. Wenn er ihn nicht mag oder der Welpe zu lebhaft ist, kann er den Neuankömmling ablehnen, sich zurückziehen, das Futter verweigern und letztlich depressiv und sehr krank werden. War der alte Hund der einzige im Haus und immer ein Einzelgänger, wäre es besser, keinen neuen Hund anzuschaffen.

Zu bedenken ist auch, dass ein heranwachsender Welpe versucht, den älteren und schwächeren Hund herauszufordern.

Mein 10 Jahre alter Hund hat Verstopfung. Wie kann ich erreichen, dass er sich entleert?

Verstopfung ist ein Altersleiden. Es liegt an der nachlassenden Effizienz der Verdauung, oft in Verbindung mit mangelnder Bewegung. Konsultieren Sie den Tierarzt um sicher zu gehen, dass die Verstopfung nicht durch eine Krankheit wie etwa eine vergrößerte Prostata verursacht wird.

Eine feuchte oder halbfeuchte, ballaststoffreiche Kost oder das Ersetzen einer Mahlzeit durch öligen Fisch (Thunfisch, Sardinen) helfen ebenfalls. Geben Sie zu jeder Mahlzeit Dorsch-Lebertran. Das fördert die Verdauung und hält Gelenke, Haut und Fell gesund.

Achten Sie darauf, dass Ihr Hund genug Wasser trinkt – er sollte stets einen sauberen, frischen Vorrat davon haben. Stellen Sie Schalen in Haus und Garten auf, damit er jederzeit trinken kann.

Mein alternder Hund ist inkontinent und die Medikamente vom Tierarzt scheinen nicht zu wirken. Was kann ich tun?

Ein Tierarzt sollte sich mit dem Problem Ihres Hundes beschäftigen. Halten Sie Ihren Hund in Bereichen des Hauses, wo „Missgeschicke" nicht so schlimm sind – schließen Sie ihn aber nicht von der Familie aus, das wäre grausam, weil es ihn für etwas bestraft, das er nicht kontrollieren kann. Teppiche können ersetzt werden, aber liebende Gefährten nicht.

Es gibt Windeln für Hunde, die Sie ausprobieren können sowie spezielle Bettpolster, die auslaufenden Urin aufsaugen.

Wischen Sie Urin mit Produkten auf, die Flecken und Gerüche beseitigen – Sie erhalten diese in Tierhandlungen.

Mein 12 Jahre alter Yorkshire-Terrier frisst seit Neuestem nicht richtig. Was kann mit ihm los sein?

Als erstes sollten Sie das Maul Ihres Hundes auf Krankheiten wie Tumoren, Gingivitis oder einen Abszess untersuchen. Bringen Sie ihn für eine Generaluntersuchung zum Tierarzt.

Wenn der nichts findet, wechseln Sie zu einem Futter speziell für ältere Hunde, das er leichter kauen kann. Feuchtes Futter mit Raumtemperatur ist appetitlicher, leichter und bequemer zu fressen.

Verabreichen Sie lieber zwei oder drei kleinere Mahlzeiten pro Tag als ein oder zwei große. Ein paar verlockenden Bissen im Futter oder in der Soße, um es anzufeuchten, wird Ihr Hund kaum widerstehen können.

OBEN Ein Zahnproblem kann der Grund sein, warum ein Hund nicht mehr frisst.

Mein alter Hund trinkt mehr als gewöhnlich. Ist das abnormal?

Extremer Durst (Polydipsie) ist immer ein Grund zur Sorge, lassen Sie deshalb Ihren Hund vom Tierarzt untersuchen. Gründe für das übermäßige Wassertrinken können Diabetes mellitus (Zuckerkrankheit) oder Nierenversagen sein. Für beides sind ältere Hunde anfällig.

Wie kann ich es meinem älteren Hund bequem machen, wenn er mit im Auto fährt?

Grundsätzliches zum Transport von Hunden finden Sie auf Seite 56. Zusätzlich sollten Sie noch weitere Vorkehrungen treffen:

- Legen Sie öfter eine Rast ein, damit Ihr Hund seine steif gewordenen Beine strecken und sich erleichtern kann.
- Vermeiden Sie alle langen Reisen.
- Ein ruhiger Fahrstil ist Pflicht, besonders beim Abbiegen, weil ältere Hunde nicht so gut das Gleichgewicht halten können wie jüngere.
- Sorgen Sie für kuschelige Decken, auf denen Ihr Hund liegen kann.
- Halten Sie ihn mit Leckerlis, Kauspielzeug und Spielsachen beschäftigt.

Mein alter Hund kommt nur schwer ins Auto und wieder hinaus und er ist zu schwer, um ihn zu heben. Wie kann ich das Problem lösen?

Die einfachste Lösung besteht in einer sanft ansteigenden Rampe, auf der Ihr Hund ins Heck oder auf den Rücksitz des Autos laufen kann. Die Rampe muss stabil und mit rutschfestem Material bedeckt sein. Bretter oder eine Tür tun es auch.

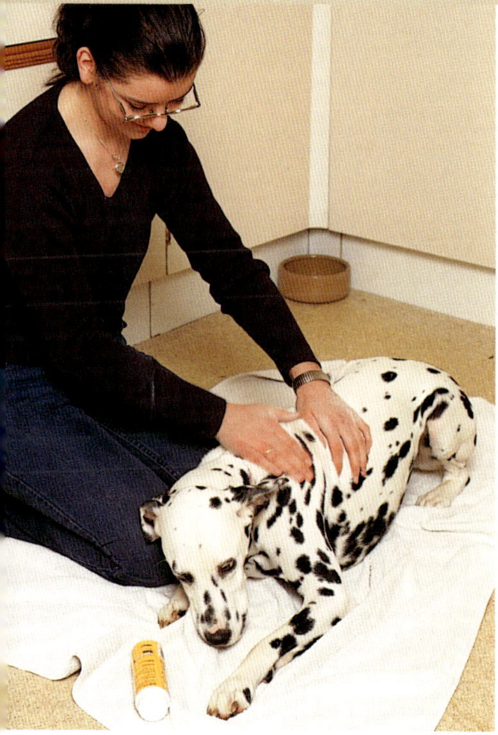

OBEN Ein Trockenshampoo ist leichter anzuwenden als Ihren Hund in Wasser zu baden.

Was kann ich gegen den Körpergeruch meines Hundes tun?

Für dieses Problem gibt es eine Reihe von Gründen und daher auch Lösungen. Sie finden sie in der Tabelle unten aufgelistet.

Mein alter Hund erschrickt vor lauten Geräuschen. Wie kann ich seine Furcht mindern?

Die meisten Tiere haben Angst vor Feuerwerk und lauten Geräuschen. Folgende Schritte können Sie unternehmen:

- Gibt es in der Nachbarschaft Feuerwerk, halten Sie Ihren Hund im Haus. Stellen Sie Radio oder Fernseher an, um den Lärm zu überspielen.
- Decken Sie das Lager oder die Hütte Ihres Hundes ab, damit er sich in die „Höhle" verkriechen kann.

KÖRPERGERUCH

URSACHE	LÖSUNG
Blähungen	Versuchen Sie einen Wechsel zu einer natürlicheren Ernährung hin.
Medikamente	Fragen Sie Ihren Tierarzt.
Hautleiden	Fragen Sie Ihren Tierarzt.
Überaktivität der Talgdrüsen	Baden Sie Ihren Hund regelmäßig.
Schlechte Mundhygiene	Regelmäßige Zahnuntersuchungen und -reinigung sind nötig. Geben Sie Ihrem Hund Kauknochen aus Rinderhaut und rohe, fleischige Knochen, um seine Zähne und das Zahnfleisch zu reinigen.
Verstopfte Analbeutel	Fragen Sie Ihren Tierarzt.

OBEN Das Schwimmen in einem speziellen Hydrotherapiebecken für Hunde kann die Steifheit lindern und ältere Hunde beweglich halten.

- Beruhigen oder streicheln Sie den Hund nicht, wenn laute Geräusche auftreten, weil das seine Angst nur bestätigt. Ignorieren Sie ihn einfach und fahren Sie mit dem fort, was Sie gerade tun. Wenn Sie keine Angst zeigen, wird auch er weniger ängstlich sein. Beachten Sie ihn nur, wenn er sich brav verhält.
- Notfalltropfen (aus Blütenessenzen) können beruhigend wirken, genauso wie eine entspannende Massage.
- Manchmal helfen Kassetten oder CDs zur Desensibilisierung. Man findet sie in guten Tierhandlungen oder fragen Sie Ihren Tierarzt.

Kann Schwimmen die Steifheit meines Hundes lindern?

Hydrotherapie kann allen Hunden mit Bewegungsproblemen wohl tun. Sie können sich im Wasser bewegen, ohne ihre Gelenke stark zu belasten. Fragen Sie Ihren Tierarzt, ob er eine Therapieeinrichtung in der Nähe kennt, die man regelmäßig besuchen kann.

Eine gute Einrichtung wird:

- Hunde nur auf tierärztliche Empfehlung nehmen.
- Eine entsprechende Unfall- und Haftpflichtversicherung haben.
- In Erster Hilfe für Hunde geschulte, erfahrene Mitarbeiter haben.
- Ein beheiztes Becken haben, dass groß genug für alle Hundegrößen ist. Wasserstrahldüsen zur Erhöhung der Strömung und ein Sicherheitsgeschirr für Hunde sowie eine Möglichkeit, den Hund leicht ins Wasser zu bringen, sollten ebenfalls nicht fehlen.

Stimmt es, dass man alten Hunden nichts Neues beibringen kann?

Nein, ältere Hunde lernen gerne neue Sachen, ganz genauso wie junge. Sie haben viel Spaß, wenn sie eine Aufgabe oder ein Rätsel bewältigen und belohnt werden.

Wie bei jüngeren Hunden sollten Sie kein unerwünschtes Verhalten belohnen, weil der Hund dann das, was er getan hat, als akzeptabel ansieht und wieder tun wird. Ignorieren Sie Verhaltensweisen, die nicht zur Gewohnheit werden sollen und belohnen Sie jene, die erwünscht sind.

Mein 9 Jahre alter Hund entwickelte neulich ein Herzgeräusch. Was kann man tun?

Das ist ein ernster Umstand und verlangt, abhängig von der Ursache, entsprechende tierärztliche Behandlung. Herzprobleme entstehen in der Regel durch Rhythmusstörungen oder Klappenerkrankungen. Eine gute Nachricht ist, dass eine Behandlung Ihrem Tier meist ein relativ beschwerdefreies Leben ermöglicht. Diese besteht aus der Kombination einer Diät, dem Einhalten eines angemessenen Gewichtes, Bewegung und Medikamenten.

UNTEN Das Aufrechterhalten der geistigen und körperlichen Aktivitäten hält ältere Hunde länger „jung".

Stimmt es, dass Shiatsu besonders älteren Hunden gut tut?

Shiatsu (Fingerdruck-Therapie) stimuliert die Muskelentspannung und den Blutkreislauf. Er regt den Körper zur Selbstheilung an und tut älteren Hunden deshalb wirklich gut.

Fragen Sie Ihren Tierarzt nach einem Shiatsu-Therapeuten. Sie können es auch selbst versuchen – investieren Sie zum Beispiel in ein gutes Buch.

UNTEN Manche Hunde mögen Shiatsu, andere nicht. Ihr Hund weiß am besten, was ihm gut tut und was ihm hilft.

Wie kann ich verhindern, dass mein in den Bewegungen eingeschränkter Hund die Treppe hinunter fällt?

Zu seiner eigenen Sicherheit sollte Ihr Hund die Stufen nie ohne Begleitung nehmen. Sperren Sie deshalb die Treppe ab, wenn Sie nicht aufpassen können.

Manche Hunde sind traurig, wenn sie nicht mit ihrem Halter nach oben gehen dürfen, wie sie das bisher gewohnt waren. In diesem Fall könnten Sie Ihr Schlafzimmer nach unten verlegen, um bei ihm zu sein – besonders, wenn Ihr alter Hund nicht mehr lange bei Ihnen sein wird.

UNTEN Ein Türchen an der Treppe verhindert, dass ein älterer Hund die Treppe hinunterfällt.

Mein alter Hund schnappt neuerdings gern zu, besonders wenn ich ihn hochheben möchte. Warum?

Ihr Hund leidet offensichtlich unter Schmerzen, die verschlimmert werden, wenn Sie ihn hochheben. Der Tierarzt wird die Gründe offen legen, und das Leiden Ihres Hundes lindern können.

UNTEN Mit einem Handtuch oder Ähnlichem können Sie Ihren Hund preiswert und effektiv mobil zu halten.

Warum hat mein Hund begonnen, im Schlaf zu schnarchen?

Flachgesichtige (brachycephalische) Rassen sind wegen ihres deformierten Mauls anfällig für Schnarchen. Trifft dies bei Ihrem Hund nicht zu, kommen folgende Ursachen infrage:

- Fettleibigkeit
- Loses Gewebe im Rachen
- Eine Blockierung im Hals
- Eine Reaktion auf eine Substanz in der Luft, etwa Zigarettenrauch.

Eine Untersuchung durch den Tierarzt hilft, die Ursache zu finden. Manchmal hilft es auch, wenn man das Lager des Hundes gegen ein größeres oder anders geformtes austauscht, damit er in einer bequemeren Position schlafen kann.

Mein Hund leidet an einer degenerativen Rückgraterkrankung. Wie kann ich ihm helfen, zurechtzukommen?

Benutzen Sie ein Handtuch als eine bequeme, sich nicht zusammenziehende Schlaufe und ziehen Sie diese unter seinem Bauch durch. Wenn er sich mit den Vorderbeinen voranschleppt, können Sie, ohne sich zu bücken, seine Hinterbeine unterstützen. Wenn er sich erleichtern möchte, lockern Sie die Schlaufe etwas.

Legen Sie eine rutschfeste Unterlage auf gefliesten Böden und Parkett, damit Ihr Hund nicht darauf ausrutscht – glatte Fußböden sind häufig Ursache für Hüft- und Rückenverletzungen bei älteren Hunden. Ein Teppich reicht in der Regel aus.

OBEN Ein Hund hechelt, um sich abzukühlen, genug Sauerstoff zu bekommen oder wenn er gestresst ist.

Mein alter Hund hechelt viel. Warum?

Bei älteren Hunden kann der Kreislauf die Körpertemperatur nicht mehr so gut wie früher aufrechterhalten (siehe Seite 230). Wenn es zu warm ist hechelt er, um durch Verdunstung der Zungenfeuchtigkeit Wärme abzuführen und seine Körpertemperatur zu senken.

Eine Herz- oder Lungenkrankheit kann ebenfalls Ursache für das Hecheln sein. Auch unter Stress verbraucht Ihr Hund mehr Sauerstoff und hechelt, um diesen zu bekommen.

Wenn Ihr Hund beim Hecheln leidend aussieht, konsultieren Sie einen Tierarzt.

Ich weiß, dass die Tage meines Hundes gezählt sind. Wie kann ich die uns verbleibende Zeit so schön wie möglich machen?

Hunde nehmen die Stimmung ihrer Halter rasch auf. In dieser Zeit müssen Sie entspannt und positiv denken und möglichst viel aus der Zeit mit Ihrem Hund machen. Sind Sie heiter, wird Ihr Hund es auch sein; sind Sie unglücklich, wird auch er es sein – und das ist das Letzte, was Sie für ihn wünschen.

Denken Sie nicht ständig daran, dass Ihr Hund nicht mehr lange bei Ihnen sein wird. Machen Sie stattdessen das Beste aus jedem Tag mit ihm. Spielen Sie seine Lieblingsspiele, gehen Sie an schönen, warmen Tagen mit ihm raus und verwöhnen Sie ihn mit Leckerlis, denn nun kommt es nicht mehr darauf an, wenn er etwas molliger wird. Sie werden sich wohler fühlen, wenn Sie die letzten Tage Ihres Hundes zu etwas Besonderem machen und er weiß es sicher zu schätzen.

Machen Sie viele Fotos oder Video-Filme von ihm, damit halten Sie schöne Erinnerungen fest.

Woher weiß ich, dass die Zeit gekommen ist, meinen alten Hund einzuschläfern?

Mit der Zeit schläft der ältere Hund mehr und mehr und bewegt sich immer widerwilliger. Solange er fähig ist, normal zu funktionieren, wenn auch in dieser eingeschränkten Weise, fühlt er sich wohl.

Wenn Blase, Darm und Hüfte Ihres Hundes versagen und er nicht mehr ohne seelische Qual oder körperlichen Schmerz funktioniert, ist es ratsam, Ihren Freund zu erlösen und ihm ein schmerzloses Sterben in Würde zu erlauben. Das ist die letzte gute Tat, die Sie für einen viel geliebten Gefährten tun können.

RECHTS Auch wenn man nicht gern daran denkt, sollte man sich jetzt an den Tierarzt wenden und darüber sprechen, wann und wo Ihr Hund eingeschläfert werden soll. Es macht die Sache für beide etwas leichter, wenn Sie darauf vorbereitet sind.

Was passiert, wenn ein Hund eingeschläfert wird?

Wenn es richtig gemacht wird, läuft der Vorgang rasch und schmerzlos ab:

1 Wenn nötig, wird zunächst ein Beruhigungsmittel gespritzt.

2 In der Regel wird ein Vorderlauf rasiert, um den Verlauf der betreffenden Vene zu lokalisieren.

3 In diese Vene wird eine Überdosis Betäubungsmittel gespritzt. Dadurch wird der Hund schläfrig, verliert das Bewusstsein und stirbt innerhalb von Sekunden friedlich.

Wenn der Kreislauf des Hundes nicht richtig arbeitet, muss der Tierarzt eventuell direkt ins Herz oder in die Nieren spritzen. Für den Halter mag diese Methode grausam sein, deshalb ist eine erfahrene und Anteil nehmende Tierarzthelferin für alle eine unschätzbare Hilfe.

UNTEN Ein Grabmal für Ihren Hund kann therapeutisch wirken. Sie haben einen Ort, wohin Sie zum Trauern gehen und sich auch an die schönen Zeiten mit ihm erinnern können.

Ideal wäre es, wenn Sie sowohl den Tierarzt wie auch seine Helferin zu sich nach Hause holen könnten. Ansonsten bringen Sie Ihren Hund zu einer vorher vereinbarten Zeit in die Praxis (meist am Ende der Sprechstunde). Sorgen Sie dafür, dass Ihnen jemand beisteht und Sie fahren kann.

Was geschieht mit dem Hund, nachdem er eingeschläfert wurde?

Der Tierarzt wird den Körper entsorgen oder sich darum kümmern, dass er nach Ihren Anweisungen begraben oder eingeäschert wird. Sie können Ihr Tier auch mit nach Hause nehmen und, sofern gesetzlich erlaubt, im eigenen Garten oder auf einem Tierfriedhof beisetzen. Ihr Tierarzt kann Sie über die geltenden rechtlichen und hygienischen Bestimmungen aufklären. Wenn Sie Ihr Tier einäschern lassen möchten, informieren Tierfriedhöfe Sie über die Kosten und Umstände.

Mein Hund starb vor einigen Wochen, aber ich komme immer noch nicht darüber hinweg. Ist das normal?

Nach einem Verlust ist Trauer ein wesentlicher Teil des Heilungsprozesses. Es gibt keinen festgesetzten Zeitraum, wie lange Besitzer um ihre Hunde trauern: Manche nehmen es hin und verwinden den Verlust leichter als andere, die vielleicht Monate oder gar Jahre lang nicht darüber hinweg kommen – das ist völlig normal.

Ich fühle mich schuldig, weil ich meinen Hund einschläfern ließ. Hätte ich mehr für seine Rettung tun sollen?

Manchmal können Halter es nicht ertragen, ihr Tier zu verlieren. Das ist verständlich, bedeutet aber, dass sie es versäumen, den Hund dann einschläfern zu lassen, wenn es nötig wäre. Ein verantwortungsvoller Halter wird jedoch das Wohl des Tieres über seines stellen – ganz gleich, was es ihn kostet.

Viele Halter geben sich die Schuld am Tod Ihres Hundes und grübeln darüber nach, ob man ihn nicht hätte verhindern können, wenn man die Dinge anders angegangen wäre oder es intensiver versucht hätte – obwohl in Wirklichkeit nichts weiter getan werden konnte. Das ist eine normale Reaktion, kann aber leider nicht ändern, was geschehen ist.

Sie sollten sich an die vielen schönen Momente erinnern, die Sie mit Ihrem geliebten Tier erleben durften und sie als einen Schatz in Ihrer Erinnerung bewahren.

Kann die Anschaffung eines neuen Hundes mir helfen, mit dem Tod meines alten umzugehen?

Schaffen Sie sich nach dem Tod eines Hundes nicht gleich einen neuen an, um mit dem Verlust fertig zu werden. Wenn Sie einen neuen Hund möchten, warten Sie, bis Sie emotional und körperlich dazu bereit sind, ein neues Mitglied ins Haus zu holen.

UNTEN **Manchmal hilft die Anschaffung eines neuen Hundes über den Verlust des alten hinweg. Das sollte jedoch nicht ohne gründliche Überlegung geschehen.**

OBEN Unterschätzen Sie niemals die Trauer oder Reaktion eines Kindes auf den Tod eines Haustieres, der ganz unterschiedliche Auswirkungen haben kann. Er kann langfristige und schädliche Folgen für Verhalten, Gesundheit, Lernvermögen und Sozialisation haben. Als Eltern oder Erzieher sollte man dem Kind Verständnis und Beistand geben.

Können mein anderer Hund und sogar meine Katze über den Verlust ihres Hundefreundes trauern?

Nicht nur der Halter trauert über den Verlust eines Hundes – auch andere Haustiere können dies. Manche Leute lassen die anderen Haustiere den Leichnam ihres Gefährten sehen, damit sie begreifen, dass er tot ist und sich von ihm verabschieden können.

Am besten fährt man bei den verbliebenen Tieren mit der üblichen Alltagsroutine fort und lässt sie untereinander eine neue Hierarchie ausmachen.

Wie kann ich für meine Kinder den Tod des Hundes erträglicher machen?

Je nach Alter reagieren Kinder unterschiedlich auf den Tod eines Haustieres. Viele erleben das zum ersten Mal. Es kann sehr hilfreich sein, mit einem Trauerberater darüber zu sprechen, wie man den Kindern den Tod des Tieres erklären kann – sicher auch für Sie eine Hilfe.

Sie sollten jedoch nicht sagen, dass das Tier „eingeschläfert" worden ist, weil das falsche Hoffnungen wecken könnte – das Kind könnte denken, dass sein Hundefreund eines Tages wieder aufwacht.

Ob man einem Kind den Leichnam des Hundes sehen lassen sollte, hängt wieder vom Alter und der Psyche des einzelnen Kindes ab. Ein qualifizierter Berater kann helfen, die beste Vorgehensweise in einem solchen Fall zu finden.

UNTEN Ältere Menschen können sich bis zu ihrem Tod an einem Hund erfreuen, wenn sie Vorkehrungen für den Fall treffen, dass der Hund sie überlebt.

Ich hätte gern einen Hund. Wie kann ich sicherstellen, dass gut für ihn gesorgt wird, falls ich vor ihm sterbe?

Vielleicht kann ein Angehöriger das Tier aufnehmen. Wenn nicht, übernehmen Tierschutzorganisationen die Verantwortung und suchen ein Heim nach Ihren Vorstellungen für das Tier. Damit dies auch wirklich geschieht, sollten Sie Kontakt zu einer Organisation aufnehmen und fragen, was Sie im Vorfeld tun können. Wenn die Zeit kommt, kann man den Hund mit wenig Stress und Aufwand in sein neues Zuhause bringen.

Register

Bildnachweise

Alamy/David Crausby 116 unten links.
Animal Photography/Sally Anne Thompson 173 unten rechts.
Ardea/John Daniels 161 oben, 200 oben;/M. Watson 99 unten.
Corbis UK Limited/ Ed Bock 224 unten; /Philip James Corwin 125 rechts; /Ronnie Kaufman 143 rechts;/Tom Nebbia 126; /Ariel Skelley 146 oben links.
John Daniels 106 unten rechts, 191 unten links, 210 unten, 225 oben rechts, 242 oben, 244 unten rechts.
DK Images 15 Bild 8.
Empics/Tim Ockenden 189 unten.
Frank Lane Picture Agency 208 unten; /David T. Grewcock 195 unten rechts, 248 unten links; /David Hosking 180 unten links, 236 unten links, 237 Mitte rechts; /Gerard Lacz 207 oben/Roger Tidman 86 unten links, 145 unten rechts; /Martin Withers 196 unten rechts.
Getty Images/Greg Ceo 251 unten; /Tim Davis Schutzumschlag;/Sean Murphy 29.
Octopus Publishing Group Limited 191 oben; /Frank Adam 92 unten rechts;/Colin Bowling 170 oben links;/Jane Burton 166 unten;/Stephen Conroy 87 Mitte rechts, 203 Mitte rechts;/John Daniels 52;/Steve Gorton 6 oben rechts, 6 unten rechts, 6 unten Mitte links 6 oben Mitte rechts, 13, 17, 20 Bild 3, 27, 28, 43, 49, 50, 56, 57, 60, 74, 76, 83, 85 oben links, 100 oben links, 102, 104 unten links, 105, 120 rechts, 123, 124 oben, 133, 158, 164 unten rechts, 176 unten rechts, 185 unten links, 194 unten links, 213 unten, 216, 220, 221 oben, 232 unten links, 243 unten rechts, 246, 249 rechts, 250 oben;/Rosie Hyde 1, 6 oben links, 6 unten Mitte rechts, 6 oben Mitte links, 8, 9 oben, 44, 45 oben, 45 unten links, 46 rechts, 51, 54 links, 55, 62, 63, 64, 69, 94 oben links, 94 oben rechts, 101 unten, 103 unten rechts, 109 rechts, 113, 115, 117, 125 links, 127 unten, 129 oben, 131 unten links, 137 unten, 138 unten rechts, 150 unten, 190, 191 unten rechts, 150 unten, 190, 191 unten rechts, 193 oben, 201 unten rechts, 202 unten, 212 oben, 215 oben, 223 unten rechts, 238 unten;/Jane Burton 70-71;/William Lingwood 180 unten rechts;/PeterLoughran 199 unten;/Ray Moller 2 oben Mitte, 2 oben links, 2 oben rechts, 2 unten rechts, 2 unten links, 2 unten Mitte, 2 Mitte rechts oben, 2 Mitte rechts unten, 2 Mitte links unten, 2 oben Mitte links, 2 Mitte oben, 9 unten rechts, 9 unten links, 10-43, 12 links, 12 rechts, 15 Bild 9, 15 Bild 7, 15 Bild 6, 15 Bild 5, 15 Bild 4, 15 Bild 3, 15 Bild 2, 15 Bild 1, 16, 18, 20 Bild 6, 20 Bild 5, 20 Bild 4, 20 Bild 1, 21 links, 21 rechts, 22, 24, 26, 30 Bild 5, 30 Bild 4, 30 Bild 3, 30 Bild 2, 30 Bild 1, 31, 32 Bild 3, 32 Bild 2, 32 Bild 1, 33, 35 links, 35 rechts, 35 Mitte, 39 links, 39 rechts, 41, 46-75, 78-101, 104-129, 160-189, 192, 195 unten links, 222;/Tim Ridley 34, 47, 81 oben links, 122, 132, 134 oben rechts, 184 oben rechts, 187 unten, 222 unten links, 229 oben links, 230 unten rechts, 232 unten rechts, 233 unten;/L Wickenden 87 oben Mitte, 87 oben links, 87 oben rechts.
Angela Hampton/Family Life Picture Library 36, 37 Bild 1, 54 rechts, 91 unten rechts, 97 Mitte rechts, 103 oben, 112 rechts, 121, 131 unten rechts, 156 unten links, 163 unten rechts, 165 unten links, 172 oben rechts, 176 unten links, 206 unten, 209 oben, 211 oben rechts, 217 oben, 221 unten rechts, 221 unten links, 231 unten, 244 unten links, 247 unten rechts.
Marc Henrie/Kennel Club 61.
James McKay 116 unten rechts, 181 unten links.
The Kennel Club/Carol Ann Johnson 77 oben.
N.H.P.A./Henry Ausloos 159 unten links, 178 unten links;/Ernie Janes 237 unten rechts.Photolibrary.com 91 oben rechts, 107 unten rechts;/Oxford Scientific/J. L. Klein/M. L. Hubert 228 unten.
Warren Photographic 97 oben;/Jane Burton 37 Bild 3, 37 Bild 2, 177 unten, 204 unten links, 205 unten, 245 unten links.
Your Dog Magazine 53, 159 unten rechts, 173 unten links, 201 oben rechts, 203 unten rechts, 241 oben links.

Herausgeber Trevor Davies
Projektleitung Charlotte Wilson
Künstlerische Leitung Karen Sawyer
Gestaltung Peter Gerrish
Produktmanager Ian Paton
Bildrecherche Sophie Delpech